贵阳

贵州交通的 枢纽

GUIYANG

GUIZHOU JIAOTONG

DE SHUNIU

贵阳以省会的"天时"
地处黔中的"地利"
人才聚集的"人和"
冲破大山的禁锢
通向外边的世界
使高山峡谷变通途
成为全省公路、铁路、航运交通的枢纽

贵州这块土地上有多达
125.8 万座大山和相应的沟壑
却创造了率先在西部地区实现
县县通高速
村村通公路
的奇迹

中国人民政治协商会议贵阳市委员会 / 编

中国文史出版社

世界第一高桥北盘江大桥
桥面到江面的距离高达 565.4 米
相当于 200 多层楼的高度

贵州高速公路上的万座大桥虹起大山
千姿百态
美丽多彩
分明是竖立在山山水水之间的雕塑
令人震撼

编委会

主　　任：石邦林
副 主 任：陈雨青

主　　编：濮振远　何发兵　张继红　童祖强
特邀主编：史继忠

编　　委：郑荣晴　何　莉　郭　敏
撰　　稿：史继忠（主笔）
　　　　　濮振远（完成桥梁部分写作）
　　　　　郑荣晴（完成城市交通部分写作）

图　　片：陈季贵　濮振远　徐海燕　张家裕
　　　　　石宗林　吕　勤　刘德东

编　　务：刘建伟

序 言

　　远古沧桑从遥远的南边飘来的一块巨大的被称作"冈瓦纳古陆"板块（印度洋板块），与欧亚板块的两次惊心动魄的撞击，从此在地球上神奇地隆起了一块最高的地方——青藏高原，被人们称为"世界屋脊"。正是受青藏高原隆起的影响，从茫茫大海中托起了贵州高原。地球"造山运动"造就的特殊的喀斯特地貌，使其大山绵延、山势险峻、峰高路险。

　　明永乐十一年（1413）在此地设了贵州布政使司，有了省的属性，在贵州这块土地上有多达125.8万座大山，山地和丘陵的面积占全省总面积的92.5%，剩下7.5%的山坳被零零碎碎地扔在崇山峻岭之间。群山之间奔腾着许多河流，将大山之间切割成很多深深的河谷，无疑也造就了数以百万计的山凹、峡谷、沟壑，贵州成了全国唯一一个没有平原的省份，从而决定了黔道之难。

　　王阳明被贬贵州目睹的黔道："连峰际天兮，飞鸟不通。""危栈断我前，猛虎尾我后。倒崖落我左，绝壑临我右。我足复荆榛，雨雪更纷骤。"明万历年间贵州巡抚郭子章说："天下山川之险，贵州为最。"徐霞客于明末崇祯十一年（1638）入贵州，在贵州待了47天，写下《黔游日记》，称黔道："其石极嵯峨，其树极蒙密，其路极崎岖……"李白《蜀道难》说："蜀道之难，难于上青天。"徐霞客的三个"极"，足以证明黔道之难绝不易于蜀道之难。

　　从1926年贵州建设第一条公路开始，至今已有近百年的历史，这是一段不断提速的交通建设史。民国年间共建公路3943公里，但有1/3的县不通公路；新中国成立到1976年，共建公路28232公里，相当于民国年间公路总和的7.16倍，奠定了以贵阳为中心的贵州公路交通网；"三线建设"时期，川黔、贵昆、湘黔铁路的建设，组成了在贵州以贵阳为中心、伸向四个方向的铁路网。贵阳不仅成为贵州省铁路网的中心，成为黔桂线、川黔线、贵昆线和湘黔线四条铁路干线的交会点，而且成为西南地区铁路网的重要枢纽，成为西南与中南铁路相通的枢纽。

千山万壑中建桥修路尽显黔道之难

　　特别是进入 21 世纪以来的 20 余年，贵州抢抓西部大开发的机遇，高速公路、高速铁路得到长足发展，现代航空形成以贵阳龙洞堡机场为枢纽，各地区机场为支线的"一枢十支"格局，走出大山，走向世界，彻底改变了贵州的交通面貌。

　　这时我们站在历史的高度，把贵阳放进贵州，把贵州融入全国，可以清楚地看到，贵州的交通不再是简单数据增加的线性发展的交通，而是以贵阳为枢纽的、相互联系的贵州交通网。贵阳以省会城市的"天时"，地处黔中的"地利"，人才聚集的"人和"，理所当然使公路铁路在此交会，使之成为全省交通的中心、西南重要的交通枢

贵阳成为西南地区铁路网的重要枢纽

纽、全国综合交通的枢纽；看到的不再是单一的平面的公路，而是公路、铁路、航空、水路相济的立体的交通网络，它不再是孤立的、封闭的，而是开放的贵州大交通。同样因贵州介于川、渝、湘、桂、滇五省（区、市）之间，特殊的地理位置，使之成为西南"南来北往、东出西进"的咽喉要道。在全国交通的大版图中，贵州既是西部地区（包括西北、西南）南下的出海通道，又是西南通往华中、华东、华南的陆路交通枢纽，在国家高速公路网和高速铁路网中是不可或缺的。

回首贵州的高速公路建设，一个经济欠发达的省份，在"地无三里平"的地理条件下，何以在 2015 年高速公路通车里程达 5128 公里，提前五年，率先在西部地区实现"县县通高速"的奇迹。2017 年实现了"村村通公路"，这是具有里程碑意义的历史性跨越。到 2022 年高速公路通车里程达 8331 公里，排西部第三、全国第五，综合密度升至全国前列，除政策等因素外，贵州的高桥建设功不可没。世界十大高桥，中国占 8 座，中国十大高桥，贵州占 6 座，世界排前 100 名的高桥，贵州占 46 座。贵州正在用 1.4 万座高速公路桥梁"拉低大山 抬平峡谷"，让天堑变通途。现在的世界第一高桥是北盘江大桥，桥面到江面的距离有 565.4 米，这相当于一栋 200 多层的高楼。正在建设的花江峡谷大桥，主桥桥面距水面垂直高度达 625 米，到 2025 年竣工时将刷新世界第一高桥的纪录。一座座超级大桥连通了发展的高速路，改善了民生，也助力贵州

贵州航空形成以贵阳龙洞堡机场为枢纽，各地区机场为支线的"一枢十支"格局，图为龙洞堡机场远眺

跑出加速度，实现了扶贫攻坚奔小康，促进了经济社会的发展，从 2011 年至 2021 年，连续十年贵州 GDP 增速列全国第一，这无疑是个奇迹！

毛泽东曾经说过："人类的历史，就是一个不断地从必然王国向自由王国发展的历史。这个历史永远不会完结。"贵州的交通建设，特别是桥梁建设，因掌握运用了客观规律，才成为一个成功样本，那一个个发明专利就是证明，那璀璨的古斯塔夫·林德撒尔奖就是证明……这分明是在贵州大地书写的辉煌。

贵州依托 3 万多座桥梁，不断突破地理局限，打开区域发展格局，走出大山，成为我国西南地区衔接"一带一路"，衔接长江经济带和珠江西江经济带，衔接成渝经济区和粤港澳大湾区的重要枢纽，成为我国西部陆海新通道上的重要节点。

当我们以另一视角看这万座大桥时，它们不再仅仅是"交通"的一部分，而是虹起大山，结构各异、千姿百态、美丽多彩、美轮美奂的一座座"雕塑"，耸立在贵州的山山水水之间，给人以视觉冲击，令人不得不为人类的智慧和创造力而震撼！

编 者

2023 年 10 月

目 录

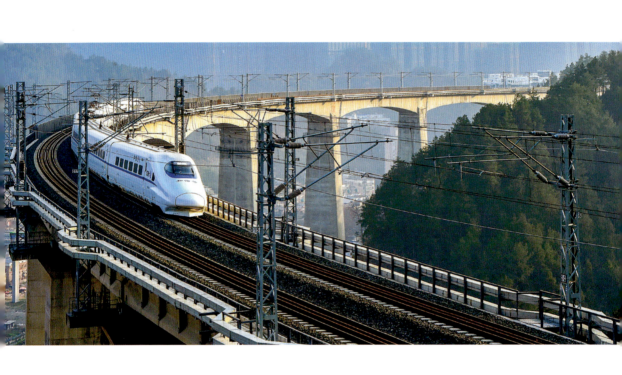

第一篇　方便快捷的城市交通

——贵阳以省会的『天时』

地处黔中的『地利』

人才聚集的『人和』

冲破大山的禁锢

通向外边的世界

使高山峡谷变通途

成为全省公路、铁路、航运交通的枢纽

贵州，由一个交通不便的地区奇迹般地变成四通八达的省份，作为贵州省省会的贵阳，在贵州交通史的发展进程中，有着不可替代的重要枢纽作用。

这一历史的巨变发生在 21 世纪最初的 20 年，高速公路、高速铁路和现代航空彻底改变了贵州和贵阳交通的面貌。在一个山重水复的地理环境中，一个经济欠发达的西部省份和省会城市，短短的 20 年取得如此辉煌的成就，是一个奇迹，在全国具有典型意义。贵州和贵阳交通跨越式的发展，因"天时"而得"地利"，抓住历史机遇谓之"得天时"，抓住地理区位谓之"得地利"。

贵州和贵阳交通的巨大变化，离不开改革开放的历史大背景。由于国家经济实力不断增强，基础设施建设受到高度重视，并不断引进和发展世界现代交通科学技术，高速公路、高速铁路、现代航空蓬勃发展。2000 年，国家实施"西部大开发"战略，加大对西部地区开发的支持力度，在政策和资金上向西部地区倾斜。2012 年国务院颁布《关于进一步促进贵州经济社会又好又快发展的若干意见》，即国发 2 号文件，从国家层面上全面系统支持贵州建设。在社会主义建设新时期，实施"交通强国"方针，有力地推动了贵州及贵阳的交通发展。

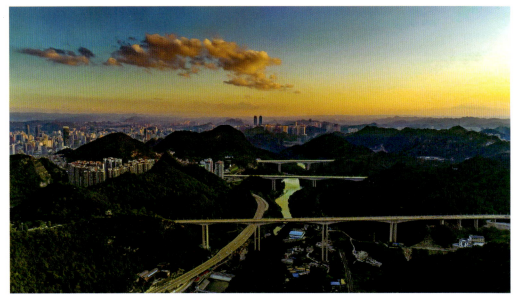

通往金阳新区的三条道路，为新区发展提供了良好条件

一、贵阳公路枢纽的形成

贵州公路建设始于 1926 年，按照贵州省政府制定的《贵州全省马路计划大纲》，首先修筑贵阳环城马路（当时称公路为马路），以六广门外洗脚塘为起点，西段沿威清门、大西门、金锁桥、次南门、新桥至尚节堂，东段沿红边门、新东门、小西湖、大南门，越过南明桥达尚节堂与西段衔接，绕城一周，长 10 公里。

接着，以贵阳为中心，修建贵东路、贵西路、贵北路和贵南路。贵东路起自贵阳，经龙里、贵定、炉山（今凯里）、黄平、施秉、镇远、三穗至玉屏；贵西路起自贵阳，经清镇、平坝、安顺、镇宁、关岭、安南（今晴隆）、普安至盘县；贵北路起至贵阳，经修文、息烽、遵义至桐梓；贵南路亦起自贵阳，经龙里、贵定、平越（今福泉）、麻哈（今麻江）、都匀至独山。

1935 年，贵州省政府与湖南省政府协商，将贵东路向东延伸至湘黔交界的鲇鱼铺，与长沙至新晃的公路衔接，改称湘黔公路。1936 年，昆明至平彝（今富源）公路开通，贵西路延伸至胜境关与之衔接，改称黔滇公路。不久，将湘黔、黔滇两条公路

1926 年 8 月，开始修建贵州第一条公路，图为贵阳环城公路开通礼

20世纪40年代美国《生活》杂志记者拍摄的"抗战公路24道拐"

并入京（南京）滇公路，从昆明至南京。1935年贵北路延伸至川黔交界的崇溪河，与重庆公路衔接。改称川黔公路。四省际公路在贵阳交会，贵阳的中心地位更加凸显。抗战时期，国民政府迁都重庆，西南成为抗战大后方，贵阳成为陪都重庆的屏障。华北沦陷，南京、上海、武汉、广州陷落，铁路遭到破坏，长江航运受阻，西南的交通主要靠公路，从内地进入西南，无论是走湘黔公路或黔桂公路，首先必经贵阳，然后才到达重庆、成都、昆明。从缅甸仰光运来的外援物资经过滇缅公路、黔滇公路运到贵阳、重庆，送往前线，贵阳成为西南公路交通的枢纽。大批机关、学校、企业迁到贵阳，贵阳在西南政治、经济、文化、教育的地位日益重要，人口由10万增至30万，1941年贵阳设市。

民国时期共修公路3943公里，主要是湘黔、黔滇、川黔、黔桂四大干线及川滇东路、玉秀公路、桂穗公路、黔桂西路等抗战公路，但尚有三分之一的县不通公路，主要在边远山区和少数民族地区。至1964年从江县城通车，标志着贵州省县县通公路，贵州普通公路网形成。在全省公路的中心——贵阳，设立客车总站和货运中心。

贵州的高等级公路也是从贵阳开始的，1990年建成贵黄专用公路，在全长137公里中，贵阳至清镇25.4公里为一级公路，清镇至黄果树116公里为二级公路。1989年动工修建贵花（溪）大道，全长13.2公里，按一级公路标准修建，双向4车道，设计时速60公里。1991年建贵阳东出口公路，全长12.31公里，为一级公路。1991年修建贵遵公路，全长140公里，其中贵阳至息烽50.37公里为一级公路，息烽至遵义105公里为二级公路。1993年修建贵阳东北绕城公路，全长19.71公里为一级公路，设计时速60公里。同年修建贵新公路，起于贵阳下坝，经龙里、贵定、都匀至黔桂交界新寨，全长260公里，其中贵阳至都匀143公里为一级公路，都匀至新寨117公里为二级公路。1998年动工修建贵毕公路，全长178.57公里，其中扎佐至修文段为一级公路，修文至毕节段为二级公路，全长60.85公里，按二级公路标准修建。这些高等级公路的修建，为以后的高速公路的建设提供了有利条件。

高速公路应用现代公路技术，穿山越岭，使贵州"变平"，彻底改变了贵州长期以来修建盘山公路的落后面貌。按照国务院颁布的《国家高速公路网规划》，明确提出兰海、沪昆、厦蓉、杭瑞、汕昆5条国家高速公路通过贵州，以后又增加银百、都香两条国家高速公路。按照国家高速公路网规划，结合贵州实际，2006年制定《贵州省骨架公路网规划》，总规模为7400公里，其中高速公路2960公里，规划路网为"三纵三横八联八支"，简称3388网。在此基础上，2008年编制《贵州省高速公路网规划》，强调"构建贵阳"，强化贵阳为全省政治、经济、文化中心的核心功能，形成贵阳至各地

在全省公路枢纽贵阳设立客运总站

州市中心城市 4 小时交通圈；构建地州市之间的高速通道，实现相邻地中心 4 小时互通，高速公路通达所有市县。由此可知，贵阳在贵州高速公路的重要地位和作用。

国家高速公路是贵州高速路网的骨架，兰海和沪昆两条高速在贵阳交会，通过贵阳环城顺利接转，实际上是强化了贵阳的交通中心地位。以后，厦蓉高速从黎平水口入贵州，亦通过贵阳环城高速接转，使贵阳的枢纽地位更加巩固。杭瑞高速贵州段横穿贵州，与沪昆高速联系起来。汕昆高速仅经过黔西南，与银百高速连通。这一高速骨架网通过联络线，支线形成贵州高速公路网，遍布全省各地。

贵州高速公路建设突飞猛进，2010 年全省通车里程达 1507 公里，2015 年增至5835 公里，在西部地区（包括西南和西北）率先实现"县县通高速"，高速公路的规模居西部第一。

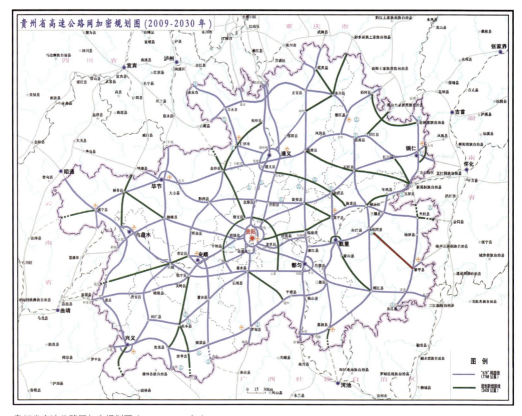

贵州省高速公路网加密规划图（2009—2030 年）

2017 年 6 月，贵州省出台《贵州省新时期高速公路 5 年决战实施方案》，总的目标是到 2022 年共投资 5000 亿元，通车里程 1 万公里。要求"构筑以贵阳为中心，双通道连接地州市中心城市 3 小时交通圈，建成贵阳中心区相邻中心城市 4 小时交通圈，形成环贵阳中心城区 1 小时交通圈"。5 年决战方案分期实施。2018 年投资 1000 亿元，建成高速公路 600 公里，通车里程 6000 公里，总规模全国第九，综合密度全国第三。2019 年通车里程突破 7000 公里，总规模跃升为全国第四，西部第二，综合密度全国第一。2021 年通车里程 8700 公里，开通 24 个出省通道。后经过调整，预计在 2025 年实现通车里程 9500 公里的目标。

二、通往外界的高速公路

1992 年以前，贵阳境内高等级公路不到 20 公里。到 2000 年，贵花、贵黄、贵遵、贵新、贵毕和西南东北环线以东南、西出口等 8 条向外辐射的高等级公路在贵阳境内的里程达到 246 公里，8 年增长了 12 倍。

兰海、沪昆、厦蓉、银百 4 条国家高速在贵阳环城高速接转，形成四面八方的快速通道，贵阳环城高速是以上 4 条高速顺利接转的枢纽，又是连接贵阳的铁路枢纽，龙洞堡国际机场及贵阳城区的重要通道，绕城一周，全长 121 公里，双向 4 车道，设计时速 100 公里，环形一周大约 1 个小时。设有互通立交 6 处，分离式立交 10 处，牛郎关立交由两座主线桥和八座匝道桥组成，全长 4728 米，号称"贵州第一立交"。环线从龙洞堡起，经下坝、关壋、牛郎关、孟关镇、上板桥、杨梅堡、桐木岭、斗篷山、花溪水库、金筑镇、阿哈水库、金华镇、观山西路、尖坡，将南明区、花溪区、观山湖区、白云区纳入 1 小时交通圈，实际上是贵阳的三环。

以贵阳为起点的高速公路有六条：贵遵复线，起自贵阳环城高速李资园立交，止于遵义青山互通枢纽，全长 116 公里，双向 6 车道，设计时速 100 公里。贵黔高速公路，起自贵阳观山湖区，经清镇卫城至黔西，全长 73.555 公里，双向 4 车道，设计时速 80 ~ 100 公里。鸭池河大桥是目前世界上建成的最大跨度的钢桁斜拉桥，2018 年获"古斯塔夫·林德撒尔奖"。贵安高速，起自贵阳市花溪金竹立交，经贵安新区、平坝至安顺，全长 88.872 公里，双向 6 车道，设计时速 120 公里。贵阳经金沙至古蔺高速，

牛郎关立交由两座主线桥和八座匝道桥组成，全长 4728 米，号称"贵州第一立交"

起自观山湖区东林寺与云潭北路交叉口的将军山互通立交，经修文、金沙清池镇与古蔺至泸州高速顺接，全长 158 公里，双向 6 车道，设计时速 100 公里，2020 年已动工修建。乌当羊昌至长顺高速，起自羊昌枢纽互通，接贵遵复线和银百高速贵阳至瓮安段，止于长顺县广顺镇曹摆枢纽互通，全长 127 公里，双向 4 车道，设计时速 100 公里。贵平高速，是贵阳至北海高速的第一段。

　　贵阳是全省的客运中心，设有金阳客车站、贵阳汽车客运东站。金阳客车站是全省最大的长途客车站，位于观山湖区北京西路。占地 2.23 万平方米，分为站前广场、

金阳客车站是全省最大的长途客车站

主站房、长途客车发车区、长途客车停车场、长途客车维修区、长途客车落客区、公交换乘区、公交停车区、社会车辆停车区、出租车换乘区。设有发车位 50 个，客运车辆 1251 辆，营运线路 153 条，其中省际线路 34 条，省内线路 119 条，日均发车 400 班，日均客运量 3500 余人次。贵阳汽车客运东站设在南明区小碧乡，距龙洞堡机场 2 公里，为一级客运站。占地面积 26000 平方米，其中站前广场 7500 平方米，主站房 6500 平方米，发车场 12000 平方米。有发车台 35 个，大客车停车位 185 个，社会车辆停车位 309 个。设计日发车 800 班，日均客运量 2 万人次，客运班线 26 条，主要发往遵义、黔南、黔东南、铜仁等地，日均客运量 1200 人次。

三、铁路航空枢纽的形成

1958 年黔桂铁路建成通车，贵阳站成为黔桂铁路的始发站、终点站。"三线建设"掀起贵州铁路建设的第一次高潮，1965 年 10 月，川黔铁路建成通车，1966 年贵昆铁路建成通车，1978 年湘黔铁路建成通车。川黔、贵昆、湘黔三条铁路在贵阳与黔桂铁路交会，形成"铁十字交叉"，贵阳成为西南铁路的枢纽。铁路枢纽是几条铁路干线的交会点，起着相互衔接、交叉、中转、疏解的作用。1982—1991年贵昆、湘黔、川黔三条铁路相继完成电气化改造，2007年建成株六复线电气化改造，贵州铁路电气化改造在全国处于领先地位，贵阳铁路枢纽显得更加重要。2014年9月贵广高铁建成通车，接着2016年沪昆高铁通车，2018年渝贵快铁通车，2019年12月，成贵高铁通车，贵阳成为西南高速铁路的特大枢纽。贵阳特大枢纽由贵阳南编组站、贵阳客运站、贵阳高铁站、改貌货运中心、都拉营物流港、贵阳环城铁路组成，规模宏大，功能完善，现代化水平不断提升，融入西部陆海新通道。

贵阳南编组站原为一站两场，办理黔桂、川黔、贵昆、湘黔四条铁路的衔接、中转、疏解。1991年扩建为"二级五场"，即北到发场、北调车场、西到发场、东到发场、南调发场，设导发线48股，机车行走线3股，牵出线2股，半自动驼峰2座，通过、疏解能力大幅度提升。1996—2009年扩建，形成上下行双向三级六场，上行为三级三场纵列式场型，下行为纵列式场型，引入株六复线，新建客车外包线和川黔铁路货运外绕线及相关疏解线。2009年铁道部和贵州省人民政府联合投资30多亿元对贵阳南

贵阳南站铁路枢纽站

站枢纽进行大规模改造扩建，站场由原来的 56 股增加至 134 股，采用亚洲最先进的设施、设备和管理技术，实现编组站运输组织决策智能化、指挥数字化、执行自动化等综合集成一体化控制管理，成为全国技术一流、设备一流的双向三级七场编组站。运输能力 2012 年日均办理车辆数达 21456 辆，2022 年日均办理车辆数达 31160 辆，成为西南地区最大枢纽编组站，是全国 18 个路网性编组站之一。

贵阳站火车客运站，是成都铁路局所属特等客运站，1958 年建成，经过三次扩建，2014 年占地面积 20965 平方米。站房外形为雄鹰展翅状，建筑面积 33851 平方米，长 212.4 米，宽 30.6 米，高 59.7 米，一层大厅 800 平方米，售票厅 1300 平方米，候车室 5 个，有效候车面积 6600 平方米，行李房 2100 平方米。站线股道 10 条，有 10 个站台，两条 12 米宽的出站地道。办理普速客车始发、终到作业，川黔、沪昆、黔桂线间客车通过作业及贵广高铁动车通过此作业。

贵阳北站为高铁站，2008 年 9 月开工建设，2014 年 12 月投入使用。汇集沪昆高铁、贵广高铁、渝黔快铁、成贵高铁、贵南高铁及贵开城际铁路、贵阳环城铁路，是西南特大型高铁枢纽。位于观山湖区大关与阳关片区之间，规模宏大，征地 3999 亩。站房设计以"贵州印象、旅游天堂"为主题，建筑面积 25.5 万平方米，地面层为门厅、营业厅，地下一层为站厅层，地下二层为站台层，地下三层为轨道交通一号线通道，有电梯上下连通。全站有到发线、行走线 32 条，车站北端为疏解区一站场、疏解区二站场。站场按贵广、渝贵、成贵、沪昆、贵开等线设置，贵广场设到发线 6 条，站台面 2 个；渝贵、成贵场设到发线 12 条，站台面 10 个；贵开场设到发线 2 条，站台面 2 个。站房大楼东、西两侧各有 1 个广场，供汽车停放。地铁、公交、出租车与高铁无缝对接。

改貌货运中心位于贵阳市南郊二戈寨孟关片区，建有集装箱和综合性货场，是全国铁路运输体系中规划的 40 个集装箱专办站之一，同时又是贵州省最高等级的集装箱站点，辐射贵州及周边地区。车站两侧为贯通式二级综合性货场，规划 2020 年到发货物 813 万吨，2030 年到发货物 1180 万吨，货场北区有 3 条尽头式货物线，预留货物站台 1 座；货场南区设贯通式货物线 3 条，其中两条从改貌至花溪正线出线接入货场，设置货物站台 1 座，仓库 52000 平方米，并在南端增加一条牵出线。车站东侧为集装箱办理场，设两条贯通式货物装卸线及配套装卸机械，规划近期发到货物 1051 万吨，

2011 年 5 月底开通的改貌物流中心，是全国一级物流中心，也是贵州最大的铁路综合集散地

远期发到货物 1270 万吨。考虑到远期车流量及调车作业增加，预留两条货物装卸线、到发线兼调车线。为改变石油专用线的接轨方式，在湘黔正线上出岔引出石油专用线。新建改貌至贵阳南站联络线，南站下行至货场 1.92 公里。

  贵州最大的编组站、特级贵阳客站、高铁枢纽站、改貌货运、集装箱站均设在贵阳，充分体现贵阳是贵州公路、铁路、航空中心，城市交通建设日新月异。

  贵州自有民用航空以来，都以贵阳为中心，清镇机场、磊庄机场曾设在贵阳，龙洞堡国际机场也设在贵阳，以龙洞堡国际机场为枢纽形成"一枢十支"的贵州航空网，构成贵阳至各地州市 1 小时交通圈。贵阳龙洞堡国际机场，是 4E 级民用国际机场、中国西部地区重要航空枢纽、区域枢纽机场、国内旅游机场群中心机场，有 254 条航线，3 座航站楼，不仅可通国内各大中城市及港澳台地区，而且可通仁川、首尔、名古屋、大阪、曼谷、新加坡、河内、加德满都、米兰、巴黎、墨尔本、旧金山、洛杉矶、莫斯科等城市。贵州航空以贵阳为枢纽不言而明。

四、贵阳城市道路的发展

历史上的贵阳，处处可见的是直插云霄的险峰和峥嵘诡异的危岩，千峰万仞，连绵起伏。不少文献多用"地无三里平""开门见山"等来形容贵阳。大自然神奇莫测的变化，塑造了贵阳复杂独特的地貌状况。"地无三里平"的地理环境，在经济、科技落后的年代，的确严重地阻碍了贵阳交通的发展。这座位于祖国西南边陲的山城，在新中国成立之前，道路交通长期处于滞后状态，这是制约贵阳经济发展的主要因素之一。

今天来看贵阳的交通，却是一番别样的风景。历经世世代代劈山开路，尤其是最近的半个多世纪，特别是在 20 世纪 80 年代以来，贵阳冲破大山的禁锢，改变了交通的闭塞状态，使这个高原城市高山峡谷变通途。一条条穿过绿荫的城市干道，一座座飞跨沟壑的公路桥梁，温暖而坚定地交织在贵阳的大地之上，把这座山城装点得旖旎

贵阳城被群山环绕，特殊地理条件给贵阳交通的发展带来困难

多姿，令人炫目！"峰际连天兮，飞鸟不通"的交通窘境，大山对交通的阻碍早已变成人们的历史记忆！

明永乐十一年（1413）贵州建省，贵阳成为省会。万历二十九年（1601），贵阳府升为贵阳军民府，才开始大量修筑驿道，贵阳交通的重要性上升为国家战略。明清时期，因贵阳城多次拓建，逐步形成了城区主干道。

中华民国时期修建的城市干道，路面多为土石结构。1946年，动工新建市体育场内水泥路面，全长900米。这是贵阳修筑水泥路面之始。同年10月，新建省府路块石路面，全路长度470米，路幅宽度10米。这条被称为"高级路面"的省府路，是当时贵阳唯一的标准石路。元代就有雏形的中华路是城区南北交通干线，原系碎石泥沙路

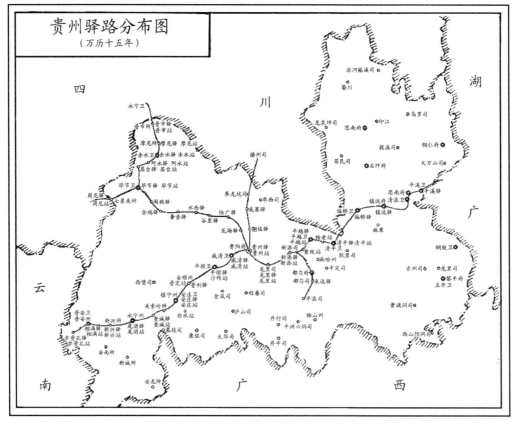

明万历十五年（1587）贵州驿路分布图

面，晴天尘灰飞扬，阴雨则泥泞难行，1947 年对中华路铺筑石块路面。到 1949 年 2 月底，中华北路只完成省府路口至铜像台段的路面铺筑工程，其中广东街段在同年 11 月基本完成；南京街段直至贵阳解放时尚未完成。中华南路大十字至市府路口段在同年 9 月底完工，其余各段也因邻近贵阳解放停工。中华民国时期，虽然也在不断地修建和改善城市道路，但总体来说，贵阳道路的落后状况并没有得到改变。

新中国成立后，为适应城市建设发展的需要，贵阳重点修复原有的公路，多次对干线公路进行全面整修。先后新建与改建了南北向干道 4 条，东西向干道 2 条。由中心区向外放射状道路 8 条，基本形成了城市道路骨架，并陆续翻修主次干道、街巷以及拓宽改造了主要平交路口。1951 年 8 月，起于六广门，止于纪念塔的第一条公交路线开通。这条道路的历史，可以追溯到元代。它是贵阳城区最早和最繁华的南北向城市干道，元代建顺元城时就有了这条街。明代，贵阳城垣往北先扩移至今喷水池，又扩移至六广门，道路也随之延伸。当时，今大十字以北称北街，以南称南街，统称为大街。清代，六广门至今喷水池分别称南京街、广东街；从北门桥至南门分段又称一品坊、大十字、三牌坊、仓门口、红牌坊，街上牌坊林立。路宽约 5 米，石板路面，坡坎起伏，多砌有石级。1928 年，兴修能通汽车的环城马路和大街，将大街牌坊拆除，建成宽 12 米（人行道两边各宽 2 米）的马路，为碎石土路面。1936 年，大十字到省府路一段始称中华路。1941 年大十字至大南门改名中华南路，大十字至北门桥改名中华北路。1944 年又将大十字到北门桥改称中华中路，将原广东街、南京街到六广门一段改称中华北路，之后翻修为碎石路面，1947 年部分路段翻修为石块路面，工程标准路宽 21 米，其中街道宽 12.5 米，人行道两边各宽 4.25 米。虽然经过多次的改建，但道路仍然凹凸不平。新中国成立后的 1950 年调整街段路名，大南门到大十字名中华南路；大十字到喷水池名中华中路；喷水池到交际处名中华北路。1954 年拓宽至 21 米，成为贵州省第一条水泥混凝土城市道路。1995 年至 1997 年再次进行拓宽改造，改造成全长 3368 米，宽 35～40 米，双向 6 车道，水泥混凝土路面的城市道路。2001 年，实施景观整治工程，对人行道进行全面改造，更换成花岗岩道板；绿化树换成市树香樟；对路灯进行升级改造。2008 年实施沥青罩面和综合整治工程。中华路虽然路名和路况历经多次改变，但作为贵阳南北向的城市干道始终没变。而且这条街，一直是贵阳城最重要的商业、交通主干道。

1954 年中华南路修建工程

  1954 年至 70 年代末期，贵阳开始大规模的道路建设。延安路、遵义路、花溪大道、外环城路等城市道路先后建成。延安路是贵阳解放后修建的第一条东西向城市主干道，是市区最繁华的道路之一。1954 年修建，从喷水池到紫林庵，全长 653 米，路宽 30 米，为水泥混凝土路面。路中间建有 8 米宽的绿化带，中设人行道。1955 年按同样宽度和标准又修建了从紫林庵到头桥的延安西路。由于当时贵阳汽车站设置在延安西路，延安路不仅成为中心城区城市主干道，而且成为贵阳通往贵州西部、西北部及北部地区的重要通道。1964 年中央绿化带改为 3 米宽，不设人行道。1978 年，从喷水池往东接外环城东路，将原三民东路辟为延安东路，全长 700 米、宽 40 米，为水泥混凝土路面。1985 年对延安西路从紫林庵至头桥段改造为长 1206 米、宽 40 米的城市干道。1996 年在对延安西路进行拓宽改造的同时，在客车站段设置高架桥和地下通道。2005 年进行沥青罩面工程改造，并分别在喷水池和紫林庵交叉口加设地下通道，在客车站和头桥处架设人行天桥。2016 年，因轨道交通 2 号线从延安路地下通过，客车站高架桥被拆除。

　　1958 年修建贵阳东北至西南走向的城市干道的遵义路，因通往贵阳火车站，又称迎宾大道。起于邮电大楼，向西南接贵阳火车站。全长 2267 米、宽 42 米，水泥混凝土和沥青路面。以后经过多次维修和改造。2001 年扩宽至 60 米，双向 8 车道，沥青混凝土路面。中央隔离绿化带宽 6 米，人行道各宽 12 米，铺玛瑙红花岗岩，并以银杏为行道树。在邮电大楼前、新路口、展览馆处设地下人行通道。2007 年，再次对遵义路和解放路在服务大楼交叉口进行综合改造，把原平交口改为立交，在高架桥下设置人行天桥。

　　除了对城市干道进行改造和兴建外，还将历史上建的石拱桥或木桥改造成钢筋混凝土桥梁，最具代表性的是位于中华南路与新华路交接处，始建于明永乐二年（1404）的南明桥，为九孔石桥，初名霁虹桥，在明代就是重要的交通要道，为贵阳历史最悠久的桥梁。1948 年，对桥进行改扩建，命名中正桥，石结构，未完工。贵阳解放后，在 20 世纪 50 年代初续修完工，桥身仍为石拱桥，桥面为水泥混凝土。桥长 52 米，引桥约长 20 米，宽 13.2 米，由 9 孔减为 6 孔。桥两面有宽 1 米左右的人行道，桥侧栏杆

1958 年为建设贵阳火车站修建朝阳桥、遵义路

为石雕，每个桥墩上砌有突出桥面的半圆形露台，命名"南明桥"。20世纪80年代，进行一次改扩建。1995年，因新华路、中华南路改造，将桥拓宽至40米，长84米，仍为6孔，另增2孔人行通道，兼有排洪功能。桥墩加高50厘米，桥面两边分别建置白云石雕护栏。南明桥历经改造，已经成为一座现代化的大桥，但依旧保留着中国古代桥梁的风貌。

在改建老旧桥梁的同时，新建了钢筋混凝土的解放桥、朝阳桥、新桥、头桥等桥梁，朝阳桥是这一时期的典型代表，位于遵义路北段海关大楼南侧。1959年，贵阳为迎接黔桂铁路通车，从中华南路到贵阳火车站修建朝阳路，在修路的同时建了跨南明河的朝阳桥。后朝阳路改称遵义路，而桥名依然称朝阳桥。桥长70米，宽30米，中间双向4车道，两边各设5米宽人行道。系钢筋混凝土单孔肋拱式结构。1989年，对桥面进行了维修改造。

改革开放之初，贵阳城市交通发生了重大变化，公路通车里程大幅增加，高速高等级公路从无到有，农村公路建设便民惠民。1978—1989年，中心城区新建桥梁有窄

始建于明永乐二年（1404）的南明桥已换新貌

口滩桥、太慈桥等 6 座。贯城河和市西河上的老桥全部改造。花溪大道上建了贵州首座城市道路和高等级公路相交的环形三层桥梁——艺校立交桥，在大西门架设了贵阳市第一座大跨度人行天桥。

艺校立交桥位于贵州省艺术专科学校西侧。1989 年，与贵阳—黄果树高等级公路同时竣工通车。环形三层立交桥的一层为主线贵溪大道路下拉槽，南北双向 4 车道；二层道路垂直主线上跨，为非机动车和行人过街用；三层为高架环形车道，环岛直径 22 米。1996 年，贵溪大道拓宽改造，拆除原桥，在原址上另修立交桥。设计为"Y"形立交，占地面积扩大到 41000 平方米。一层为扩宽后的花溪大道，宽 28 米，双向 6 车道；二层为贵黄公路进老城区上跨花溪大道左拐匝道和进花溪的右拐匝道，宽 12 米，单向 2 车道；三层为花溪大道从太慈桥进贵黄公路上桥左拐匝道桥，宽 12 米，单向 2 车道。艺校立交桥是贵阳城区通往花溪方向的重要接点，也是贵阳通往西部和西南部地区乃至云南的交通起点。

大西门人行天桥，1985 年底动工兴建，翌年 10 月 1 日建成通行。为大西门平交道

20 世纪 80 年代贵州省第一座立交桥艺校立交桥夜景

路的配套工程，与金锁桥形成了道、桥、平交口三位一体。该桥最长跨度为 71 米，最小跨度为 64 米，当时是国内跨度最大的立交人行天桥，净空最高处为 6.4 米，最低处为 5 米，桥面净宽 5 米，橡胶铺面，每平方米可负荷 500 公斤。

1993 年竣工的花果园立交桥，成为 20 世纪 90 年代贵阳城市建设驶入快车道的标志之一。花果园立交桥，是贵阳市中心城区城市道路上首座三层互通式桥。位于南明区花果园。可绕艺校立交桥上贵（阳）黄（果树）高等级公路，也可往南到花溪，通解放路到达火车站。桥形呈"X"形交叉。占地 7.74 公顷，底层为人行、机动车道。二层为贵溪大道，长 1132.54 米。第三层为解放路和浣纱路的连接，长 941.33 米。二层、三层桥面为双向 4 车道。8 条迂回式匝道，总长 1795.17 米，形成各向互通。

1998 年开工建设贵州省首座"花园式"立交桥——三桥立交桥，是城区五路交叉的四层互通式桥梁，绿化占地 1 公顷，绿化率 30%。桥梁结构采用桩基、柱墩、独柱大悬臂变截面简支箱的形式，在全国同类桥梁建筑中属首创。施工中采用了 6 项新技术。此桥是贵（阳）黄（果树）公路和贵（阳）遵（义）高等级公路在三桥片区的连接点。位于云岩区三桥。占地面积 19.8 公顷，主桥两座，分别长 581 米、240 米，宽

花果园立交桥的建成，是贵阳市 20 世纪 90 年代市政建设的一个重要标志

13.5 米。有定向匝道 10 条，总长 2742 米，并设有人行地下通道 7 座。1999 年 10 月竣工通车，连通了老城区和新城区，还连通了贵黄和贵遵高等级公路，打通了贵阳市的西北出入口大门。

特别是国家实施西部大开发战略以来，贵阳加快改善交通面貌，交通更是长足发展。至 2000 年，贵阳拓宽城市主次干道 59 条和大部分小街小巷，新建 20 余座高架桥和立交桥，城市道路总长 781 公里，是 1978 年的 7 倍。

进入 21 世纪，城市道路和对外公路的拓展、乡乡村村通公路的实现，形成了以贵阳为中心、向外呈放射状的公路网络。2004 年 1 月，金阳新区（现观山湖区）全长 64 公里的"三纵六横"主干道全部建成通车；2010 年 1 月，连接贵阳中心城区至观山湖区的北京西路，以及贯穿黔灵山，起于瑞金北路和北京路交叉路口，止于观山湖区兴筑东路的黔灵山路两条城市主干道先后建成通车。

2007 年，贵阳实施《"畅通工程"实施方案》，提出优化市区道路功能。于 2008 年设定了一条市区单循环线。即从大南门起，由南至北经富水南路、富水中路、富水北路、陕西路、和平路到六广门，再从六广门折返，由北至南经友谊路、文昌北路、文昌南路到大南门。所涉 8 条道路皆为明清时期修建街道，中华民国时期经过改造保留至今，道路所处区域皆为繁华闹市，在 2000 年前后经拓宽改造成 20 ~ 30 米宽，总长约 6 公里，可容 4 ~ 5 辆机动车并行的城市次干道。2006 年道路路面又经沥青混凝土罩面。设立后缓解了南北向主干道中华路的交通压力。

随着小关特大桥、观山大桥等桥梁的修建，展示了贵阳城市道路桥梁建设的新起点。

小关特大桥是一座跨小关沟谷的东西向桥梁，东接小关隧道，西接大关立交，全长 1040 米，桥面宽度为 21.5 米，双向 4 车道，设计时速为 60 公里，其 3 号墩高度为 100 米，居全国城市同类型桥梁之首；边跨先浇段支架高度为 88 米，居全国同类工程之最。工程包括 4 项科技攻关和 7 项施工先进技术，并在桥体的不同部位都预埋了应变片，便于长期监控，在贵阳桥梁建筑史上开了先河。竣工通车后，将贵阳中心城区与观山湖区相连，使群山沟壑变为通途。

观山大桥是观山湖区标志性建筑之一。因桥上双向双幅半圆拱形如 4 条彩虹，又得名彩虹桥。是一座跨观山湖公园的东西向桥梁，位于观山湖区观山东路西段。为钢

观山大桥，是观山湖区标志性建筑之一。因桥上双向双幅半圆拱形如 4 条彩虹，又得名彩虹桥

筋混凝土中承式拱桥。全长 633.5 米，其中主跨 130 米，桥宽 30 米，双桥双向各 3 车道，两侧人行道，各宽 3 米。

2007 年，"三环十六射线"城市骨干网络的建设，密切了环城高速公路与城区的联系，强化了交通内循环与外循环的衔接，增强了贵阳交通通行的能力，开创了贵阳城市道路建设的新纪元。

2016 年 12 月，中共贵阳市第十次代表大会召开，提出未来 5 年规划，其中提到城市空间布局持续优化，交通、环境等基础设施不断完善。随着城市轨道交通（轻轨）的建成，贵阳已形成了覆盖中心城区主要城市发展走廊，并与城市道路公交、市域快铁、机场、火车站、长途客运枢纽场站有效衔接，构成现代城市综合交通体系。

随着中共中央深入推进"一带一路"、长江经济带、京津冀协同发展和大数据战略等重大部署，贵阳面临"四机叠加"的重大利好局面，贵阳的交通枢纽和中心城市地位进一步凸显，在大开放、大开发、大发展的时机，贵阳城市交通的发展更加突飞猛进。

五、"三环十六射"的公路网

"三环十六射"，是以贵阳城区为中心修建的三条环城线路和十六条辐射状道路而形成的贵阳城市骨干道路网络系统。2007年开始建设，2012年完成的"三环十六射"，在贵阳道路建设史上创下了几个历史之最：一是建成里程数最长，二是修建速度最快，三是辐射范围最广，四是投资量最大，创造出了令人惊叹的交通奇迹！

高速公路、铁路和航空迅速发展，使贵阳"交通大中心"的地位更加凸显，在这样的大背景下，加快高速、铁路、航空与城市道路的连通、融合，缓解城区交通堵塞，扩大城市空间，推动人流、物流、资金流的发展，成为"强省会"的当务之急。2007年，中共贵阳市委、市人民政府提出《"畅通工程"实施方案》。同年12月，中共贵阳市委八届四中全会通过了《关于建设生态文明城市的决定》，明确提出用5年的时间，建成"三环十六射"城市道路骨干道路网络系统，覆盖云岩区、南明区、乌当区、白云区、花溪区和观山湖区，以缓解中心城区交通的拥堵。"三环十六射"由一环线、二

绕城高速花溪大桥

环线、三环线及北京西路、黔灵山路、观山路、盐沙大道、北京东路、新添大道、汤巴关路、机场路、孟关大道、花冠路（原贵惠大道）、花溪大道、甲秀南路、贵黄公路、贵遵公路、金珠路、龙洞堡大道16条干道组成。从当年起，工程项目全面铺开。到2009年，三环线（即贵阳环城高速公路）建成通车。三环线的建成，结束了贵阳没有环城高速公路的历史。2011年，以"两路二环"为重点的工程项目建成。其中西二环、南二环、北二环路的完工通车，老城区交通拥堵状况有所改善。2012年底，16条干道中被视为攻坚目标的盐沙大道、孟关大道、龙洞堡大道和贵惠大道竣工通车。至此，5年建成"三环十六射"的目标全面完成。

"三环十六射"线上建有百余座立交桥、大桥、特大桥，跨过贵阳的崇山峻岭、河流湖泊，把沟壑纵横的贵阳大地连接成四通八达的交通网络。交通桥梁造型百态千姿，结构多样，展示了贵阳桥梁建设技术已占据全国领先地位。

其中金工立交桥是老城区连接观山湖区的第一座立交桥。位于观山湖区东部。因桥下原有南北向金工路而得名。2011年9月建成通车。呈"苜蓿叶"形。观山东路东西向下穿，西二环线南北向上跨，通过8条环形匝道形成互通式立交。桥面宽度26米，双向6车道。匝道宽9米，单向2车道，设计荷载30吨。

中坝立交桥也是三环线上的互通式桥梁，2011年建成通车。是西二环路与北京西路

贵阳市三环十六射示意图

图例
- 一环路
- 二环路
- 三环路
- 十六条射线
- 新开通路段

贵阳中环黔春立交桥

相交的桥梁。位于云岩区中坝。主线桥宽 26 ～ 33 米，双向 6 车道。有 10 个匝道，共 4000 多米长，匝道桥宽 9 米，单向 2 车道。设计荷载 30 吨。匝道在沟壑间环绕，整体形状类似"三叶草"。从北京西路穿海马冲、黔春、中坝三隧道后，进入中坝立交桥。直行进观山湖区，进匝道即为二环线，南为甲秀中路，北为甲秀北路。成为贵阳新交通体系中"一纵一横"（北京路与甲秀路）城市"十字"骨架路网中心点。

"三环十六射线"不仅优化了城市交通体系、构建城区骨架交通路网、疏解老城区交通压力、使区与区之间和出城出境的交通更为便捷，而且带动各片区整体发展、优化产业布局，还将贵阳中心城区面积扩展到 312 平方公里，为贵阳城市建设预留更大的空间，为贵安新区、黔中经济区、双龙航空经济区的同城化发展创造了更为有利的基础条件。

（一）三条环线

一环线 是三条环线中围绕老城区中心的一条主骨架道路，又称中心环线，在原外环城路的基础上改造、扩建而成，是老城区交通主动脉。起自油榨街口，经宝山南路、宝山北路、北京路、枣山路、浣纱路、解放路、市南路回到油榨街口，绕城一周长 13.1 公里。道路宽 45 ～ 50 米，双向 6 ～ 8 车道，沥青混凝土路面。宝山南路、宝山北路、北京路旁的法国梧桐行道树依然保留，数十年的林荫大道风采依旧。一环

一环线上的宝山南路

线中的枣山路和浣纱路于 1956 年修建，北京路和解放路于 1957 年修建，外环城东路（后称宝山路）于 1963 年修建，构成绕老城区的外环城路。改革开放以后，随着经济的繁荣，这条内连城区道路，外通国道、省道的进出口线多次进行改造。1994 —2000 年又分段进行拓宽改造。改造后的外环东路改称宝山南路和宝山北路。2007 年，贵阳《"畅通工程"实施方案》提出"三环十六射线"的建设，将"外环城路"改称"一环线""中心环线"。2008 年，一环线全线路面采用高性能改性沥青罩面，使路面平整，扬尘降低。为改善交通拥堵状况，2009 —2010 年再实施了一环线节点改造。完成解放路与遵义路交叉口的高架桥、北京路下拉槽以及部分节点的人行过街设施。三环十六射线畅通后，一环线对城内城外的交通功能不变，成为城内外交通连接线，在疏导进出城交通方面有重要作用。

二环线 由东二环、北二环、西二环、南二环线组成。全长 52.9 公里，宽 40 ～ 60 米，双向 6 车道，设计时速 60 ～ 80 公里。沥青混凝土路面。覆盖主城区面积约 132 平方公里。东二环起于二戈寨立交桥，往北接新添立交桥，长 13.2 公里；北二环东起

二环线上的大关立交桥

新添立交桥，西接大关立交桥，长 12.5 公里；西二环北起大关立交
桥，长 19.6 公里；南二环西起金竹立交桥，东止二戈寨立交桥，长 7.6 公里。除东二环
利用原有线路进行改造外，其他线路都是在山谷和沟壑之间修建。在二环线 52.9 公里
的路程中，修建有 14 座不同造型的立交桥、打通了 9 座隧道、架设起 17 座大桥和特
大桥，通过桥隧连接起十六条射线，将金阳片区、三桥马王庙片区、小河片区、二戈
寨片区、机场龙洞堡片区、新天片区等与中心城区紧密地联系起来，并与国道、省道
沟通，拓展了贵阳城市发展的空间，形成了城市新的经济增长地带。

　　三环线　又称环城高速公路，是三条环线中绕贵阳中心城区的高速路。由东北环
线、西南环线和南环线组成，全长 121 公里，完全按高速公路的标准修建，故称贵阳
环城高速。宽 26 ～ 30 米，双向 4 ～ 6 车道，设计时速 100 公里，全封闭，全立交通
行，分三期建设。第一期东北段，1997 年建成通车。从尖坡至笋子林，长 20 公里，宽
26 米。第二期西南段，2005 年开工建设，2009 年建成。全长 55.11 公里，宽 26 米。
从龙洞堡下坝，与东北段相连，经关堰过牛郎关、董家堰、金竹镇，沿阿哈湖进入观

山湖区金华镇，向北与观山西路相交，终点白云区沙文乡尖坡。沿线有下坝、牛郎关、花溪、金竹、金华、金阳、白云、尖坡共 8 处互通式立交。第三期南环线，2007 年 12 月开工建设，2009 年建成。全长 37.39 公里，宽 26 ~ 30 米。起于牛郎关立交，跨孟关战备路、湘黔铁路至孟关镇，经上板桥、杨梅堡、桐木岭，跨 101 和 106 省道、花溪水库、贵昆铁路后接西南段金竹立交。全段有大桥 15 座、隧道 2 座、互通式立交 6 座、分离式立交 1 座。至 2009 年 9 月三环线全线通车，实现贵阳各区之间的快捷通行。三环线将贵阳中心城区面积扩至 507 平方公里，拓展了贵阳发展空间，通过快速通道实现各个片区之间、城乡之间的统筹发展。过境车辆经环城高速直接绕城而过，提高了运输效益。三环线绿化茂密，林间有路，路边有林。贵阳环城高速是兰海、沪昆、厦蓉、银百 4 条国家高速接转的枢纽。作为贵阳的三环，将龙洞堡国际机场、贵阳铁路枢纽联系起来，将贵阳城市轨道交通、公交车、出租车连成一气，是三条环线中最重要的一条。

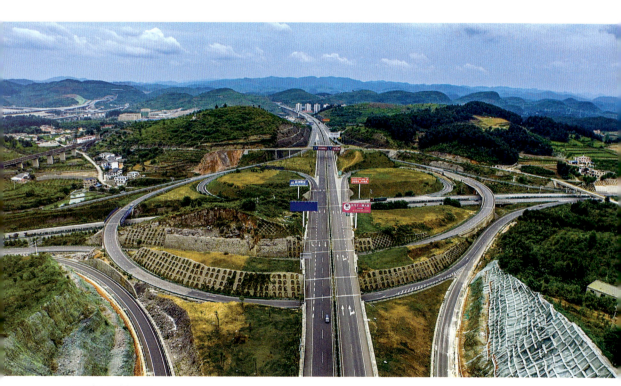

三环线上的秦棋立交

（二）十六射线

北京西路　起于北京路西端，穿过海马冲、黔春、中坝 3 座隧道，经海马冲、黔春、中坝、贵遵路、210 国道 6 座大桥，与观山湖区长岭北路、金阳南路相交，全长 5 公里，宽 40 米，双向 6 车道，沥青混凝土路面。2007 年开工建设，2010 年建成通车。是中心城区与观山湖区的连接线，终点向西 4 公里又连接金（阳）清（镇）黄（果树）高速公路。

观山路　起于大营坡立交桥延伸段，是一条东西向城市一级干道。观山路以金阳大道中分，东段称观山东路，往东连接小关特大桥，是贵阳中心城区通往观山湖区的快速通道，有长达 1.1 公里的桥梁建设，其中观山大桥是观山湖区标志性建筑，横卧在青山绿水之中，路上建有"日出"雄狮雕塑。西段称观山西路，止于十二滩公园。全长 8 公里，宽 60 米，双向 6 车道（桥梁和隧道地段为双向 4 车道），路面中间设有绿化带。2001 年开工修建，2003 年全线贯通。是老城区连接观山湖区的第一条城市道路，与观山湖区金阳大道十字交叉，构成观山湖区最重要的道路基本骨架。

黔灵山路　起于瑞金北路，跨北京路，穿过黔灵山隧道、黔灵山大桥、大关隧道与观山湖区兴筑东路、金工立交对接，全长 5.2 公里，宽 40 米，双向 6 车道，沥青混凝土路面。2007 年 6 月分东、西段施工，2010 年 1 月全线建成通车。是老城区通往贵阳北站（高铁站）最近捷线。

盐沙大道　起于市北路，经

黔灵山路穿越隧道

雅关、偏坡、都拉营、沙文、北接麦沙大道，全长 17.1 公里，宽 30 ～ 34 米，双向 6 车道，沥青混凝土路面，是贵阳老城区通往沙文生态科技产业园区、高新工业产业园区和贵阳综合保税区的一条重要通道。2011 年 4 月开工修建，2003 年建成通车。全程以城市快速路标准，设置主要桥梁（含跨线桥）11 座、立交桥 3 座、人行天桥 3 座、隧道 3 座。

北京东路　起于北京路与宝山路交叉口，穿狮子山、百花山、渔安三隧道，与东二环相交，又经"未来方舟"住宅区至乌当区东风镇。全长 7.5 公里，宽 40 米，双向 6 车道，设计时速 60 公里。2010 年开工修建，2012 年建成通车。沿线设隧道 3 座，全互通式立交 1 座，桥梁 3 座，下穿涵洞 2 座。是中心城区连接乌当区的城市一级干道，北京东路、北京路、北京西路构成一条东西向大道，东通乌当区，西通观山湖区。

新添大道　起于大营坡，经茶店至新添寨，全长 10.57 公里，宽 30 ～ 35 米，双向 6 车道，沥青混凝土路面，2001 年改造完毕。是老城区通往乌当的一条干线公路。

汤巴关路　原是贵阳东出口公路，龙洞堡机场建成后称为机场路，由机场经汤巴关立交桥、水口寺高架桥至蟠桃宫，全长 12.1 公里，双向 6 车道，设计时速 60 公里，2012 年建成通车。后因另建一条由机场直通中环线市南路的机场路，将原机场

贵阳新机场路

路改名为汤巴关路。汤巴关立交桥是东二环与汤巴关路相交处三层互通式桥梁。老城区往观山湖区和二戈寨片区重要立交桥，从东二环线北面高跨过桥，与汤巴关路呈三层互通式立交，西行至蟠桃宫进老城区，东行至机场或贵新高速，直向南行至油榨街、二戈寨。

机场路　西起中心环线市南路，跨宝山南路交叉口，油榨街，穿图云关隧道，过森林公园，跨鱼梁河，止于龙洞堡国际机场，全长 8.27 公里，宽 40 米，双向 6 车道，中间绿化带宽 6 米，设计时速 60 公里，沥青混凝土路面。全线设立交桥 5 座，桥梁 16 座，人行天桥 12 座，人行地下通道 4 座。2007 年开工修建，2012 年建成通车，是通往二戈寨、牛郎关、小河及小孟工业园的重要通道。

孟关大道　起于东二环线，穿二戈寨立交桥下，经牛郎关立交桥、南环线、孟关，终点到孟关国际汽车城。全长 13.37 公里，宽 40 米，双向 6 车道，设计时速 60 公里，沥青混凝土路面。2012 年建成通车。全线有立交桥 5 座、桥梁 16 座、人行天桥 12 座、人行地下通道 4 座。是贵阳南部联系西南片二戈寨、牛郎关、小河以及小孟工业园区的重要道路。

孟关大道全长 13.37 公里，宽 40 米，双向 6 车道

甲秀南路南段

贵惠大道 起于嘉润路与东山路交叉口，经南明区、贵阳经济技术开发区、花溪区至南环线贵惠立交，全长 19.17 公里，宽 36 米，双向 6 车道，设计时速 60 公里。2012 年建成通车，缓解了中心城区南面的交通压力，拉动小河、花溪经济发展，连通银百高速贵阳至惠水段及惠（水）兴（仁）高速。

花溪大道 起于花果园立交，经太慈桥、甘荫塘、中曹司至花溪，全长 16.3 公里，宽 40 ～ 50 米，双向 6 ～ 8 车道，太慈桥、甘荫塘、中曹司段为下拉槽，2020 年建成通车，是通往花溪公园、十里河滩、天河潭景区、青岩古镇的交通线。

甲秀南路 因与花溪大道平行，市民们习惯称为"花二道"。北起西二环五里冲立交，穿过苗圃一号隧道、二号隧道、三号隧道，跨金竹立交进入花溪，止于花溪区贵筑路与磊花路交叉口。全长 15.4 公里，宽 30 ～ 40 米，双向 6 车道，设计时速 60 公里，沥青混凝土路面，2007 年开工修建，2009 年 12 月建成通车，是贵阳至花溪的第二条通道，金筑立交是贵阳经贵安新区至安顺高速公路的起点。

贵遵公路 是贵阳西出口线通往遵义的高等级道路。总长 114 公里。分为贵阳段和遵义段。贵阳段起于三桥，途经观山湖区、高新区、扎佐镇、久长镇、息烽县，全

贵黄公路是贵州的第一条高等级公路

长 93.7 公里。宽 24.5 公里，双向 4 车道，设计时速 80 ～ 100 公里，沥青混凝土路面。往北进遵义段。贵遵路与二环线、三环线立体交叉，连接修文、开阳、息烽三县及高新产业园区、扎佐工业园区。

贵黄公路　是贵州的第一条高等级公路，起自花溪大道艺校立交，往西至金关收费站，为贵阳城市干道。全长 5.4 公里，宽 27.5 米，全段由 5 米慢车道、8 米快车道、1.5 米绿化带组成。1999 年三桥立交竣工后，经改茶路连接贵黄路，将贵遵高等级公路与贵黄路连通，发挥其过境功能。沪昆高速公路至清镇路段开通后，贵黄公路成为贵阳通往西部的重要通道，是贵阳通往花溪区和观山湖区的重要节点。2013 年对贵黄公路部分路段进行改造，成为中环线的组成部分。

金朱路　是北二环通往朱昌镇和百花湖乡的城市干道。起于北二环通往朱昌镇和百花湖乡城市干道，止于北二环大关立交，往西与观山湖区长岭北路交叉，至金阳北路。金朱路以金阳北路中分，东段为金朱东路（长岭北路交叉口）；西段为金朱西路，从金阳北路起，往西至朱昌镇百花湖乡。金朱路全长 12.29 公里，宽 40 米，沥青混凝土路面，为东西向城市一级干道，2003 年 3 月动工修建，2009 年 12 月全线建成通车，成为北二环连接观山湖区的第四条城市干道。

龙洞堡大道 是贵阳东出口重要通道，起于南岳山隧道，跨秦棋立交桥经龙洞堡，止于厦蓉高速，全长 12.15 公里，宽 34 ~ 65 米，双向 6 ~ 10 车道，设计时速 60 公里，沥青混凝土路面。2013 年建成通车，经西南环线与贵黄公路相接，构成东西向横贯城区的城市干道，不仅缓解中心城区的交通压力，而且为东西向过境车辆提供方便。

"三环十六射"路网建成后，为了有效转移和分流中心城区车流，优化中心城区路网，2013 年在一环和二环之间新建一条环线，建设时称 1.5 环，包括新东二环的一段，贵黄路的一段，朝阳洞路东段和西段，黔春大道、南垭路等，总长度为 29 公里，宽 40 米，全线双向 8 车道，设计时速 60 ~ 80 公里。1.5 环线全程不设红绿灯，采用互通式立交与周边路网互联互通。道路等级为城市快速路。路上还同步设计 BRT 快速公交车道、专用隧道及公交车站点。2016 年 12 月建成通车，并正式改称中环线。

"十六射"中的北京西路、黔灵山路、观山路将中心城区与观山湖区紧密联系起来。盐沙路由中心城区通往沙文生态科技产业园区、高新工业区和贵阳综合保税区。孟关大道由中心城区通往贵阳经济技术开发区、小孟工业园区。机场路，把龙洞堡国

中环花果园段

际机场与中心城区紧密联系起来。新添大道、北京东路将中心城区与乌当区连接起来，花溪大道和甲秀南路（花二道）是中心城区连接花溪区的两条通道。汤巴关路是贵阳东出口干道，贵惠大道是贵阳南出口干道，贵黄路是贵阳西出口干道，贵遵路是贵阳北出口干道。

六、新区干道与县域干线

贵阳新区，包括观山湖区和贵安新区。观山湖区（2012年前称金阳新区）从2000年开始建设，在一片荒芜之地建起了一座现代化城市。如今，已成为贵州省以及我国西南地区重要的交通枢纽。

贵安新区，是中国第八个国家级新区，西部大开发五大新区之一。2014年1月6日，国务院以国函〔2014〕3号批复《国务院关于同意设立贵州贵安新区的批复》，带动黔中区域发展的贵安综合功能区——贵安新区正式获批成立。贵安新区总体规划坚持"生态文明引领、区域板块联动、现代设施支撑、特色风貌彰显、美丽乡村辉映"的布局原则，打造最具特色的城市新区。

（一）观山湖区的城市干道

观山湖区建设初期，从贵阳中心城区到观山湖区，仅有一条通道。到2004年初，贵阳市中心环北线通车，开通9条公交线路。

2003年底，按总体规划，观山湖区内部干道系统由"三纵三横"组成，与周围的西北环线、中心环线和已建成的210、321国道，贵黄、贵遵高等级公路组成的外围交通骨架，共同构成观山湖区的路网骨架。2004年1月，以金朱路正式通车为标志，观山湖区全长64公里的兴筑路、兴黔路、长岭路、观山北路、金朱路5条主干道全部建成通车。至2008年，观山湖区城市干道完成以"四纵六横"为主的17平方公里范围内95公里的城市道路主骨架。

四纵即金阳大道（金阳路）、长岭路北路、诚信路和金西路。金阳大道是纵贯观山湖区的一条城市主干道，由金阳大道北段、中段和南段组成，全长13公里，宽60米；长岭路北路为一级城市主干道，全长3.8公里；诚信路是一条贯穿观山湖区南北向的主

观山湖区已成为贵州省以及我国西南地区重要的交通枢纽

干道，全长 4.8 公里；金西路南起金阳大道南端，北连龙潭路，全长 7.5 公里。

六横即金朱路、林城路、观山路、兴筑路、体育路和金西路延伸段。金朱路为一级城市主干道，全长 8 公里；林城路为一级城市主干道，全长 4.5 公里；观山路是连接观山湖区与市中心区东出口快速通道上的城市主干道，全长 8 公里，其中桥梁 1.1 公里；兴筑路为一级城市主干道，全长 8 公里；体育路为一级城市主干道，全长 5 公里；金西路延伸段，全长 1.1 公里，宽 40 米。

2009 年，先后完成永兴路、奥体路、龙潭路、金岭东路、迎宾西路（二期）、观山西路（二期）、观山北路、体育路（二期）、兴黔路、健康路、今哲路、发展路、金米路、观山一号（A 段）等。观山湖区已经形成 40 平方公里范围内纵横交叉的路网。当年底，长岭南路连通北京西路，兴筑路连通黔灵山路，使观山湖区连接贵阳中心城区的道路增加到 4 条。

北京西路、黔灵山路 2010 年建成通车。2011 年，二环道路全部建成开通。到 2012 年，观山湖区城区主、次干道共 86 条，城市道路通车里程突破 100 公里。从贵阳中心城区至观山湖区道路，通过三次提速改善，从一条独路到路路通达。到 2017 年，有贵黄、贵遵高等级公路，沪昆高速公路、厦蓉高速公路和川黔、滇黔公路过境。多条城市主干道的建成，使境内路网四通八达，与老城区及周边区（县、市）高速路相接，是贵州省通往省外的大通道。今天，观山湖区已建成城市道路 270 余条，金阳大道、长岭路、诚信路、金西路、林城路等多条道路按照城市一级干道标准建设，绿化带以雪松、樱花等为主，行道树以银杏、香樟等为主。举目眺望，一条条绿色的大通道，以及一座座花园式大型住宅区和错落有致的各种建筑相得益彰，尽显这座现代化城市的无限风姿。

金阳大道　是建设观山湖区（当时称金阳新区）时的第一条南北向城市主干道，为观山湖区中轴，贯穿整个观山湖区。2001 年 2 月动工修建，2003 年 10 月全线建成通车，工程总投资 1.44 亿元。金阳大道南起三桥立交桥，往西北，在原 321 国道的基础上拓宽改造一段，至原野鸭乡往北直上，与北京西路、兴筑路、观山路、林城路、金珠路、东林寺路相交，接白云区云峰大道。道路分为南北两段，南段称金阳南路，

金阳北路

北段称金阳北路，全长 13.287 公里，宽 60 米，双向 8 车道，中间 6 米宽绿化带，水泥混凝土路面（后经沥青罩面）。金阳大道建成后，加快了观山湖区的建设步伐，为拉动贵阳社会经济发展创造了有利条件。

长岭路 又称数博大道长岭路，是观山湖区南北向城市主干道，与金阳大道平行，以观山东路中分。北段称数博大道长岭北路，起自白云区交界至观山东路终点，2004年 9 月动工修建，2005 年 10 月建成；南段称数博大道长岭南路，起自观山东路终点至321 国道终点，2009 年 3 月动工修建，当年 12 月 23 日建成通车。长岭路全长 8.27 公里，宽 60 米，双向 8 ～ 10 车道，沥青混凝土路面，中间设 6 ～ 10 米宽绿化带。工程总投资 8.93 亿元。

诚信路 位于金阳大道西南，是与金阳大道平行的南北向城市一级干道。2002 年1 月动工修建，2009 年建成通车，工程造价 1.84 亿元。诚信路起点接龙潭路，从金湖路中段路口往南，与东林寺路、金朱西路、林城西路、观山西路相交，止于兴筑西路。长 4.88 公里，宽 30 ～ 50 米，在碧海花园等部分路段设置步行街。

金西路 又称云潭路，是观山湖区南北向城市一级干道，位于观山湖区西面，与金阳大道平行。2002 年 12 月动工修建，2005 年 12 月建成通车，工程总投资 2.49 亿元。金西路南起金清大道的二铺，往北与兴筑西路、观山西路、林城西路、金朱西路、枫林路相交，北连白云区的云环西路。金西路以观山西路中分，北段称云潭北路，南段称云潭南路。全长 7.5 公里，宽 60 米，双向 6 车道，道路中间设 9 ～ 10 米宽绿化带，沥青混凝土路面。

林城路 是位于观山湖区贵阳市行政中心区南的城市一级干道，又称迎宾大道。按东西走向分为林城东路和林城西路，以金阳北路绿色未来雕塑的转盘中分，往东至长岭北路交叉口为林城东路，往西至云潭北路交叉口为林城西路。林城东路于 2006 年建成通车，林城西路于 2009 年建成通车。林城路全长 6 公里，宽 60 米，双向 8 车道，道路中间设 10 米宽绿化带。贵阳轨道交通 1 号线沿林城东路布设。

兴筑路 位于观山湖区中南部，东西向城市主干道。采取分段实施方式，2002 年1 月兴筑东路和兴筑西路的一期工程动工修建，至 2009 年 12 月，兴筑路全线建成通车。道路工程包括兴筑东路与贵遵高速公路交叉的立交桥、黔灵山大桥以及黔灵山隧道，工程总投资 1.1 亿元。兴筑路以金阳大道中分，兴筑东路东接黔灵山路，穿黔灵

林城东路

山隧道进入老城区；兴筑西路从金阳大道口起，往西与诚信南路、云潭南路、宾阳大道相交，接金清大道。全长 8 公里，宽 40 ~ 60 米，双向 6 车道，路中间设有绿化带，路面为沥青混凝土路面。兴筑路建成后，成为老城区通往观山湖区的第三条城市道路。

体育路　又称石林路，是由东向西转北的一条城市一级干道。分两期建设，2002年 5 月一期工程动工修建，2007 年 6 月二期工程动工修建，2009 年 12 月全线建成通车。工程总投资 3.33 亿元。体育路东起金阳大道的金阳医院，与云潭南路相交，西抵宾阳大道。全长 4.73 公里，宽分别为 60 米、40 米和 30 米，中间设有绿化带，沥青混凝土路面，是老城通往奥林匹克体育中心最便捷的道路。

东林寺路　是观山湖区东西向城市一级干道。2005 年 12 月开工修建，2010 年 10月建成通车。东林寺路东起白云南路，往西与长岭北路、金阳北路、诚信路、云潭北路相交，接宾阳大道。道路设计施工时，称金岭东路，因附近养马村有 300 多年历史的东林寺而改名东林寺路。全长 3.39 公里，宽 40 ~ 60 米，双向 6 车道，沥青混凝土路面。

通过加强各城区、组团间以及主城区与周边地区的交通联系，打造贵阳贵安1小时交通圈。贵安新区有沪昆高速、沪昆高铁贯穿全境，建成骨干路网424.3公里，推进贵阳贵安交通互联互通，构建贵阳贵安"半小时通勤圈"，半小时到达龙洞堡国际机场、黄果树支线机场、贵阳北站、贵阳东站，2～4小时通达贵州周边省会城市，6小时抵达出海港口。经过多年的建设，贵安新区内畅外通的城市路网基本形成，已完成三个阶段的城市路网建设，打通了城市发展的动脉，逐步实现与贵阳路网的全面融合，规划形成"九纵九横"路网结构，九纵为西纵线、白马大道、金马大道、东纵线、观潭大道、松柏环线西段、甲秀南路、花溪大道、花冠路；九横为金清线、贵黄路、太金线、贵红大道、天河潭大道—金戈路—建设路、贵安大道、松柏环线北段、思孟路、黔中大道三期。"九纵九横"互联互通道路总长约396.6公里，其中贵阳市范围内总长约224.9公里，贵安直管区范围内总长约171.7公里，与贵阳形成"三横五纵"（三横：金清线、贵黄线、贵安大道；五纵：白马大道、金马大道、甲秀南路、花溪大道、花冠路）的互联互通道路结构。截至2017年底，已累计投入900多亿元，基本建成城市路

贵安大道是连接贵阳市、贵安新区、安顺市的东西向城际快速干道

网 600 公里，50 余条城市干道，为"建城市，聚人气"产城融合提供了通达、便捷的交通保障。

贵安大道　是连接贵阳市、贵安新区、安顺市之间的东西向城际快速干道，也是贵安新区道路骨干网络中重要的一横线。东起花溪区甲秀南路金竹立交桥，过金竹镇、石板镇、湖潮乡、过平坝县的马场、高峰、平坝县城、天龙镇，进安顺市西秀区大西桥、七眼桥到安顺。全长 80 公里，宽 60 米，双向 8～10 车道，沥青混凝土路面，设计时速为 80 公里。按规划设计，建有自行车道。工程采取分段实施方式，分贵阳段、平坝段、安顺段，其中贵阳段 2012 年动工修建，2015 年全线竣工通车，全长 42 公里。贵安大道建成后，对贵阳、贵安新区、安顺的同城化发展有着重要的作用。

金马大道　是连接贵阳与贵安新区的南北向城市干道，也是贵安新区道路骨干网络中的一纵线。北起观山湖区金清大道中段陈家塘，向南经金华镇，与贵黄公路、沪昆高速公路立体相交，再往南经花溪区麦萍乡、湖潮乡，与贵安大道相交，抵平坝县马场镇小干河。全长 27.97 公里，宽 40～60 米，双向 8 车道，建有自行车道，设计时速 60 公里，沥青混凝土路面。2012 年动工，2014 年竣工通车。金马大道建成后，将贵阳观山湖区、花溪区和贵安新区连成一线，为贵安新区发展创造了更为有利的条件。

百马大道　是连接清镇市与贵安新区的南北向城市干道，也是贵安新区道路骨干网络中的一纵线。起于清镇市城北金清大道龙滩坝，向南在毛栗山一带与贵黄公路、沪昆高速公路立体相交，过花溪区麦坪乡、湖潮乡，止于平坝马场的黔中大道。全长 28.74 公里，宽 60 米，双向 8 车道，建有自行车道，设计时速 60 公里。沥青混凝土路面。2012 年动工修建，2014 年完工通车。白马大道连接了贵阳观山湖区、清镇市、花溪区和贵安新区。

数博大道　是中国国际大数据博览会在贵阳召开之际，贵阳提出建设的一条贯穿贵阳贵安城市的南北向城市交通干道，因数据博览会而得名。2018 年，贵阳提出"建设数博大道、打造永不落幕的数博会"来推动数字经济再上新台阶，加快贵阳经济高质量发展。2020 年起，提出将数博大道南北双向延伸，建成贵阳贵安城市的"中轴线"，全程与数十条东西向主干道交会，建成便捷的交通路网。数博大道南起贵安新区思雅路，北止修文县境内贵毕公路，全长 66.12 公里，沿途贯穿贵安新区、花溪区、经济技术开发区、云岩、观山湖区、高新区、白云区、修文县，是贵阳贵安城市的中轴线。

白马大道是连接清镇市与贵安新区的南北向城市干道

数博大道采取复合方式命名，即在现有历史路名基础上，冠以数博大道名称。分段名称为：数博大道思雅路（贵安新区境内）、数博大道黎苏路（云岩区境内）、数博大道长岭北路（观山湖区境内）、数博大道云博路（白云区境内）、数博大道龙场路（修文县境内）。现已建成 27.02 公里，含白云区白金大道，观山湖区长岭北路和长岭南路，云岩区黎苏路及贵安新区思雅路部分路段。数博大道并不仅仅是一条城市交通干道，还是展示贵阳大数据产业的综合体，集产业、智慧、生态、创新、体验、文旅七大功能于一体。

（三）谱写新篇的县域干线

随着"三环十六射"以及观山湖区、贵安新区的城市干道的快速建成，贵阳市辖的花溪、乌当、白云、开阳、息烽、修文、清镇等区、县（市）的交通建设也加快发展的步伐，原有的城市干线不断得到改善，新的城市干线也在规划中逐步建成。

田园路

田园路　是花溪区南北向城市干道，分田园北路和田园南路，田园北路为城市二级干道。2008 年开工建设，2010 年 5 月建成通车。北起原花溪气象局，南止花溪新区行政中心，长 2.39 公里，宽 25 米，其中车行道宽 16 米，人行道宽 4.5 米，沥青路面。田园南路为城市一级干道，2013 年 12 月开工建设，2014 年 8 月建成通车。北起花溪城市学院（原贵州亚太学院），南止屯脚小寨，长 7.04 公里，宽 42 米，双向 6 车道，时速 60 公里。设有 3 座桥梁，4 座过街地下通道，9 座人行天桥。

明珠大道　是花溪区东西向城市一级主干道。2004 年开工建设，2006 年建成通车。东起 210 国道 3537 厂家属区，往西与田园路相交，西接甲秀南路。全长 2.5 公里，宽 40 米，时速 60 公里，沥青混凝土路面。

航天大道　是乌当区西南至东北向城市干道，连接贵阳至开阳二级公路。2001 年 5 月开工建设，2001 年 12 月建成通车。西南起贵开路（新添大道北段）红跃食品厂，经乌当区行政中心、顺海村、北衙村、高穴村至贵阳殡仪馆止。全长 6.38 公里。宽 30

航天大道

米，双向 4 车道，设计时速 60 公里，水泥混凝土路面（部分路面已改成沥青罩面）。

高新路　又称新东路、东风路，乌当区东西向城市干道。2002 年开工建设，当年底建成通车。西起新天园区，东至东风医药工业园。全长 4.2 公里，宽 21 米。双向 4 车道，水泥混凝土路面。同时新建新东大桥，长 189 米，单拱跨度 110 米。

白云大道　是白云区东南至西北向城市干道。从国道贵（阳）遵（义）公路沙坡起，往西北穿艳山红镇，西北接环城高速，与连接金阳北路的云峰路相交。白云大道原为贵阳至修文的省级公路，自 20 世纪 80 年代后，经多次拓宽改造。全长 5.2 公里，宽 40 米，沥青混凝土路面。

金苏大道　是白云区连接观山湖区的南北向城市干道。2007 年动工修建，2010 年建成通车。南起观山湖区长岭北路端头，向北与白云南路、同心东路、云环东路、三环线交叉，到沙文镇产业园区。全长 11.58 公里，宽 60 米，双向 6 车道，设计时速 60 公里，沥青混凝土路面。

　　云峰大道　是白云区连接观山湖区的南北向城市干道。2001 年动工修建，2004 年建成通车。南接金阳北路，北至白云大道。因云峰酒业购买冠名权而得名。全长 2.15 公里（其中建有一座 32 米长的大桥），宽 60 米，双向 8 车道，沥青混凝土路面。

　　同心路　分同心东路和同心路西路，白云区东西向城市干道。同心东路从铝兴路起，往西至七彩湖桥；同心西路从铝建路起，往西接白云大道。20 世纪 60 年代贵州铝厂修建时建设，仅 12 米宽。1996 年和 2004 年两次拓宽改造。全长 3 公里，宽 40 米，沥青混凝土路面，中间设置绿化带。西接云峰大道，与白云大道呈十字交叉。

　　开州大道　又称东兴大街，是开阳县东西向城市干道。2001 年动工修建，2006 年建成通车。西起城关镇干田坝与环城北路连接处，向东横穿东门田坝，至开阳县一中。全长 2.23 公里，宽 30 米，水泥混凝土路面。

　　磷都大道　是开阳县西北至东南向城市干道。中华民国时期下丁字路口至西门桥段，称中山街。中华人民共和国成立后延伸至开阳县邮电局办公大楼，改称人民西路。

云峰大道

开州大道

1997 年至 1999 年进行改造，从西门桥至六块碑，全长 1.55 公里，宽 26 米，水泥混凝土路面。2006 年更名为磷都大道。

阳明大道　是修文县西南至东北向城市干道，东北从贵（阳）毕（节）高等级公路修文站出口，往西南进修文县城。是修文县城的进出口通道。由于路经修文阳明洞而命名。2000 年开工建设。2001 年主干道建成。全长 2.82 公里，宽 34 米，水泥混凝土路面，路中间为 10 米宽的绿化带。2002 年在入口处建"王学圣地"牌坊，对加快修文城镇建设和推动县域经济的发展都起着重要作用，同时提升了修文"王学圣地"的形象。

永靖大道　是息烽县东西向城市干道，为息烽县城"西扩"的重要工程，经永靖，连接西山、石硐、九庄乡镇的重要通道。2009 年动工修建，2012 年 5 月建成通车。起于永靖镇西，止于九庄镇东。全长 2 公里，宽 36 米，双向 6 车道，设计时速 60 公里，沥青混凝土路面，道路中间设置绿化带。

阳明大道

同城大道　是贵阳构建的"五环十八射"骨干路网系统中重要的北部路网射线之一。起于观山湖区黔灵山路与 210 国道交叉口，经观山湖区、高新区、白云区、修文县，止于息烽县。2016 年与位于修文县扎佐镇的贵钢大道相接，全长约 31.7 公里。全程规划宽度 40～60 米，项目总投资约 89.75 亿元。同城大道是贵阳市"三区一县"同城化发展基础设施先行的重要举措，对促进贵阳城乡统筹发展，交通基础设施完善等有着重大意义。

云岭大街　又称环城北路，是清镇市环绕城区东北面的城市干道，也是清镇市最长最宽的城市道路。分云岭路和云岭东路。云岭路 1993 年动工修建，1998 年建成通车。起于庙儿山下接国道清（镇）毕（节）公路，北止云岭路口，长 2.186 公里，宽60 米，水泥混凝土路面，中间设置 10 米绿化带。云岭东路 2002 年 11 月建成通车，起于贵（阳）黄（果树）高速公路清镇站东门桥出口，西接云岭路，长 1.86 公里，宽 40米。云岭大街形成绕城环线，从贵阳到黔西、毕节不需入城区，从东门桥直接绕云岭

同城大道息烽段

大街出城。云岭大街建成后，扩大了红枫湖镇城区的范围。

红枫大街　是清镇市西南向东北走向的城市干道，位于红枫湖镇中部。1985年动工修建，1993年建成通车。西南起城中富强路路东，直向东北接百马大道。全长1450米，宽40米，双向6车道，水泥混凝土路面，中间设置绿化带。是清镇20世纪90年代最长、最宽的城市道路。

建国路—富强路　是清镇市东西向城区主要街道，位于红枫湖镇中部。分西段和东段。西段称建国路，东段称富强路。原是中华民国时期贵（阳）毕（节）公路在清镇城关的过境路，中华人民共和国成立后依原线型屡经改造。1978年改造为水泥混凝土路面。1990年以后，贵（阳）黄（果树）和贵（阳）毕（节）高等级公路修通，尤其是2002年云岭大街绕城通车后，这两条路不再承担过境路功能。

红枫大街北段

七、欣欣向荣的城市交通

　　贵阳公共交通，始于 1951 年。当年 8 月 3 日开通了第一条公交线路，这条公交线路的开通，开创了贵阳拥有公交汽车的新时代。此后经过几十年的发展，特别是改革开放以后，以及西部大开发的契机，贵阳搞好以交通为重点的基础设施建设，城市公共交通发生了重大改变。2005 年，贵阳公交开始进入"新能源"改造时代。2012 年，贵阳公交完成车辆燃油的清洁化。2021 年 8 月，交通运输部命名贵阳市等 7 个城市为国家公交都市建设示范城市。

（一）常规公交

1951 年 8 月，贵阳投入运营的公共交通车辆仅有 6 辆木炭车，城市路线自六广门途经铜像台（今喷水池）、大十字、大南门、纪念塔往返，长 4.7 公里。这是贵阳城的第一批公交车。当天，贵阳城可谓万人空巷，市民大多涌到大街上看热闹。1953 年，贵阳公交车改成了汽油车，行车线路发展到了 3 条。1954 年，从市区开往花溪、狗场的公交车开通，这是贵阳最早的郊区公交线路。1957 年，贵阳公交线路增至 10 条，总长 62.4 公里。1958 年开始出现由城区通往乌当和白云区的公共汽车线路，以后又陆续开通了一些郊区线路。到了 1965 年，公交线路达到 21 条，有 100 多辆公交车，线路总长达 270 公里。1978 年，公交线路增至 30 条，总长 543.6 公里。改革开放后，贵阳公交迎来了新的发展，到 1987 年有公交线路 54 条，总长 976.95 公里。

1996 年前，贵阳公交实行由驾乘人员组成的有人售票制度。1995 年制订《试行无

贵阳公交

人售票实施方案》，自 1995 年 10 月 1 日起，试行准无人售票制。1996 年 3 月，在贵阳市区公交线路全部实现无人售票，并在贵阳市区主要公交站点设置 80 个零币兑换亭，为乘客提供零币兑换服务。贵阳市公交车实行无人售票制在全国省会城市属首创，获建设部的肯定。

自 2001 年起，贵阳市建立"智能公交"IC 卡收费。2005 年研发集 GPS 定位技术、GPRS 通信技术、GIS 地理电子信息技术、计算机技术、网络技术、软件技术和自动控制技术为一体的 GPS 卫星定位系统，提高了公交车运营效率，改变了传统公共交通运行模式，加快无人售票公交车运行系统建设。

为提升贵阳市的城市品位，提高公交运载能力，1997 年，双层巴士、空调巴士等第一次出现在贵阳街头，在 1 路、2 路公共汽车线路投入 5 辆双层公交车运营。2008 年投入更新 9 辆双层公交车运营。2010 年 7 月 1 日，对 1 路和 2 路公交车进行更换升级，全部更换为双层车运营，各配置 20 辆。1 路、2 路两条线路为环形线路，行驶于贵阳市中心城区一环道路上，覆盖贵阳市主要商业繁华地段，途经河滨公园、大西门、紫林庵、黔灵山公园、贵州省博物馆、云岩广场、喷水池、大十字、筑城广场等。更换升级的双层公交车成为老城区主要干道上的一抹亮色。

进入 2000 年，贵阳公交的发展势如破竹。2014 年，贵阳市公交车线路已基本覆盖市区的每个角落，运营线网的布局做到科学、合理。市区共有公交线路 190 余条，并开通 9 条夜间公交线路。同年，郊区运营线路增加到 16 条，分别开往花溪、青岩方向；观山湖区、乌当区、白云区方向；金华、朱昌方向；龙洞堡、小碧方向。已经走过 70 余年的贵阳公交，至 2022 年末，运营公交车辆数达到 2418 台，出租车 768 台。公交线路 234 条，其中常规公交 223 条，快速公交（BRT）线路 10 条，运营线网覆盖面大幅增加。同年完成运营里程 19220.73 万公里，完成客运总量 31714.39 万人次，日均运营客运人次 77.04 万人次。

（二）快速公交（BRT）

快速公交（BRT），是一种介于快速轨道交通（RRT）与常规公交（NBT）之间的新型公共客运系统。与普通公交车相比，其车身长，容量大，通常也被称作"地面上的地铁"，并有专用的封闭型行车道，专用站台，不受其他车辆干扰。

运行中的 BRT 快速公共交通

　　贵阳中环路快速公交车铰接式客车左侧共有 3 个车门，上下乘客时类似于地铁，每个门都可以先下后上，中间车门设有折叠式残疾人通道。

　　贵阳市的第一条快速公交，于 2014 年 3 月开工建设，线路总长 29.3 公里，其中 90% 以上为桥隧，2017 年 2 月 13 日正式投入运营。快速公交的建成，填补了贵阳城市公共交通快速公交出行的空白，标志着贵阳公共交通的发展从此进入快速出行新时代，是省内公共交通建设史上的一个里程碑。

　　中环快速公交系统主线设置车站 26 座，分别为黔灵村—南垭路—鹿冲关—省植物园—杨柳井—新添立交—登高云山—未来方舟—渔安—红岩—汤巴关—油榨街—富源路—嘉润路—新寨路—黔江路—沙冲路—玉厂路—艺校立交桥—兰花广场—五里冲—松花路—黔春路—七冲站—贵阳北站—阳光城市花园。

　　行驶中环道路的快速公交线路为"三主线二支线"模式，全程行驶中环快速公交的 B1 路、B2 路、B3 路三条线路，线路覆盖云岩、南明、观山湖等部分区域；与快速公交实现同台换乘的 B258 路、B292 路两条线路，覆盖龙洞堡、小河区域，共计配车

50 台。自 2017 年 1 月 21 日试运营至 2017 年 7 月 20 日，总客运量达 561.1 万人次，总运营班次 7.3 万班。随着 2022 年 B8 路、B9 路和 B10 路的开通，行驶中环道路的快速公交线路由最初的"三主线二支线"模式增加为"四主线十四支线"模式，全程行驶中环快速公交主线四条：B1 路、B2 路（分别在贵阳北站环行），B3 路、B4 路（分别在渔安公交枢纽环行），线路覆盖云岩、南明、观山湖和未来方舟内部区域。与快速公交实现同台换乘的支线 14 条：B5 路、B6 路（分别在贵阳北站环行），B7 路（新发装饰市场—观府壹号），B8 路（贵阳北站—黔江路站），B9 路高峰线（皂角井站环行），B10 路高峰线（新寨公交枢纽环行），B224 路（金阳客站—火车站），B236 路（贵铝文体中心—松山南路），B242 路（阿哈湖湿地公园—盘江路口），B247 路（兴隆花园—〇八三厂），B259 路（金阳客站—万科城首末站），B267 路（贵阳北站—花溪溪北路），B292 路（碧海商业广场—黄河南路），B262 路（贵阳北站—龙洞堡客站）。乘坐快速公交支线可在中环路主线车站免费换乘快速公交主线或其他支线到达目的地。

中环快速公交系统通过主线、支线的相互换乘，可覆盖贵阳市南明区、云岩区、

BRT 兰花广场站台

观山湖区、白云区、经开区、花溪区、乌当区等全市各主要区域，覆盖花果园和未来方舟两大型社区，提升了两大社区的公交出行速度，为区域交通拥堵治理提供有力支持。同时中环快速公交与贵阳城市轨道交通一号线、二号线在贵阳北站、南垭路站、富源路站、沙冲路站实现换乘接驳，并可通过各站点周边的百余条常规公交线路近距离换乘。

至 2022 年，线路快速公交系统共计配车 157 台，年运营里程 883.97 万公里，年客运量达 2042.34 万人次，总运营班次 21.17 万班，日均客运量 5.6 万人次，日均运营班次约 580 班。

贵阳市通过增加快速公交支线的覆盖，降低公交线路重复、减少中心城区线网密度，使得公交线网结构程度得到优化。

八、快速发展的轨道交通

贵阳城市轨道交通建设始于 2001 年，当年铁道部第二规划设计院受贵阳市人民政府委托，编制《贵阳市轨道交通规划》。同年，贵阳市轻轨建设筹备小组成立，正式启动了贵阳轨道交通建设。2006 年 4 月，贵阳市统计局城调队在市区开展"贵阳市轨道交通线网规划项目交通调查"。同时，贵阳市建设局委托中国城市规划设计研究所编制《贵阳市轨道交通网络规划》《贵阳市轨道交通建设规划》，2007 年正式报规划部门审批。2008 年 7 月，中铁二院工程集团有限责任公司发布贵阳市城市快速轨道交通建设规划（2008—2017）环境影响评价公示。8 月，贵阳市轨道交通 1 号线和轨道交通 2 号线工程预可行性研究报告中间报告会举行，专家组对中间报告总体认可。2008 年 12 月，完成《贵阳市轨道交通 1、2 号线工程预可行性研究报告》《贵阳市轨道交通近期工程控制性详细规划》编制工作。2009 年 4 月贵阳市城市轨道交通有限公司成立。9 月 7 日，国家环境保护部环境影响评价司在贵阳主持召开了《贵阳市城市快速轨道交通建设及线网规划环境影响报告书》审查会，通过报告书。2010 年 9 月，国家发展和改革委员会批复《贵阳市城市轨道交通近期建设规划（2010—2020）》。2013 年 4 月，《贵阳市轨道交通 1 号线工程可行性研究报告》正式获得国家发展和改革委员会批复。2016 年 7 月，国家发展和改革委员会批复《贵阳市城市轨道交通第二期建设规划（2016—2022）》。

贵阳城市轨道交通的乘客们

　　贵阳城市轨道交通是具有固定线路，铺设固定轨道，配备运输车辆及服务设施的公共交通设施，设计由4条线（即1号线、2号线、3号线和4号线）组成，总长度139.3公里，车站总数约为72座。线网规划的平均负荷强度为2.26万人次/公里·日。全部竣工投入运营后，将覆盖贵阳中心城区主要城市发展走廊，并与城市道路公交、市域快铁、机场、火车站、长途客运枢纽场站有效衔接，构成贵阳现代城市综合交通体系，对缓解中心城区交通拥堵压力，促进形成"一城三带多组团"的空间布局，对于推动贵阳市生态文明建设意义重大。

　　随着2023年12月16日轨道交通3号线的正式运营，贵阳城市交通1号线、2号线、3号线先后建成运营。

（一）轨道交通1号线

　　轨道交通1号线是贵阳市第一条地铁线路，2017年12月31日首通段初期运营。2018年12月1日全线开通初期运营。其标志色为绿色，采用B型车4动2拖6辆编组，最高运行速度每小时 80 公里，最高载客量为 1650 人。起于观山湖区窦官站，东西横贯观山湖区，南北贯穿中心城区，连接贵阳火车站和贵阳北站（高铁站）两大铁路交通枢纽，止于经济技术开发区小孟工业园站，大致呈南北走向。全长 35.1 公里，其中地下线 27 公里，高架及地面线 6.6 公里。设 25 座车站，其中地下站 20 座，高架及地面站 5 座。途经下麦西、老湾塘、阅山湖公园、林城西路、观山湖公园、国际生态会议中心、阳关、新寨、白鹭湖、贵阳北站、雅关、南垭路、八鸽岩、北京路、喷水池、中山西路、河滨公园、贵阳火车站、沙冲路、望城坡、珠江路、长江路、清水江路，到达终点站小孟工业园。采用 B 型车辆，直流 1500 伏架空解除授电方式，最高时速为 80 公里，采用 6 辆编组。林城西路站和喷水池站可换乘轨道交通 2 号线。

2008 年 9 月，贵阳轨道交通 1 号线工程预可行性研究会议召开。2009 年 9 月 29 日贵阳轨道交通 1 号线开工，2013 年 10 月全面开工建设。2017 年 6 月 28 日观山湖段（首通段）试运营，12 月 31 日观山湖段投入运营。2018 年 12 月 1 日全线试运营，2019 年 12 月 28 日全线通车。轨道交通 1 号线雅关车站大桥全长 120 米，有 8 个墩台，墩身钢筋摒弃传统的焊接方式，采用螺杆式机械连接。贵阳轨道交通 1 号线海拔落差大，在城市轨道交通建设领域十分罕见，从观山湖区到主城区落差达 220 米，且主要

乘客乘坐轨道交通 1 号线

集中区域直线距离 3.7 公里，落差达 161 米，自然坡度达到 44‰。

　　贵阳轨道交通 1 号线的全线开通运营，不仅有利于缓解贵阳市早晚高峰地面道路交通拥堵，还将有力拓展贵阳市城市发展空间，形成廊道经济效应，激发城市经济发展的新活力点。

（二）轨道交通 2 号线

　　轨道交通 2 号线是贵阳市建成运营的第二条地铁线路，于 2021 年 4 月 28 日通车运营，其标志色为深蓝色。线路呈西北至东南走向。全长 40.6 公里，共设 32 座车站。车辆编组 6 节编组 B 型列车，最高速度每小时 80 公里。起于白云区白云北路，南北贯穿观山湖区，东西横贯老城区，再往南至油榨街，再往东经龙洞堡机场，止于南明区中兴路。途经白云中路、云峰大道、泉湖公园、枫林路、诚信路、林城西路、观山西路、兴筑路、金阳医院、金阳南路、茶园、百花大道、马王庙、北京西路、改茶路、黔春路、延安西路、紫林庵、喷水池、阳明祠、省人民医院、宝山南路、油榨街、贵钢、富源北路、森林公园、见龙洞、龙洞堡机场、小碧、云盘，到达终点站中兴路。林城西路和喷水池可换乘轨道交通 1 号线。

轨道交通 2 号线油榨街站

2013 年 7 月贵阳轨道交通 2 号线一期工程可行性研究报告编制完成，2014 年 3 月一期工程环境影响报告书编制完成，2015 年 8 月一期工程开工建设，工程线路全长27.6 公里，均为地下线，共设 24 座车站，23 个区间，2018 年建成通车。二期工程线路全长 13 公里，其中地下线长 9.83 公里，高架及过渡段长 3.17 公里，共设 8 座车站（6 座地下站，2 座高架站），2020 年 12 月 29 日完工。2021 年 4 月 28 日通车运营。同时，全线隧道和 32 个车站覆盖 5G 信号，可实现最高下载速率达 90.5 兆比特／秒、上传速率达 97.8 兆比特／秒的传输效率。随着贵阳轨道交通 2 号线的运营，城市市区和机场之间的交通便捷性、连通性及运输效率也得到进一步提升。

（三）轨道交通 3 号线

轨道交通 3 号线是贵州省贵阳市建成运营的第三条地铁线路，于 2023 年 12 月 16日正式运营，其标志色为红色。全长 43.03 公里，是贯穿贵阳市南北向的主要交通干道。共设 29 座车站和 29 个区间，设有 1 个车辆段、1 个停车场、3 座主变电所和 1 个

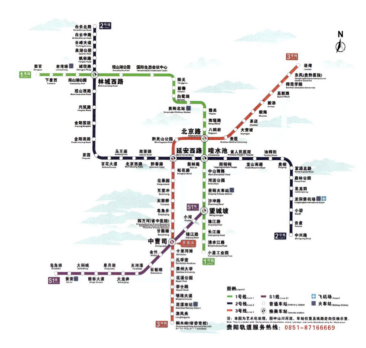

轨道交通线路网络图，红色为 3 号线

运营控制中心。贵阳轨道交通 3 号线采用我国自主研发的新一代地铁列车，采用先进的地铁设备和技术，包括信号系统，轨道、供电系统等，具有速度快、安全性高等特点。车辆采用 B 型车，最高速度每小时 100 公里，总投资 322.31 亿元。初、近、远期均采用 6 辆编组。起于花溪区桐木岭，经过经开区、南明区、云岩区，止于乌当区洛湾，途经桐木岭（省委党校）、浪风关、花溪南站、明珠大道、学士路、花溪公园、贵州大学、孔学堂、十里河滩、中曹司、甘荫塘、四方河（省中医院）、皂角井、太慈桥、五里冲、花果园、松花路、延安西路、黔灵山公园、北京路（本站可换乘 1 号线）、贵医、大营坡、茶店、顺海、新添、高新路、师范学院、东风（贵黔医院）、洛湾。贵阳轨道交通 3 号线 2018 年 12 月 30 日开工建设，建设工期为 5 年。2023 年 4 月 28 日全线贯通，11 月 30 日空载试运行，12 月 16 日正式运营。轨道交通 3 号线的开通，进一步完善了贵阳市轨道交通网络，提高了公共交通运营效率，极大地改善了贵阳市民的出行条件，缓解了城市交通拥堵问题，提升了城市品质，对于促进贵阳市经济社会发展，推动沿线区域产业升级具有重要意义。

贵阳地铁 3 号线正式通车，图为花果园站

九、走在前列的市域铁路

贵阳市域铁路主要是连接市属各区市县的铁路交通，是一条围绕贵阳城市的快速铁路，是构建贵阳市现代交通体系的重要组成部分，它将白云区、南明区、双龙经济开发区、龙洞堡国际机场、花溪区、贵安新区、清镇市、观山湖区、乌当区、开阳县、修文县、织金县串联起来，形成一个环状的铁路网，并与贵阳北高铁站连通，对改善贵阳交通环境，实现"人畅其行、物畅其流"有重要意义。

2009 年 1 月 29 日，贵阳市人民政府与中国国家铁路总公司达成《关于贵阳铁路规划建设有关问题的会议纪要》，确定修建贵阳市域铁路。9 月 29 日在贵阳举行贵阳市域铁路动员大会，宣布贵阳城域铁路正式开工。

按照规划，贵阳城域铁路的布置为"一环一射两联线"。一环：贵阳环城快速铁路，全长 115 公里。一射：贵阳至开阳快速铁路（贵开快速铁路），全长 55 公里。两联线：修文久长至开阳永温铁路（永久铁路），长 35.74 公里；清镇林歹至织金北站铁路（林织铁路），长 129.27 公里。"一环一射两联线"总长 350.36 公里，总投资 254.8452 亿

贵阳市域铁路开阳段

元，"一环一射"建设工期4年，"两联线"建设工期两年。

（一）贵阳环城快速铁路

　　2022年3月30日，贵阳环城快速铁路C5802次从贵阳北站发车，标志着中国第一条市域环线铁路——贵阳环城快速铁路开通运营。这条环城快速铁路为国铁双线电气化铁路。全长约113公里，设贵阳北、贵阳、双龙南、孟关、花溪南、花溪大学城、党武、天河潭、湖潮东、芦官、贵安、花溪西、金华镇、金阳南、金阳、白云西、白云北17个车站。时速每小时200公里，采用4节编组，车长仅为101.4米，能更好地适应城际运行需求。当年6月，"铁路e卡通"在贵阳环城快速铁路投入使用，旅客持"e卡通"不需购票，秒速进站乘车。贵阳环线铁路也成为贵州首条开通铁路e卡通业务的铁路。贵阳环城快速铁路，由东北环线和西南环线组成。东北环线工程于2010年12月23日开工建设，2015年9月20日投入使用。此线起于贵阳市白云区，经乌当东风镇、双龙经济开发区、龙洞堡国际机场、小碧乡进入龙里县，又经老罗堡至龙山镇北侧接入联络线至贵阳北站，全长53.565公里，为贵广、沪昆、渝昆、成贵等铁路

贵阳环线高铁示意图

米，因施工难度国内罕见被誉为"悬崖上的工程"。桥梁在 230 米高空悬灌，两个主墩分别高 81 米和 83 米，并且建造在倾斜度为 80 度的"V"字形峡谷两岸的峭壁危岩体上，是贵开铁路全线跨度最大、高度最高、桥墩基坑最深的重点控制工程。南江双线特大桥主跨合龙后，拉近了开阳与贵阳市区的距离，让开阳从贵阳一小时经济圈转入半小时经济圈。大龙滩右线特大桥处于溶丘洼地上，跨越沪昆铁路贵阳环城快铁，全长 1321.09 米，主桥为 56 米 +3×104 米 +56 米连续梁 +36 米 +3×64 米 +36 米连续梁，引桥为 32 米预应力混凝土简支 T 梁，是全线最长的桥梁。在三江农场至相思河沉降所区间有磨槽石双线隧道，全长 2409 米，处于溶丘、剥蚀低中山峡谷隧道，地面高程 1009 ~ 1160 米，最大高差 310 米，隧道埋深 305 米，隧道两段为沟槽，施工难度很大。贵开城际铁路拉动沿线经济的快速发展，加速贵阳城乡一体化进程。

（三）林织铁路

林织铁路是贵阳快速铁路网的重要组成部分，从贵阳清镇市林歹引出，经毕节市织金县自强、龙场等 7 个乡（镇）引入织金站，全长 99.6 公里。其中，贵阳境内 57.1 公里，织金境内 42.5 公里，客货共线，总投资约 40 亿元。铁路等级为二级，单线，旅客列车设计速度湖潮至林歹南为每小时 80 公里，林歹南至织金新店为每小时 120 公里，电力机车牵引，牵引质量 3800 吨，机车类型为货机 SS4、客机 SS1，继电半自动闭塞。主要工程：湖林支线长 32.562 公里，桥梁 2557.7 延米，隧道 1564 延米；林新段线路长 27.94 公里，桥梁 6383.76 延米，设卫城、新店 2 个站；林织段线路长 67.122 公里，桥梁 1489.45 延米，隧道 30917 延米；联络线长度 1658 米，桥梁 544.64 米，隧道 527 米，重点工程有纳界河特大桥，全长 788.6 米。坪子上隧道全长 6302 米。2010 年 9 月底动工建设，2015 年 11 月 22 日，随着最后一组轨排准确落在蔡家寨隧道与场坝 1 号隧道之间的路基上，林歹至织金（新店）铁路铺轨工作全面完成。随着区域内相关新建铁路的建成，区域铁路网的不断完善，林织铁路在铁路网上可起联络和辅助作用。

（四）久永铁路

久永铁路起于修文县久长镇，从既有川黔铁路久长站重庆段引出，沿东北走向至新寨车站，跨情久河经三脚岩村和大山水库两侧至开阳县双流工业园区，在距双流镇

久永铁路

800 米处设双流镇站，为避开高压电力走廊带干扰，出双流站后沿东侧紧坡下行，经干沟林、旧寨至开阳县永温工业园区永温车站，正线长 35.736 公里。铁路等级为国家铁路二级，单线设计行车速度为每小时 120 公里，电力机车牵引，机车类型为 SS，牵引质量为 3500 吨，到发线长度 850 米，闭塞类型为半自动闭塞。主要工程新建正线 35.736 公里；桥梁 31 座 9657.25 延米，涵洞 50 座 1623.89 延米，框架桥 3 座 64.54 延米，跨线公路桥 4 座 236.7 延米，渡槽 3 座 150.12 延米，倒虹吸座 32 延米。隧道 11 座 7.766 公里，其中小于 1000 米的隧道 12 座，大于 1000 米的隧道 2 座 2783 延米。总投资 13.77 亿元，工期两年半。

2023 年 8 月 30 日，中共贵阳市委十一届六次全会通过《关于坚定不移沿着习近平总书记指引的方向前进奋力谱写中国式现代化贵阳贵安实践新篇章的决定》，确定了贵阳市"全国综合交通枢纽"的城市定位，明确了 2025 年交通业发展的目标：贵阳机场旅客吞吐量突破 2200 万人次，铁路旅客到达发送量突破 7800 万人次，物流总额突破 1 万亿元，货物运输量突破 2.6 亿吨。贵阳将更好地发挥枢纽作用，为全省交通业的发展作出更大的贡献。

第二篇 四通八达的公路交通

—— 贵州这块土地上有多达 125.8 万座大山和相应的沟壑

1.4 万座高速公路桥梁

『拉低大山 抬平峡谷』

让天堑变通途

从而创造了率先在西部地区实现『县县通高速』

『村村通公路』的奇迹

　　19世纪末发明了内燃机，把这种新技术用于交通运输便出现了汽车。1903年美国创立福特汽车公司，这个公司的副总裁兼总工程师向世界许下一个诺言，要生产"人人都能买得起的汽车"。1908年，第一辆"T型"汽车终于在底特律制造出来，售价900美元。当时上海有好些外国人首先在使用汽车，中国的官员、富商也赶着时髦用起了汽车，1912年上海已有汽车千余辆。有了汽车自然要修公路，那时人们把它叫作"马路"，这大概是原先通行载客马车的缘故吧！发达地区最先修筑公路，而地处偏远的贵州此时还仍然沿用古老的驿道。贵州的驿道蜿蜒山间，爬坡上坎，拐弯抹角，翻过一座大山少不了要走半天，连牛车、马车都无法通行，只能步行、骑马，或者坐轿子、乘滑竿，运物全靠人挑马驮。驿道上设有驿站，两站之间相距80里，这是一天的路程，赶不到驿站便没有食宿之处。客栈门前都挂着"鸡鸣早看天，未晚先投宿"的幌子，提醒人们天亮即可起程，天黑之前必须住进客栈。赴京赶考的举人，半年前就要动身，误了考期便无缘功名了。

　　贵州公路建设始于1926年，修路因"抬进来的汽车"引起。按照贵州省政府制定

1926年组织市民和学生修建贵阳市第一条马路

的《贵州全省马路计划大纲》，修建贵东、贵西、贵北、贵南四条公路干线，1934 年以前都是不出省的"断头公路"。1934 年贵南路与广西公路相连通，改称黔桂公路，1935 年贵北路与四川公路连通改称川黔公路，1936 年贵东路与湖南公路连通，改称湘黔公路，贵西路与云南公路连通，改称黔滇公路。四条省际公路在贵阳交会，使贵阳成为西南公路交通枢纽。在抗日战争中，贵州战略地位提升，由内地进入西南首先经过贵阳，然后到重庆、成都、昆明。大批机关、学校、企业迁往贵州，国际援助物资通过贵州运往前线。贵阳在西南政治、军事、经济、文化的地位日益显著，1941 年设贵阳市。

民国年间共建公路 8745 公里，但有 1/3 的县不通公路，主要是少数民族聚居区和偏远山区。贵州解放后，一方面是对原有公路进行整修、改建，另一方面大力修建公路，从 1951 年到 1976 年，共建公路 28232 公里，相当于民国年间公路总和的 7.16 倍。公路深入少数民族地区和偏远山区，1964 年黎从公路通到从江，实现全省 81 个县市通公路，标志着贵州普通公路网初步形成。贵州公路网以贵阳为中心，以 4 条省际公路干线为主骨架，网络全省各地、州、市、县，为贵州公路交通奠定了基础。

1979 年全省通车里程 27354 公里，但符合等级公路标准的仅 6035 公里，而且是低等级的三级、四级公路，等外公路 21319 公里，占全省公路总数的 77.9%，还有 5000 公里，道路技术标准太低，不能作为公路列报，提高公路等级成为当务之急。改革开放以来贵州公路建设的重点是路网改造与高等级公路建设。路网改造首先是对 5 条过境国道和 35 条省级公路干线，按三级公路标准进行改建、扩建，2000 年省交通厅制定《2001—2020 年路网改造发展专项规划》，2001—2004 年，以每年 5000 公里的规模实施路网改造，公路等级大幅度提高。1999 年全省通车里程 33973 公里，其中等级公路 154070 公里，占 45.5%。路网改造的主攻方向是修建高等级公路，以二级公路为主。1991—2001 年将 11 条公路改建为二级公路，共 375 公里。2006—2010 年加快二级公路建设步伐，投资 80.84 亿元，建成二级公路 12 条，共 1061 公里。进入 20 世纪 90 年代，实施"公路保畅工程"、主干线油路整治工程、公路安全保障工程、创建精品路和文明样板路，公路质量大为提高。

千百年来，人们都在山间的"羊肠小道"上跋涉，谁也没有想到乡村会通公路，2017 年贵州实现"村村通公路""村村通客车"，成为西部地区第一个"村村通"的省

村村通最美公路

份。惠及近 4 万个村寨 1200 万农村人口，铺就了产业发展的"致富路"，子孙后代的"幸福路"。

就村村通公路而言，贵州在全国排名 14 ；就村村通客车而言，贵州在全国排名第 10。这是有史以来的一大壮举，与 2015 年贵州在西部地区率先实现县县通高速交相辉映，成为贵州公路交通历史性巨变的两座里程碑。贵州农村公路建设，由县县通到乡乡通、村村通、组组通，经历了一个漫长而艰苦的历程，1964 年贵州才实现县县通公路，1984 年实现区区通公路，2003 年实现乡乡通公路，2017 年实现村村通公路，并启动组组通工程，2019 年 30 户以上的村民组 100% 通公路，实为一大奇迹。

2017年实现村村通公路，推动了美丽乡村建设，正如《我和我的祖国》这首歌中的一句歌词：袅袅炊烟　小小村落　路上一道辙……

一、普通公路的艰难建设

（一）贵州公路从贵阳开始

　　贵州公路的开头颇富戏剧性。1926年周西成任贵州省长，派人到广州购来一辆美国制造的雪佛兰轿车，连司机共有7座。因为贵州无人会开汽车，在广州高价聘来了一个司机兼修理的曹师傅。那时贵州尚无公路，汽车开不进来，只好把汽车拆成零件装箱，通过珠江水道运到三合（今三都），到岸后用人力抬到贵阳，然后重新组装，被讥为"抬进来的汽车"。省长上下班必坐汽车，从他的公馆"世杰花园"（周西成号世杰，公馆在今延安中路）到省政府被北门城墙所阻，于是拆城墙修马路以便汽车通行，这便是贵州的第一条公路。贵阳人从来没有见过汽车，见车过来便围观，挤得水泄不通，阻碍汽车通行。省政府贴出告示，据说有"汽车如老虎，莫走当中路，倘若被撞倒，死了无告处"之类的笑话。接着又修贵阳"环城马路"，从六广门、红边门、新东门、老东门、大南门、次南门、大西门、威清门绕城一周，大约 10 公里。为了纪念这件大事，贵州还发行了一种汽车纪念币。

1926 年成立贵州路政局，次年制订《贵州全省马路计划大纲》，指出："整顿交通实为吾黔今日先务之急"，"以贵州山路之崎岖，河道之浅狭，航船困难通行，铁路亦敷设不易，因地制宜，工简用宏，则修筑长途汽车路，通行汽车，实为贵州陆上交通最适当之工具"。《大纲》规划以贵阳为中心，向四周辐射，修建东西南北 4 条公路干线。东路干线习称贵东路，东经龙里、贵定、炉山过重安江折向东北行，经黄平、施秉、镇远、青溪、玉屏至铜仁即止，全线长 770 华里。西路干线习称贵西路，西经清镇、平坝、安顺、镇宁，折向西南过兴义入云南，另一路南走坡脚入广西，全长 850 华里。南路干线习称贵南路，东至龙里折向东南，经都匀、独山分为两路，一路走方村、荔波入广西，另一路走三合、都江、榕江、下江入广西，两路均与广西的柳庆公

2010 年改造的往铜仁通湖南的二级公路

路相连接，全长1030华里。北路干线习称贵北路，北经扎佐、息烽，过乌江后经遵义、桐梓分为两路，一路经沙滩达赤水，另一路经松坎抵綦江，全长800华里。由4条干道分出9条支路，共长6670华里。《大纲》规定，公路"宜依原有官道，取其现存路基而填筑之"，干道的路线基本与古驿道相同，路宽10米，中间6米为车道，两边为人行道，路面铺泥沙碎石。

最先动工修建的是贵西路贵阳至黄果树段公路，由贵阳经清镇、平坝、安顺至镇宁黄果树，地势较为平坦，1927年12月动工，次年年底建成通车，长145公里。黄果树以西线路，原拟经安南（今晴隆）、沙子岭至兴义分道入云南、广西，后因云南修建昆明至平彝（今富源）公路，改走黄果树经安南、普定、盘县、胜境关至平彝。过镇宁后要跨越横断山脉，经关索岭、白英哨、安南、江西坡、岔河五大起伏。安南以西一段，公路与谷底连续经24个急弯上坡，是著名的"二十四道拐"，1935年8月建成。1935年7月，国民政府军事委员会令云南省负责修建盘县至胜境关路段，1936年12月建成通车，改称黔滇公路，贵阳至胜境关长414公里。1937年并入京（今南京）滇公路，是为京滇公路最后一段。

贵东路最先修建贵阳至平越（今福泉县）甘巴哨126公里路段，1929年建成通车，是贵东路与贵南路的共用路段。原定线路由贵阳经龙里、贵定、炉山、黄平、施秉、镇远、青溪、玉屏至铜仁。1931年湖南修建宝庆（今邵阳）至洪江公路，拟延伸至龙溪口与贵州公路衔接，遂决定改走镇远经三穗至玉屏。原定镇远经青溪至玉屏线路虽较为平直，但焦溪及青溪两次跨越舞阳河，均需架桥，莆田至鸡鸣关一段土石方工程巨大，故改走三穗至玉屏，在鲇鱼铺（今大龙）与湖南公路衔接。1934年动工修建甘巴哨至鲇鱼铺公路，1935年因红军过黔东暂停施工。中央军入黔后呈请国民政府军事委员会拨款抢修湖南入黔公路，成立"湘黔路贵东段工程处"，分黄平至施秉、镇远至三穗、三穗至玉屏三段施工，对观音山、望城坡、鹅掌翅、镇雄关、文德关、盘山、蜜蜂坡等险峻路段进行适当改进，修建施秉至重安江两处桥梁，1936年12月建成通车，甘巴哨至鲇鱼铺长238公里，自此改称湘黔公路，1937年并入京滇公路，往东可通湖南、江西、浙江、江苏，往西接黔滇公路，成为南方公路交通的大动脉。

贵北路原定由贵阳经扎佐、息烽、遵义、桐梓至赤水，称为贵赤公路。1929年改由桐梓经松坎至崇溪河入四川，再经赶水、綦江到重庆。贵阳至桐梓段1926年动工，

"七十二道拐"，行车极为艰难

1928 年 4 月 17 日在遵义举行开车典礼，但乌江当时并未架桥，遵义南行的汽车到乌江北岸老君关即止，贵阳北行的汽车只能在乌江南岸的养龙司，货物与旅客通过渡船到达彼岸。桐梓至崇溪河段 1931 年动工，穿越大娄山脉工程艰巨，在桐梓西关花秋坪一段公路靠山临崖，蜿蜒而上，经过 72 个 "之" 字拐急弯，俗称 "七十二道拐"，行车极为艰难。1935 年军事委员会下令抢修，6 月 21 日桐梓至崇溪河段草率开通，与四川公路连接，改称川黔公路，全长 310 公里。1937 年 9 月对花秋坪 72 道拐进行改造，加宽路基，减少回头路段，将 14% 以上纵坡改为 10% 以下坡度。1938 年在乌江架桥，采用三孔穿式钢桁构桥型，全长 110 米，载重 15 吨，1941 年建成通车。

贵南路原计划由贵阳经龙里、贵定旧治，向东南经都匀至独山，然后分两路达黔桂边境，后改由独山到六寨与广西南丹至河池公路衔接。贵阳至甘巴哨公路 1929 年已建成通车，马场坪至都匀段地势较平，1930 年基本完成路基工程。都匀至独山段经过苗岭山区，需越过观音山、虎门关、翁奇等山岭，1931 年 4 月试行通车。独山至六寨一段为新设计路段，1933 年动工，1934 年 1 月竣工，2 月 6 日在麻尾举行通车典礼。与广西公路连通后改称黔桂公路，全长 280 公里，是贵州最先通往邻省的第一条公路干线。

贵西、贵东、贵北、贵南 4 条公路干线，都是按 1926 年制定的《贵州全省马路计划大纲》修建，因那时西南军阀各自为政，所修公路都至边界为止，实际上都是不出省的断头公路。在修建过程中，4 条公路的选线有所改变，贵北路由桐梓至赤水改为桐梓经赶水至崇溪河，贵东路由镇远经青溪改为镇远经三穗至玉屏，贵西路由原定安南经砂子坡至兴仁、兴义改为由安南经普安至盘县，贵南路不再走独山经荔波入广西和三合至榕江、下江入广西的线路，改走独山至六寨入广西线路。湘黔、黔滇、川黔、黔桂 4 条省际公路干线在贵阳交会，使贵阳成为西南公路交通枢纽。

在 4 条公路干线上，陆续修建了 6 条支线。1928 年动工修建清（镇）毕（节）公路，起自贵黄公路上的清镇，经黔西、大定（今大方）至毕节，全长 213 公里。这是一条由省城通往黔西北的重要公路，选线多沿旧驿道，但因地形地貌和地质条件不得

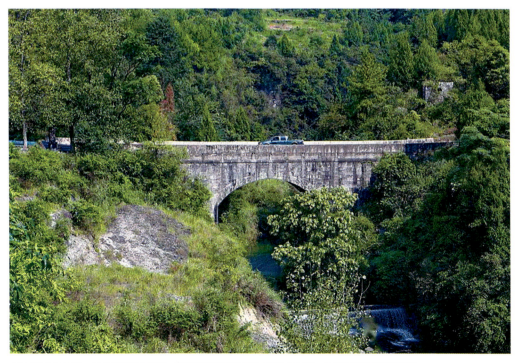

1944 年 12 月 2 日，日军攻占独山县城，中国军队和盟军在深河桥抗击日军，最终迫使日军败退黔境

改组为西南公路运输管理局，以贵阳为中心，经营贵阳至长沙 1009 公里，贵阳至柳州 632 公里，贵阳至重庆 488 公里，贵阳至昆明 662 公里，綦江至茶洞 721 公里，运营线路总长 3390 公里。沿途设 112 站，其中贵州境内 33 站。投入客车近千辆，商车 1798 辆，还有大量军车和邮车。开出贵阳至长沙、贵阳至衡阳、贵阳至柳州客运直达快车，贵阳至重庆客车每周 14 班，贵阳至晃县客车每周 10 班，贵阳至昆明客车每日对开，贵阳至独山客车每日 13 班。因客车数量不足，允许货车搭客，称为"搭黄鱼"。

抗日战争期间出版的《中国战时交通史》，在《西南公路》中重点介绍湘黔、黔滇、川黔、黔桂 4 条公路干线，并记述了这 4 条公路行程。贵阳至沅陵 628 公里，行车三日，第 1 日由贵阳至黄平行车 7 小时半，中途在马场坪午餐；第 2 日黄平至晃县行车 8 小时半，中途在镇远午餐；第 3 日晃县至沅陵行车 8 小时，在怀化午餐。贵阳至昆明 662 公里，行车三日，第 1 日贵阳至安南（今晴隆），行车 8 小时，在安顺午餐；第 2 日安南至平彝（今富源）行车 9 小时半，在盘县午餐；第 3 日平彝至昆明，行车 8 小时，在曲靖午餐。贵阳至重庆 488 公里，行车两日半，第 1 日贵阳至桐梓行车 8 小时，在乌江渡午餐；第 2 日桐梓至綦江行车 8 小时，在松坎午餐；第 3 日中午达重庆南岸海棠溪。贵阳至柳州行车三日，第 1 日贵阳至都匀行车 8 小时，在马场坪午餐；第 2 日都匀至金城江行车 8 小时，在独山午餐；第 3 日金城江至柳州行车 8 小时，在宜山午餐。这些记载，可以看出，湘黔、黔滇、川黔、黔桂 4 条公路干线在西南公路交通中占有重要地位，贵阳是西南公路交通的枢纽，同时也反映了 4 条公路干线行旅之艰难。

在抗日战争期间，湘黔公路和黔桂公路，是内地进入西南的必经之路，军车、商车、邮车络绎不绝，由湖南、广西运来的物资在独山、马场坪转运，并设立川桂运输局组织黔桂、川黔两线联运。黔滇公路主要运输外援物资，1940 年中国联运社股份公司调集汽车 1100 辆驰往滇缅公路转运物资，通过黔滇公路运往贵阳、重庆。1942 年投入汽车 948 辆，到畹町、遮放抢运汽油和器材，并将远征军伤员 2.5 万人运送回国。1944 年黔滇公路运输量达 1164 万吨公里，1937 至 1945 年累计完成军需民品运输 3462 万吨，年平均货运量 384 万吨。

上海、南京、杭州失陷后，大批机关、学校、企业迁往贵州，均由湘黔、黔桂两条公路进入。在文化西迁中，私立大夏大学、国立湘雅医学院、之江大学工学院及正在筹建的武昌医学院（后改为贵阳医学院）迁到贵阳。国立浙江大学迁遵义湄潭，国立交通大学唐山工学院迁平越（今福泉），国立中正医学院迁镇宁，国立广西大学迁榕江，国立桂林师范学院迁平越，还有若干国立中学。陆海空三军院校也迁往贵州，陆军大学、陆军步兵学校迁遵义，海军学校迁桐梓，防空学校、军政部战时卫生人员训练所迁贵阳，辎重兵学校迁龙里，通讯兵学校迁麻江，炮兵学校迁都匀，陆军军官学校四分校迁独山，陆军军医学校、兽医学校迁安顺，陆军测量学校迁镇宁。迁到贵州的科研机关以农林部、经济部最多，如第一经济林场、第一兽疫防治总站、第二耕牛繁殖场、遵义蚕桑研究所、湄潭实验茶场等，就连经济部所属的珠江水利局、淮河水利工程局、资源委员会也迁贵州。

贵阳在西南的战略地位，有如日内瓦之于欧洲，被称为"东方的日内瓦"。内迁企业多集中在贵阳，电力、机械、炼油、化工、玻璃、水泥、卷烟、火柴、印刷工业迅

抗战时期西南公路运输局车队在贵阳

速发展，贵州企业公司将内迁企业与本地企业整合，自办企业9家，合办企业15家，投资企业15家，使贵阳成为全省工业中心。汽车在崎岖的公路上奔跑，经常抛锚，轮胎损坏严重，修车和补胎勃然兴起。

在贵阳市有三个汽车保养厂和几家汽车修理厂，以马王庙修车厂规模最大，设备最好，不但每年可大修汽车2460辆，而且能生产多种汽车配件，是当时国内最大的汽车修理厂。补胎急需橡胶，1941年马来西亚爱国华侨王振、王金兴、庄怡生等在贵阳创办中南橡胶厂。1944年在美国援助下建立贵阳车胎翻修厂，设备由美国进口，厂长由美国工程师担任，每月可翻新轮胎600多只。中国的汽油全靠进口，日军封锁滇缅公路后油源断绝，出现了一滴汽油一滴血的悲壮情景。为使汽车能够运行，急需寻找汽油代用品，有的专家主张用酒精代替，有的人主张从废油中提取汽油，有的人主张从植物油中提取汽油代用品，最后选定用木炭燃烧产生煤气（一氧化碳）做汽车燃料的方案，资源丰富，经济便宜。值李葆和创办的中国煤气机制造厂由武汉迁往龙里，主要生产煤气发生炉，他研制的上吸式煤气发生炉最为适用，安装在汽车上可将汽油车改为木炭汽车。1941年举行煤汽车大赛，数十辆汽车满载货物，从重庆海棠溪出发，翻过72道拐，越过乌江到贵阳。比赛结果，各种综合性能第一、第二、第三名都是贵阳改装的木炭汽车，于是被命名为胜利牌，又因研制者是李葆和而称"葆和式"。为了推广木炭汽车，贵州企业公司与中国煤气机厂合作，创办中国煤汽车营运股份有限公司，将汽油车改装为木炭汽车在贵州4条干线运营。1942年政府下令将所有商车改为木炭汽车，跑遍西南各地，在抗战最艰难的时期保证了汽车运行，对抗战作出重大贡献。

贵阳因是西南公路交通枢纽而崛起，不但是全省的工业中心，而且是商业繁荣的城市。金融特别活跃，中央、中国、交通、农民四大行及中央信托局、邮政储金汇业务局在贵阳设立分支机构，外省地方银行和商业银行30多家在贵阳开业，还在贵阳成立贵州银行和聚康银行。教育在贵阳地区有大夏大学、湘雅医学院、之江大学工学院，又创办了国立贵阳医学院、国立贵阳师范学院、国立贵州大学，还创办了工业、农业、商业、医事等高级职业学校，中小学也有较大的发展。在贵阳成立的省立图书馆、科学馆、艺术馆、物产陈列馆和民众教育馆，商务、中华、世界、正中、开明等大书局在贵阳设立分局。贵阳交通书局成为全国七大书局之一，有几十家报纸、杂志，贵州广播电视台用国语、英语、马来语及沪语、粤语、客家语向国内外广播。设在图云关的中国红十字会救护总队是全国战地救护中心，军政部战时卫生人员训练所是全国战时医务人员训练中心。贵阳人口由战前的 10 余万人猛增至 30 万人。贵阳在西南政治、军事、交通、经济、文化的地位日益显著，1941 年 7 月 1 日正式设立贵阳市。

抗日战争期间，修建了川滇东路、玉秀公路、桂穗公路、黔桂西路四条战略公路，又修筑遵（义）思（南）、陆（家桥）三（都）、兴（仁）江（底）、贵（阳）开（阳）四条省道及 13 条县道，并修建一些乡村公路，共建公路 1935 公里。

首先修建的是川滇东路，起于四川隆昌，经泸州、叙永达川黔交界的赤水河入黔，又经毕节、赫章、威宁至滇黔边界的杉木箐入云南，经宣威至沾益，在天星桥与滇黔公路衔接，全长 724 公里。过贵州路段 363 公里，公路在赤水河节节上升，至毕节升高至海拔 1668 米，进入乌蒙山区后继续上升，升至威宁潘家井的 2800 米，过此下坡

抗战时期在贵阳图云关的中国红十字会救护总队车队

到威宁、宣威，分两段施工。1938 年 3 月贵州省政府制定《赶修川滇东路赤威段紧急办法》，派建设厅工程技术人员指导施工，征调赤水、仁怀、毕节、大定（今大方）、织金、水城、郎岱（今六枝）、黔西、威宁九县民工 5 万余人修建，并征调贵阳等 56 县石工 1.4 万人修建桥梁、涵洞、挡墙。民工不辞劳苦，忍受饥寒，于当年 11 月 10 日抢修通车。因时间紧迫工程草率，再次征调民工整修，1939 年 8 月竣工，建成公路 263 公里，完成土石方 527 万立方米，建桥 16 座，涵管 700 道，堡坎 41046 立方米。威（宁）杉（木箐）段长 100.87 公里，1936 年 10 月动工，征调威宁、毕节、盘县 2 万民工修建，1939 年 8 月完工。川滇东路建成后，增加了一条由云南至重庆的公路干线，比昆明经贵阳至重庆的运输线缩短 200 ~ 300 公里，加快外援物资的输入，支援了湘鄂桂战场及西北战场，1943 年经此道路运输的物资达 5 万多吨。

1938 年冬，日军攻占武汉，湖南战事吃紧，军事委员会令抢修玉（屏）秀（山）公路。由贵州玉屏的鲇鱼铺起，经铜仁、松桃至四川秀山的石耶司，全长 183 公里。过贵州路段 163 公里，主要由贵州承担，分三段施工。玉屏至铜仁段的路线原有三种方案，经过比较确定由鲇鱼铺经长坡岭、田坪、茶店、石灰坡、谢桥至铜仁城南锦江南岸，长 63.64 公里。沿线多属山岳地带，以长坡岭、石灰坡两处工程较大，因大量军事物资亟待运出，抢在 1938 年完工，通车后按公路技术标准整修。铜仁至松桃段由铜仁锦江南岸起，经大兴、正大营、凉亭坳至松桃，全长 79 公里，沿线

运输物资的车辆行驶在崎岖山路上

多为悬崖峭壁，高岸深谷，以铜仁南门桥和十里坡工程最大，由西南公路管理处组织测量，大桥工程事务所负责架桥，土石方工程由铜仁、松桃、江口民工担任。锦江河宽160米，水流湍急，选用5孔25米上层式木桁构桥，用了两年时间才建成，这种桥型在当时尚属首例。松桃至秀山段仅40公里，由松桃与秀山两县组织施工，1940年2至3月先后完工。秀松公路虽然不长，但秀山与重庆有公路相通，贵州段在鲇鱼铺与湘黔公路衔接，使川黔湘三省脉络相通，在军事上有重要意义，对三省边界少数民族地区经济、文化发展颇有影响。

1938年冬，日军侵犯广西，急待开辟川、黔、湘、桂边区公路，军事委员会令四省联合修建桂穗公路，由贵州三穗经湖南靖县至广西桂林，通过湘黔公路与玉秀公路衔接，建成与川黔公路、黔桂公路平行的另一条南北干线，1940年动工，因战事一度停顿，延至1942年底完成，因经费困难，道路等级较低。

为了支援广西抗战，1938年动工修建黔桂西路，由广西百色经贵州安龙、兴义至云南罗平。贵州段为安龙至八渡，长131.7公里，1939年5月成立"黔桂西路贵州安

贵开路水田—羊昌段

八段总段工程处"组织施工，征调安龙、兴义、兴仁、贞丰、册亨 5 县民工 4 万余人筑路，因气候炎热，进度迟缓，1943 年 2 月完工。黔桂西路建成后，由昆明运往广西的战略物资经此道运至广西百色田东，比走滇黔公路、黔桂公路到广西缩短 500 多公里，数千吨物资运往广西前线。

1937—1945 年，还修建了遵（义）思（南）公路、都（云）三（合）公路、兴（仁）江（底）公路、贵（阳）开（阳）公路 4 条省道及 13 条县道，总长 1935 公里，比 1937 年以前所修的公路增加约 300 公里。

遵思公路起自遵义县城，经湄潭、凤冈、德江至思南，全长 210 公里，1940 年 9 月正式通车。独山公路起自都匀，经陆家桥、丹寨至三合（今三都），全程 110 公里，1940 年 3 月建成通车。贵开公路起自贵阳红边门，经马龙坝、三江、水田、羊昌、马场至开阳县城，长 88 公里，1943 年 12 月建成通车。兴江公路起自兴仁县城，经兴义至黔滇交界处江底，全长 110.6 公里，1943 年 12 月建成通车。遵（义）绥（阳）公路长 41 公里，1938 年 8 月建成通车。遵团（溪）公路长 42 公里，是遵义经瓮安、平越（今平塘）至马场坪公路的一段，1938 年建成通车。马（场坪）平（越）公路长 14 公

抗日战争期间，鹅翅膀桥成为湘黔公路上的重要通道

里，1942年建成通车。遵义至鸭溪公路长22公里，1943年竣工。德江至煎茶溪公路长20公里，1943年竣工。贵阳至修文公路长27公里，1943年竣工。安顺至普定公路长25公里，1940年10月竣工。安顺至紫云公路长26公里，1942年12月竣工。郎岱（今六枝）至黄果树公路长43公里，1943年12月竣工。安龙至兴义顶效公路长53公里，1943年竣工。兴仁至贞丰公路长55公里，1942年1月竣工。威宁至昭通公路长122公里，其中威宁至黔滇边境烟堆山108公里，1942年3月竣工。此外又建贵阳红边门至乌当、新添寨至洛湾、孟关至黔陶、中曹司至孟关、孟关至舒家寨、大水沟至汪官等公路。抗战期间，共修建公路1935公里。

（三）贵阳为枢纽的公路网

贵州在西南的战略地位十分重要，1949年10月1日中华人民共和国成立，随即下令中国人民解放军第二野战军进军大西南，采取大迂回大包围的战略方针，先取贵阳，然后进军四川、云南，10月20日下达向贵州进军的命令。二野五兵团在湘西集结后，十六军由湖南洪江进入贵州，占领天柱、三穗、镇远，打通向贵州进军的通道。十七军从湖南晃县入贵州，沿湘黔公路迅速推进，于11月15日解放贵州省会贵阳，揭开了解放大西南的序幕。贵阳解放后留十七军五十四师驻守贵阳，主力向西挺进，控制黔滇公路和清毕公路，截断四川国民党军逃往云南的通道，接着分兵两路进入四川，协同三兵团及西北野战军的十八兵团解放重庆、成都，并派兵支援云南和平解放，彻底打破了国民党军的大西南防线。

国民党军撤退时将公路、桥梁大肆破坏，湘黔、黔桂、滇黔、川黔4条干线不能正常通车，大批物资运不进来，粮食供应特别紧张。当时不仅要保证贵阳及其他城市的粮食供应，还要保证剿匪战争用粮，支援入川、入滇部队粮食供应，粮食运输成为头等大事，抢修公路成为当务之急。抢修的重点是湘黔、黔滇、川黔、黔桂4条干线公路，在贵州省支前司令部的统一领导下，军民奋战，保证公路畅通。

在黔桂铁路拆除后，贵州的交通运输主要靠公路。1950年接收的公路仅3943公里，大约有1/3的县不通公路，主要集中在少数民族聚居区和边远山区。原有的公路坡度大、急弯多，道路崎岖不平，还有许多险道，如川黔公路的"七十二道拐"，黔滇公路的"二十四道拐"，湘黔公路的鹅翅膀等，必须进行改造。从1951年起，在改造原有公路的同时，大力修建新路。

1951 年修复贵开公路、湄潭至黄平公路、遵义至茅台公路、大威烟公路。贵开公路起自贵阳，经开阳、瓮安、石阡至江口县过江屯，全长 383 公里。贵阳至开阳段 1943 年已建成通车，但因缺乏养护，1949 年已不通车，1951 年进行改建，1952 年竣工。开阳经瓮安、石阡至江口过江屯段，1952 年动工修建开阳至瓮安龙溪段，1958 年竣工。1958 年动员 3000 民工修建瓮安经余庆至江口过江屯段，至 1970 年全部竣工。自此瓮安、石阡始通公路。

湄黄公路 湄黄公路起于湄潭县城、经松烟、龙溪、余庆至黄平，全长 124 公里，其中黄平至旧州段 27 公里，1943 年建成通车；旧州至余庆 36 公里，1948 年勉强通车；湄潭至余庆段 110 公里，1943 年按驿道标准修建。1951 年调集湄潭、余庆两县民工及劳改队进行整修，将湄潭至余庆段按公路标准修建，1953 年竣工，1956 年湄黄公路汽车畅通，湄潭、余庆始通汽车。

遵茅公路 遵茅公路起于遵义县城，经马家湾、鸭溪、白蜡坎至茅台，长 109 公里，马家湾至鸭溪段 22 公里，1943 年已建成，鸭溪至白蜡坎 9 公里，1948 年建成，鸭溪至茅台段仍沿用驿道。1951 年组织民工 6800 人修建，将驿道改为公路，1952 年建成通车，仁怀始通公路。

大威烟公路 大威烟公路起自镇宁大山哨，经落别、郎岱、烂坝、水城、德坞、水城至烟堆山，全长 325 公里。威宁至烟堆山段 108 公里，已于 1940 年建成。1952 年动工修建镇宁大山哨经郎岱、水城至威宁段，威宁、水城两县路段 1953 年完工，郎岱县路段 1958 年完工，镇宁县路段 1958 年完成，至此大威烟公路全线贯通，水城始通公路。1950—1952 年是国民经济恢复时期，在财政经济困难的情况下，新建了惠罗公路、大普公路、思铜公路、威水公路、锦榕公路、炉凯公路，成为新中国修建的第一批公路。

惠罗公路 惠罗公路是民国时期计划修建的贵罗公路的一个路段，起于惠水县城，经三都、毛家苑、断杉、简然关、边阳、板庚至罗甸，长 107 公里，1951 年交通厅派惠罗公路工程队重新进行勘察设计，技术标准为路基 6 米，路面宽 3.5 米，最大纵坡 10%，永久性桥梁载重 15 吨，半永久性桥梁载重 8 吨。贵阳专署成立惠罗筑路委员会，下设惠水县、罗甸县两个筑路委员会，分管断杉、老猫坡、板庚、干田坳、罗甸

罗甸县的新老公路桥

5 个工区，组织两县民工 6200 人，失业工人 300 人及劳改队 1400 人施工，完成路基土石方 97 万立方米，路面 35 万平方米，桥梁 15 座，涵管 262 道，投资决算 78.8 亿元（旧人民币），1953 年 7 月建成通车，从此罗甸县始通公路。

大普公路　大普公路起自大定县（今大方）黄泥塘，跨六圭河，经茶店、八步、织金、珠藏、坪上，越三岔河至普定，长 150 公里，是毕节地区通往安顺地区的一条干线公路。1951 年毕节、安顺两专区设立筑路委员会，分设大定、织金、普定三个工区，采取边设计边施工的办法，调集民工 6300 人，劳改队 1600 人施工，技术力量主要是工程队数十人，技术人员 11 人。投资 74.7 亿元（旧人民币），完成路基土石方 166 万余立方米，路面 61 万平方米，桥梁 4 座，涵管 230 道及六圭河、三岔河两个渡口，1953 年 7 月建成通车。从此织金县、普定县始通公路。

思铜公路　思铜公路起自思南县城，经印江、江口至铜仁，长 197 公里，1951 年重新勘察设计，技术指标为路基 4 ~ 6 米，路面宽 3 米，最大坡度 10%，最小半径 15 米，桥梁荷载 10 吨。交通厅将全部施工任务委托铜仁专署办理，下设思南、印江、江口、铜仁 4 个筑路委员会分段负责，思南县 40 公里，印江县 49 公里，江口县 73 公里，铜仁县 35 公里。工程技术由交通厅派出的工程队负责，下设思南印江、江口铜仁两个工程组。组织民工 25000 人上路，并派劳改队 500 人参加，1951 年 9 月陆续开工，经过两年奋战，完成路基土石方 259 万立方米，路面 47 万立方米，桥梁 48 座，涵洞 440 道。控制性工程有三重岩、哨上凿岩工程、鹭係岩 500 米长洞、铜仁西门大桥，桥为三孔木桁构桥，长 106 米。1953 年 7 月全线贯通，是当时线路最长、工程量最大的公路工程。从此印江、江口两县始通公路。

锦榕公路 锦榕公路起自锦屏县城，经敦寨、黎平、栽麻、榕江，全长 175 公里，其中锦屏县 40 公里，黎平县 102 公里，榕江县 33 公里，锦屏至黎平段 1943 年已建毛坯。1952 年交通厅派工程队进行复测，按驿道标准修建，征调三县民工 4850 人及劳改队 300 余人施工，完成路基土石方 74 万立方米，路面 66 万平方米，桥梁 106 座，涵洞 484 道，1953 年 3 月竣工。1954 年道路被水冲毁，交通中断，乃于 1955 年按公路标准扩建，路基加宽至 6 米，坡度 9%，最小曲线半径 12 米，建桥梁 59 座，涵管 217 道，设汽车渡船一艘，1956 年 5 月通车至榕江。1979 年修建榕江大桥，全长 540 米，为跨径 42 米 7 孔箱形拱桥，是这一时期最大的桥梁。锦榕公路是黔东南的一条重要公路干线，揭开了民族地区修建公路新篇章。从此榕江、黎平始通公路。经过三年国民经济恢复时期，财政经济状况好转，从 1953 年开始，实行第一个五年计划，"一五"期间重点是修建少数民族地区公路，陆续建成炉山榕江公路、镇远台江剑河公路、镇远羊坪石阡公路、紫云望谟公路、桐梓赤水公路、务川正安公路、凤冈务川公路，并修建简易公路 3480 公里。

炉榕公路 炉榕公路起至炉山县（后并入凯里县）炉山镇，经虎庄、凯里、雷山、大塘、永乐、平永至榕江，全长 208 公里，炉山至凯里段 80 公里 1940 年已动工修建，完成了部分土石方工程，1951 年按驿道标准修建，完成路基土石方 2166 立方米，路面 1750 万平方米，桥梁 13 座，涵管 33 道。1955 年重新测量设计，按 6 级公路标准修建，路基宽 6.5 米，路面宽 5.5 米，纵坡 11%，最小曲线半径 15 米。炉山至雷山段 1956 年 2 月动工，由公路局 800 人负责施工，组织数千名民工参加，完成路基土石方 144 万立方米，路面 33 万平方米，桥梁 22 座，涵洞 124 道，1956 年 8 月 1 日建成通车。雷山至榕江段工程艰巨，从雷山至皆老段翻过雷公山 33 公里，地形艰险，土石方工程甚大，投资 112.7 万元，完成土石方 108 万立方米，1957 年 1 月竣工。永乐至榕江段 75 公里由黔东南州主办，组织民工 7500 人施工，完成路基土石方 206 万立方米，路面

1958 年在雷公山云海下面蜿蜒陡峭的公路通车

26.3 万平方米，桥梁 30 座，涵洞 108 道，1958 年 9 月建成通车。至此雷山始通公路。

镇台剑公路　镇台剑公路起自镇远，经施洞口、榕山、台江、革东至剑河，全长119 公里，1955 年完成勘测设计，修建标准与炉榕公路相同。1956 年分两段施工完成，路基土石方 163 万立方米，路面 14 万平方米，桥梁 44 座，涵洞 189 道，堡坎 3.6 万立方米，1956 年 10 月全部完工。修建时因考虑展鼻寨一段陡坡、弯急，改走辣子寨新寨，但通车后行车不畅，又改走旧线。至此台江、剑河两县始通公路。

羊石公路　羊石公路起自镇远县羊坪，经岑巩、小堡、注溪、龙田、容楼入石阡县境，再经伍德、枫香、老屋基至石阡县城，长 107 公里。羊坪至岑巩县原先通马车，岑巩、石阡两县原为简易公路。1956 年改建羊坪至岑巩段，1957 年建成通车。继又改建小堡至长坳段 55 公里，1958 年竣工。1976 年建羊坪桥，为长 108 米双曲拱桥，羊石公路建成后，岑巩、石阡两县始通公路。

紫望公路　紫望公路起自紫云县城，经猴场入望谟县境，再经打易至望谟县城，全长 110 公里，其中紫云县 57 公里、望谟县 54 公里，原为安顺望谟公路的一段，1942 年动工，但未开通，1956 年进行复测，分两段施工。紫云县境以民工建勤方式修建，投资 21 万元，完成土石方 42 万立方米，桥梁 8 座，涵洞 81 道，望谟路段按简易公路标准修建，完成路基工程 28 公里，投资 211 万元，使用建勤民工 13.3 万工日，1957 年 7 月竣工，望谟县自此有了公路。

桐赤公路　桐赤公路起自桐梓，经九坝、温水、习水、土城、葫市至赤水，全长 235 公里，其中桐梓县境 38 公里，习水县境 105 公里，赤水县境 93 公里。1956 年动工，完成路基土石方 183 万立方米，路面 235 公里，桥梁 42 座，涵洞 512 道，用款 129.7 万元，1958 年全线贯通。习水、赤水两县始通公路。

凤务公路　凤务公路起自凤冈，经绥阳县至务川，长 81 公里，其中凤冈路段 31 公里，务川路段 50 公里，1956 年采用民工建勤方式修建，用款 14 万元，用工 70.6 万工日，完成路基土石方 25 万立方米，路面 37 万平方米，桥梁 13 座，涵洞 67 道，将丰乐河渡口改建为桥，1957 年 3 月竣工。务川、凤冈自此始通公路。

遵尖公路　遵尖公路起于遵义茅草铺，经绥阳、旺草、温泉、土坪、乐俭入正安境，再经安场、云峰、道真至黔川交界尖山子，全长 243 公里。遵义至绥阳段 1938 年

遵尖公路田家湾隧道

动工修建，通车后失养，1949 年已不通车，1951 年修复，1952 年纳入养护。绥阳至正安段 1956 年按简易公路标准设计，动员民工万余人修建，1957 年 4 月竣工。正安至道真段 1957 年 7 月开工，分段施工，1958 年 8 月全线开通。正安、道真始通公路。

煎秀公路 煎秀公路起于德江县煎茶溪（遵铜公路 158 公里处），经德江、沿河、沙子入四川酉阳境，煎茶溪至德江段 1943 年建成通车。德江至沿河段起自德江，经土地坳、官州至沿河，全长 89 公里，其中德江县境 30 公里，沿河县境 59 公里。1956 年动员 2 万民工修建，1957 年 10 月建成通车，沿河至秀山段由四川负责，1971 年动工，1973 年沿河至酉阳竣工，1979 年全线贯通。沿河 1957 年始通公路。

独荔公路 独荔公路起自独山，经基长、甲良至荔波，全长 80 公里，1941 年动工修建独山至方村路段形成路坯，1951 年进行改建，完成路基土石方 7 万立方米，路面 16 万平方米，桥梁两座，涵管 45 道，1952 年竣工，1956 年成立独荔筑路委员会，续修方村至水龙段 15 公里，水龙至荔波 16 公里，1957 年全线贯通，荔波始通公路。

贵广公路 贵广公路起自贵阳市郊大水沟，经石板哨、马场至长顺县广顺区，长 66 公里，1953 年进行整修，1954 年建成通车，广顺始通公路。

金黔公路 金黔公路起于金沙，经金华、杨柳塘、新石、打坝达乌箐入黔西县境，再经重新、新田至黔西县城，长 74 公里，其中金沙县境 29 公里，黔西县境 45 公里，1956 年 1 月动工建设，按简易公路标准修建，1957 年 7 月竣工，金沙始通公路。

镇毕公路 镇毕公路起于云南镇雄，经二龙关入贵州毕节，再经青杨至柏家哨接川滇东路，全长 52 公里，其中毕节县境 29 公里。1956 年 6 月，由云南昭通地区与贵州毕节地区共同修建，次年 4 月竣工。

水镇公路 水镇公路起自水城大威烟公路 140 公里处，经汪家寨、二塘、木冲沟、赫章至云南镇雄煤灰包，全长 149 公里，其中水城特区 56 公里，赫章县境 84 公里，1956 年动工分段施工，历时 19 年全线建成。水城至赫章木冲沟分三段施工，水城至汪家寨 1959 年竣工，汪家寨至二塘由燃化部投资，1969 年竣工，二塘至木冲沟由水城铁厂投资，1974 年竣工，赫章县境亦分三段施工，木冲沟至珠市段由水城铁厂投资，1976 年竣工，珠市至七里店段 1975 年由冶金部投资，因二塘火车站物资转运延误停工，1982 年修通，赫章至煤灰包段，1968 年动工，1971 年因工程款用尽停工，1982 年复工，1985 年竣工，水城始通公路。

都丹公路　都丹公路起自都匀，经牛场、坝固至丹寨，全长42公里，1956年动工修建都匀至坝固段30公里，完成土石方14.3万余立方米，桥梁7座，涵管40道，1957年6月完工，坝固至丹寨段1958年动工，1964年完成扫尾工程，丹寨始通公路。1958年"大跃进"，交通部提出全党全民办交通，依靠地方党委，依靠群众普及与提高相结合，以普及为主的筑路方针，要求县县通公路或简易公路，区区通简易公路或大车道，社社通大车道或驮运道。1958—1962年新修公路9510公里，主要有两水公路、马瓮遵公路、册三公路、毕纳水公路、印松公路、新都公路、惠狗公路、站织公路、黎从公路等。

两水公路　两水公路起于水城，经玉舍、杨梅、发耳，跨北盘江入盘县境，经鸡场、坪地、土城、盘关至两头河接滇黔公路，全长187公里。1958年冬动工，按简易公路标准修建，盘县至两头河段1959年2月竣工，水城至玉舍段1960年建成通车。

毕纳水公路　毕纳水公路起于毕节县流仓桥与清毕公路交会处，经朱昌、维新、纳雍、木盖河、扬长、天桥、小河边、水城小河边、滥坝与大威烟公路连接，全长173公里。1956年动工修建，1958年6月完成毕节至纳雍107公里工程。纳雍至水城段1955年由水城铁厂修建11公里，1958年按简易公路标准修建，1960年建成。因工程质量差又受暴雨侵袭，路基坍塌，路面损坏，1963年进行整修，1966年完工，纳雍始通公路。

站织公路　站织公路起于清毕公路18公里处站街，经柿花园、流长、黎寇、三岔河、牛场至织金，全长106公里。织金至牛场段1957年动工，1958年完工，1958年建成站街至柿花园段，1963年建成柿花园至牛场段，1966年5月全线贯通，织金始通公路。

马瓮遵公路　马瓮遵公路起自马场坪，经福泉、龙昌堡、牛场、普定街、瓮安、玉山、江界河、珠藏、鲤鱼塘、团溪至遵义，全长217公里。马场坪至平越14公里1942年建成通车，1959年改善急弯陡坡路段。平越至瓮安50公里，1946年通车，1959年改善线路8处，瓮安至鲤鱼塘83公里原为大车道，1957—1958年改建为公路。鲤鱼塘至遵义段1958年建成通车，设鲤鱼塘、江界河两渡口。

印松公路　印松公路起于印江，经板溪、天堂哨、木黄、乌罗、九江、孟溪、大平至太平营，与玉秀公路共同11公里路段至松桃，全长147公里，其中，印江县境67

松桃连接重庆秀山和湖南花垣的公路

公里，松桃县境80公里，印江县境路段1958年建成。松桃路段1959年动工，孟溪至七溪段1963年建成，七江至乌罗段1964年建成，乌罗至松桃段1971年建成，至此全线贯通。印江始通公路。

册三公路 册三公路起自册亨县，经望谟、落点、平塘、独山、从江至广西三江，全长600公里，1958年动工修建册亨至独山段349公里。第一期工程独山至罗甸段158公里，原核定投资800万元，后因"大跃进"削减经费，降低设计标准，调集独山、平塘等县民8000余人施工，1959年4月竣工，遗留问题不少。罗甸至册亨段于1959年10月完工，亦因强调节约影响工程质量，1962年及1967年路基被水冲毁，经过整修、改建，1968年路况日趋稳定。1974年建成北盘江岩架桥，为长200米双曲拱桥，平塘始通公路。

惠狗公路 惠狗公路起自惠水，经长顺、摆所至紫云狗场，全长85公里，是惠罗公路与紫望公路的联络线。惠水至长顺段1945年按县乡公路修建，后因没有养护交通中断，1951 年整修后可通马车，1952 年整修后始通汽车。长顺至紫云狗场段 56 公里，1958 年按简易公路标准修建，1959 年 4 月建成通车。

新都公路　新都公路起于湘黔公路 56 公里处贵定县沿山镇新路口，经贵定昌明、摆所至都匀，全长 81 公里。1958 年动工修建，新路口至昌明段 18 公里，年底完工，昌明至都匀段 63 公里，1965 年建成，全线贯通。

黎从公路　黎从公路起自黎平，经潘老、皮林入从江县境，经贯洞至从江县城，长 103 公里，1958 年动工修建，黎平至口团 25 公里 6 月 6 日建成，口团至管维 36 公里 1959 年建成，管维至田坝岔口 14 公里 1958 年建成。唯贯洞至从江县城一段延至 1964 年才建成通车，从江是贵州最后一个通车的县。从 1964 年起国家进行"三线建设"，贵州是重点建设省区之一，公路建设多与备战有关。修建盘兴、榕从、赶温、务正、盐沙、仁习、兴普、兴巴、印江等公路。由于建设的需要又修建专用公路 40 余条，共 334 公里，主要是通往厂矿及交通枢纽。

盘兴公路　盘兴公路起自盘县刘官屯接黔滇公路处，经忠义、保田、补西亚口入兴义县境，又经猪场、母乃至坪东接断江公路，全长 123 公里，1958 年按六等乙级公路建成，1964 年投资 20 万元进行改建，设盘县、兴义两工区组织民工施工，1965 年 3 月竣工。

榕从公路　榕从公路原为炉从公路的一段，起自榕江，经传洞、下江、腊峨至从江，全长 76 公里。1966 年国家投资 37.3 万元修建从江至下江段 38 公里，1968 年底验收。1971 年交通厅投资 20 万元修建榕江至下江段 38 公里，11 月开工，1973 年停工。1974 年投资 50 万元续建，1978 年竣工，但多处路段不符合标准，桥涵质量存在不少问题。

兴普公路　兴普公路起于兴仁，经龙场、煤矿垭口入普安，又经青山、地瓜至普安县城，长 80 公里，其中兴仁县境 21 公里，普安县境 59 公里。1959 年动工修建，1961 年停工，1964 年复工，年底建成地瓜至青山段 19 公里，1965 年 2 月全面开工，1970 年全线贯通。

赶温公路　赶温公路起于綦江赶水，经黎元坝入习水县，在温水区与桐赤公路衔接，长 55 公里，1959 年 12 月接通，后因水患中断，1964 年修复。

仁习公路　仁习公路起于仁怀县城，经苍头坝、水塘、尧坝、五岔、三合入习水

改造后的盐沙城市公路

县境，又经二郎坝、桑木、土河接桐赤公路，全长 110 公里，1966 年 11 月开工，1970 年全线贯通。

务正公路　务正公路起自务川县城，经涪阳、当阳、丝厂弯、新木、格林至正安，全长 88 公里，其中务川县境 48 公里，正安县境 40 公里。务川至涪阳段 1966 年竣工，涪阳至丝厂弯段 1975 年建成，正安至格林段 1968 年竣工，格林至丝厂弯段 1979 年竣工。

盐沙公路　盐沙公路为战备公路之一，起自贵阳盐务新村，至沙文镇 22 公里，1966 年建成通车。

印岩公路　印岩公路是遵义、铜仁及四川涪陵之间的联络干线，起自印松公路线上的板溪，经印江、凤凰山至沿河，长 82 公里，其中印江县境 44 公里，沿河县境 38 公里，印江路段 1967 年修建沿河路段，1970 年建成通车。从 1951 年到 1976 年，累计新建公路 28232 公里，相当于民国年间公路总和 3943 公里的 7.16 倍。新建公路主要在少数民族地区和边远山区，铜仁地区的江口、德江、印江、沿河、石阡，遵义地区的赤水、习水、仁怀、道真、正安、余庆，毕节地区的水城、纳雍、金沙、织金，黔东联络线，天星坡至玉屏 270 公里，其中高速公路 170 公里，二级公路 100 公里；沿河至丹寨 455 公里，其中二级公路 425 公里，高速公路 30 公里；赤水至马场坪 380 公里，全为高速公路；黄花坪至望谟 330 公里，其中二级公路 270 公里，高速公路 60 公里；烟堆山至安龙 585 公里，其中二级公路 550 公里，高速公路 35 公里；江口至大方 442 公里，其中二级公路 415 公里，高速公路 27 公里；清镇至纳雍 140 公里，全为高速公路；三都至兴义 355 公里，均为二级公路。"八支"即 8 条支线，除晴隆至兴义 100 公里全为高速公路外，其余沿河至习水 300 公里、道真至遵义 180 公里、独山至荔波 80 公里、贵阳至罗甸 170 公里、锦屏至三穗 90 公里、岑巩至马场坪 160 公里、星子界至榕江 165 公里均为二级公路。

1987 年，交通部安排了 27 个国家重点公路建设项目，贵（阳）黄（果树）公路被列入国家重点项目之一。鉴于当时贵州的资金技术条件限制，贵黄公路没有按高速公路标准设计建造，而是采取"平行布线，双线并行"的方针，保留老贵黄公路作为辅道，新建一条与之平行的汽车专用公路。贵黄公路起自贵阳市南端艺校立交桥，经清镇、平坝、安顺、镇宁至黄果树风景名胜区，全长 137 公里，贵阳至清镇段 25.4 公里为一级公路，清镇至黄果树段 116.65 公里为二级公路，全线架桥 122 座，各式立交 284 处，行人地下通道及天桥 210 处，涵洞 948 道，并在靠近贵州工学院地段设置减噪声路面和长 600 米高 3.5 米的声障墙。总投资 3.09 亿元，其中交通部投资 1.55 亿元，贵州筹集资金 7442 万元，另用银行贷款 1500 万元，养路费 5858 万元。1987 年动工，1990 年 12 月建成通车。贵黄公路虽然不属于高速公路，但技术含量较高，工程质量好，揭开了贵州高等级公路的新篇章，1993 年 9 月交通部授予"改革开放以来十大公路工程"的称号，被评为中国山区第一条汽车专用公路，并获贵州省科技进步一等奖，国家优秀工程设计银质奖，交通部优质工程一等奖。

1987 年修建大纳公路，起于大方县城，经瓢儿井、普宜、跨川黔界河赤水河至四川纳溪县城石龙码头，衔接长江水道，全长 279 公里，其中贵州境内 90.85 公里，是贵州北达长江的出口干线公路。投资 11700 万元，其中交通部补助 5000 万元，按山岭重丘区二级公路修建，设计时速 40 公里，车辆荷载汽车 20 级，挂车 100 级，水泥混凝土路面 1997 年 12 月竣工，是黔西北的第一条二级公路，同时又是当时贵州最长的二级公路。此后修建的高等级公路皆以贵阳为中心。

1992 年改造后的花溪大道

　　1989 年 3 月动工修建贵（阳）花（溪）大道，这是贵阳城区南出口干线公路，起自贵阳太慈桥，止于花溪，全长 13.2 公里。按平原微丘一级公路标准改建，设计时速为 60 公里，双向 4 车道，路基宽 25 米，水泥混凝土路面，车辆荷载汽车 20 级，挂车 100 级，1992 年 11 月 11 日竣工，工程结算 3496.22 万元，是贵州建成的第一条一级公路。

　　1991 年，交通部批准贵阳东北环线及东出口公路建设项目，东出口公路起于贵阳东郊水口寺，经汤巴关、冒沙井、鱼梁河、大坡东、甘庄河至下坝，全长 12.37 公里（不含机场联络线），是 210 国道和 321 国道的共用路段，由贵阳通往湖南、广西方向的汽车必经东出口公路。1992 年 4 月动工修建，批准概算 8850 万元，其中交通补助 2200 万元，其余资金由贵州省自筹后调整概算为 2.58 亿元，按山岭重丘区一级汽车专用公路设计，路宽 25 米，水泥混凝土路面，汽车荷载为汽车超 20 级，挂车 120 级，征地 1032.99 亩，拆迁房屋 21400 平方米，改迁电力通讯线路 4910 公里，控制性工程为水口寺大桥，全长 670 米，主桥为净跨 115 米的支架现浇钢筋混凝土箱形拱桥，引桥为钢筋混凝土双室连续箱型梁桥,1998 年 12 月竣工验收,缓解贵阳东出口交通拥挤、公路运输繁忙、通行能力低的状况。

1991 年国家计委批复《关于贵阳至遵义公路设计任务书》,批准概算 7.64 亿元。贵遵公路是 210 国道贵阳至遵义路段,起自贵阳客车站,经阳关、白云、扎佐、久长、息烽、阳朗、三田、小寨坝、乌江、阁老坝、南北镇、马家湾,止于遵义忠庄,全长 140.94 公里。按山岭重丘区汽车专用公路设计,其中 50.37 公里为一级汽车专用公路,105.15 公里为二级汽车专用公路。一级公路宽 21.5 米,二级公路宽 12 米,桥涵隧道与路基同宽。水泥混凝土路面,车辆荷载汽车超 20 级,挂车 120 级。征地 13196.38 亩,拆迁房屋 32 万平方米,安置农转非 14047 人。全线桥梁 122 座 20400 米,涵洞 763 座 17014.66 米,隧道 5 座 606 米,互通式立交 11 处,分离式立交 19 处,行人地下通道及天桥 231 处,服务区 3 处,收费站 12 处。

1993 年 10 月 14 日,交通部批复《关于贵阳东北绕城公路项目建议书》,1996 年 1 月 20 日交通部批复《关于贵阳东北绕城公路初步设计》,批准概算 6.0683 亿元,其中交通部补助 1.61 亿元,银行贷款 4.4583 亿元,贵阳东北绕城公路起自贵阳市白云区沙文乡尖坡,经乌当区新添寨、笋子林至贵阳东出口公路下坝,全长 19.71 公里,按山岭重丘区一级汽车专用公路,设计时速 60 公里,路基宽 21.5 米,水泥混凝土路面,车辆荷载汽车超 20 级,挂车 120 级,设尖坡立交、新添寨立交、笋子林立交和下坝立交,设尖坡、笋子林两处收费站。1996 年 11 月 28 日动工,2003 年 12 月 30 日竣工验收,建设项目综合得分 83.8 分,工程质量合格。审定结算 6.25 亿元,超概算 1855.88 万元。

贵阳至新寨公路是重庆经贵阳至湛江 210 国道贵州境的南段,即《贵州省公路网(1991—2020)》规划的"一纵"的组成路段,起自贵阳市南明区下坝,经龙里、贵定、马场坪、大良田、都匀、独山、麻尾至黔桂边界新寨,全长 206.77 公里,按山岭重丘区二级汽车专用公路设计建造,贵阳至都匀 143 公里,为 4 车道一级汽车专用公路,都匀至新寨 117.77 公里,为二级汽车专用公路。全线路基土石方工程 5100 万立方米,排水及防护墙 310 万立方米,建桥梁 277 座 28084 米,涵洞 1395 道 3745.81 米,隧道三座 492 米,设人行天桥 44 座,收费站 15 处,服务区 5 处。1998 年 6 月开工建设,2000 年 12 月 30 日贵阳至都匀段建成通车,2001 年都匀至新寨段建成通车,这是贵州第一次利用外资修建的公路,批准概算 18.16 亿元,其中日本海外助力基金贷款 1.5 亿美元（折合人民币 12.46 亿元）。施工和监理采取公开招标，分为 12 个标段。北京燕通公路工程公司、铁道部十九工程局、葛洲坝水利水电工程集团公司、贵州桥梁建设总公司等 12 个一级企业中标承担工程施工。通过招标确立贵州省交通建设咨询监理有限公司、西安方舟工程咨询监理有限责任公司等 7 家为监理单位，与国际先进的施工和监理方法接轨。

　　1998 年动工修建贵毕公路，起自贵遵公路扎佐枢纽，经修文、六广、黔西、大方至毕节市汽车站，全长 178.578 公里，贵阳至扎佐 25 公里于贵遵公路共道，是贵州省公路网 1991 年至 2020 年中的重要联络线路，是 321 国道的贵州西北路段，总投资 19.92 亿元。按山岭重丘区二级公路修建，扎佐至修文段为一级公路，修文至毕节为二级公路，沥青混凝土路面。沿线地质地貌复杂，桥隧比大，桥梁 85 座 10165 米，涵洞 401 道 868.64 米，隧道 6 座 1690 米，重点工程有大桥 9 座，长隧道 1 座。西溪大桥为主跨 338 米悬索桥，西溪干沟大桥为主跨 160 米桁式组合拱桥，六广河大桥为主跨 240 米预应力钢筋混凝土连续钢构桥，小阁丫大桥为主跨 2×138.1 米预应力钢筋混凝土连

贵毕公路修文段

续钢构桥，大干沟大桥为主跨 135 米钢筋混凝土箱形拱桥，高家岩隧道单洞长 940 米，是当时贵州最长的公路隧道。2001 年 10 月建成通车，贵阳至毕节里程 214 公里，比原清镇毕节公路缩短 28 公里。

为提高干线公路等级，完善路网结构，"十一五"（2006—2010 年）期间，加快二级公路建设步伐，投资 80.84 亿元，建成二级公路 12 条，共 1061 公里。

2003 年动工修建贵阳至开阳公路，批准预算 6.371 亿元，按山岭重丘区二级专用公路标准建造，全长 60.85 公里，双向二车道，车辆载客汽车超 20 级、挂车 120 级，沥青混凝土路面，概算 6.37 亿元，2006 年 11 月建成通车，使贵阳市率先实现"县县通高等级公路"。

2005 年动工修建凯施公路，起自凯里市西出口，经虎庄、龙场镇、重安镇、黄平县城、新桥至施秉县城，全长 77.52 公里，投资 5.2576 亿元，按山岭重丘区二级公路标准修建，2009 年 4 月 28 日正式通车，是连接国道省道县道的一条重要公路。

2006 年 8 月动工修建习新公路，起至习（水）赤（水）公路习水路口，经良村、大水、温水、茅坪、夜郎镇、蒙渡至桐梓县新店镇，与崇遵高速公路连接，全长 112.148 公里，投资 8.17 亿元，按山岭重丘区二级公路标准修建，双车道，路基宽 8.5 米，沥青混凝土路面，设计时速 40 公里，2009 年 12 月 20 日建成通车，从习水县城至遵义车程由原来的 5 个小时缩短至 3 个半小时。

2006 年 10 月动工修建绥道公路，起于绥阳县城东幺店子，经兴隆场、旺草镇、温泉镇、土坪镇、和溪镇、毛家塘、凤仪镇、正安县城、安场镇、山江镇、双河口至道真县城，全长为 146.572 公里。按二级公路标准修建，路基宽 8.5～10 米，全部为沥青混凝土路面，设计时速 40 公里，2010 年 1 月建成通车，总投资 11.4 亿元。绥道公路是 3388 网中的一条支线，不但将绥阳、正安、道真三县联通，而且与 210 国道和 326 国道连接，北通重庆，西走桐梓，东联务川，把周边的高速公路、高等级公路联系起来。

盘县柏果至火铺公路是六盘水境内的一条运煤的专用公路，全长 78.3 公里，投资 4.78 亿元，2006 年动工修建，将老路改建为二级公路，路基宽 8.5 米，沥青混凝土路面，2010 年 8 月 6 日全线贯通。

2006 年 2 月动工修建安兴公路，起自安龙县新安镇大坪村黄泥寨，经钱相乡、普坪

安龙至贞丰二级公路

镇、戈塘镇、兴义屯脚镇、李关乡、兴义县城、四联乡至兴仁县城西红井田，接兴（仁）关（岭）公路，全长60.31公里，投资2.73亿元，按二级公路标准修建，路基宽12米，沥青混凝土路面，设计时速60公里，2009年5月20日建成通车，是3388网中"三纵"的一段。

2007年11月动工修建贞安公路，起自贞丰县者相镇青冈林，与兴（仁）关（岭）公路衔接，止于安龙县钱相乡，与兴（仁）关（岭）公路相连，全长68.836公里，投资4.14亿元，按二级公路修建，路基宽10米，沥青混凝土路面，设计时速60公里，2009年11月30日建成通车。

2007年8月动工修建湄余公路，起自湄潭县城，经兴隆、松烟、敖溪、大乌江、小腮至余庆县城，全长101.64公里，投资7.37亿元，按二级公路标准修建，路基宽10米，沥青混凝土路面设计时速60公里，横跨乌江的大桥长358米，2009年12月30日建成通车。湄余公路是3388网中的一条联络线，北接326国道，在龙溪与省道305线交叉，南下至黄平接省道306线，构建起余庆至遵义、湄潭至黔东南的快速通道。

2007年11月动工修建施青公路，起自施秉县城，经甘溪镇、镇远县舞阳镇、焦溪镇至青溪镇，全长 91.7 公里，投资 7.7 亿元，按二级公路标准修建，路基宽 10 米，沥青混凝土路面，设计时速 60 公里，2010 年 1 月 30 日建成通车。

2007 年 12 月动工修建独罗公路，起自独山县城，接 312 省道，经平塘、西凉至罗甸县城，全长 145.8 公里，是"3388 网"中的一条支线，概算 12.15 亿元，按二级公路标准修建，路基宽 10 米，沥青混凝土路面，设计时速 40 公里。惠水县三都镇至罗甸县红水河北岸羊里码头公路，全长 152.2 公里，2007 年按省政府安排，独山至罗甸、惠水至罗甸羊里项目停建，只修建罗甸至羊里段，全长 73.018 公里，投资 7.614 亿元，2010 年 12 月 31 日建成通车。

2007 年 11 月动工修建迓大公路，起自松桃县迓驾镇迓驾村，经董上、牛角河、太平营、盘信、新桥至大兴，又建太平营经龙头云、大坪场、孟溪镇至松桃火车站支线，全长 100.918 公里，投资 7.927 亿元，按二级公路标准修建，路基宽 10 米，沥青混凝土路面，设计时速 60 公里，2009 年 12 月 30 日建成通车，是"3388 网"中"一联"

白肖线二级公路开阳段

的组成部分。

2007 年 8 月动工修建白肖公路，起自贵阳市白云区麦架乡，经修文县久长镇、开阳县花梨乡至瓮安县肖家坳，投资 5.36 亿元，安二级公路标准修建，沥青混凝土路面，设计时速 60 公里，2010 年 1 月 30 日建成通车。

2008 年 1 月动工修建凯雷公路，起自凯里市仰阿莎广场，经三棵树镇、郎德镇、雷山县城至大塘乡排里坳，全长 68.58 公里，投资 5.2 亿元，按二级公路标准修建，沥青混凝土路面，设计时速 40 公里，2010 年 5 月 30 日建成通车。

二、高速公路的跨越发展

根据交通部《国家高速公路网规划》，结合贵州实际，贵州省交通厅编制了《贵州省骨架公路网规划（2003—2020）》，将路网调整为"三横三纵八联八支"，总规模约 7400 公里，其中高速公路 2960 公里，一、二级公路 4400 公里。

贵州的第一条高速公路是凯麻高速（沪昆高速的一个路段），1999 年 11 月动工，全长 50.9 公里，2001 年 12 月建成通车。在西部大开发的形势下，贵州高速公路建设蓬勃发展，仅 15 年时间便建成高速公路 5128 公里，高速公路的总规模，在西部地区排名第三，全国排名第九，并在西部地区率先实现"县县通高速"，2017 年出台《贵州省新时代高速公路建设 5 年决战实施方案》，总的目标是到 2022 年投资 5000 亿元以上，通车里程 1 万公里。2018 年全省高速公路通车里程突破 6000 公里，综合密度全国第一。2019 年高速公路通车里程突破 7000 公里，跃升为全国第四，西部地区第二，综合密度保持全国第一。2020 年底，贵州省高速公路通车里程 7600 公里。2021 年 12 月 31 日，随着江玉高速公路、沿印松高速公路在同一天顺利建成通车，贵州高速公路总里程突破 8000 公里，居全国前列。截至 2022 年 12 月，全省高速公路建成通车里程超 8200 公里，排西部第三、全国第五，高速公路综合密度升至全国前列，累计 24 个省际通道，与周边各省形成至少 3 个省际通道。8200 多公里的高速路和 27239 座桥梁、2535 条隧道，架起 600 多平方公里外通内联、安全便捷的"高速平原"。

一幅以高速公路为标志的波澜壮阔的公路网，从海拔 147.8 米的黎平县地坪乡，到海拔 2142 米的威宁草海，跃然贯穿连绵大山深处，串联起了"千山万壑"，平铺于黔

全省公路总里程达 20.7 万公里，其中高速公路 8010 公里，排全国第五、西部前三

山秀水之间，密切了山水关系，拉近了城乡距离，畅通了内外联系，从根本上改变了贵州的发展格局。

高速公路是公路现代化设施，属性为高等级公路，按交通部《公路工程技术标准》，高速公路是指能适应平均昼夜小客车交通量为 25000 辆以上，专供汽车分道高速行驶，并全部控制出入口的公路。高速公路必须是全封闭、全立交，高速行驶双向 4 车道（包括 6 车道、8 车道）的现代化公路。高速公路禁止行人和非机动车进入，汽车进入通过匝道。高速公路与其他公路、铁路采取立体交叉，设立互通立交、分离式立交，不允许平面交叉，行人通过跨线桥或地下通道通行。汽车双向行驶，中间设隔离带，将往来交通完全隔开，往来车辆单向行驶，禁止逆行，路面为水泥混凝土或沥青混凝土高级路面，设计时速 80 ～ 120 公里，路基宽 26 米以上，两边设有护栏，并设有标志、标线、信号、照明装置及电子监控系统。

春天里的沪昆高速

　　高速公路具有时速快、通行能力大、行走安全、缩短里程、减小机械轮胎磨损、降低运输成本等优点，20 世纪 60 年代为世界各国采用，外国名称为 express way/freeway/Superhigh way。改革开放以来，我国积极引进国外现代公路技术，20 世纪 80 年代末开始高速公路建设。高速公路能穿山越岭，跨越江河沟谷，缩短里程，对改善贵州公路交通具有特别重要的意义，但贵州原先都是盘山公路，等级偏低，要在贵州山区修建高速公路，成本比其他省区要高得多，不但需要技术支撑，而且需要有足够的财力。2000 年国家实施西部大开发战略，在政策和资金上向西部地区倾斜，贵州抓住机遇大力推进高速公路建设。贵州地形地貌复杂，桥隧比大，每公里平均造价 1 亿元左右。为解决资金严重困难，贵州充分利用中央政策性建设资金、脱贫攻坚投资基金、交通产业发展基金、交通车辆购置附加、国家银行贷款，采取"统筹融资，贷款修路，收费还债，滚动开发"的方针，招商引资，多渠道集资融资，与邻省合作共建，使建设资金日益充足。国家高速由交通部出资50%，贵州自筹资金50%，有力地支持贵州高速公路建设，从2013年起，每年投资1000亿元以上。

2005年，国务院颁布由交通部制定的《国家高速公路网规划》中，明确提出兰海、沪昆、厦蓉、杭瑞、汕昆5条国家高速公路通过贵州，以后又增加银百、都香两条国家高速。2006年制定的《贵州省骨架公路网规划》，总规模为7400公里，其中高速公路2960公里。规划中，"一纵"道真至黎平515公里，有160公里为高速，"二纵"崇溪河至新寨523公里全为高速，"三纵"毕节至安龙465公里全为高速；"一横"铜仁至威宁745公里中有475公里为高速，"二横"鲢鱼铺至胜境关650公里全为高速，"三横"从江至兴义660公里中有100公里为高速；八条联线中，赤水至马场坪380公里和清镇至纳雍140公里全为高速。八条支线中，晴隆至兴义100公里全为高速。

2008年12月贵州省交通厅在《贵州省骨架公路网规划》的基础上，局部调整优化路线走向，提高部分公路等级，编制《贵州省高速公路网规划》，规划期限近期2008—2020年，远期2021—2030年，规划目标有7个方面：一是加强贵州与珠江三角洲、成

都香高速威宁段

渝经济圈、长株潭城市群、北部湾经济区和滇中城市群的联系，形成贵州与周边区域经济中心两个以上高速公路通道，实现贵阳与周边省市自治区中心城市 8 小时到达的要求；二是构建贵阳辐射地州市的高速通道，强化贵阳为全省政治经济文化中心的核心功能，形成贵阳至各地州市中心城市 4 小时交通圈；三是构建地州市之间互通的高速城际通道，实现相邻地州市中心城市 4 小时互通；四是高速公路通达所有市县，实现县县通高速；五是以高速公路连接国家公路枢纽、铁路枢纽、重要内河港口和机场，形成便捷的交通运输网络；六是以高速公路连接 3A 级以上旅游景区城镇，形成安全舒适便捷的旅游路网；七是高速公路覆盖省内能源矿产基地、化学工业基地、烟草工业基地、医药工业基地、装备制造业基地，形成高效通畅的物流通道。

高速公路网总规模约 6851 公里，比《贵州省骨架公路网规划》中的高速公路里程 2960 公里增加 3891 公里，其中国家高速公路 2251 公里（此前已完成 900 公里）占 32%，省高速公路 4600 公里占 67.1%。这就是说，从 2008 年起高速公路的建设规模将扩大一倍以上，在保证国家高速公路建设的基础上，加快省级高速公路建设，高速公

全省最长的公路高架桥，令人震撼

路网的布局为"六横七纵八联"，即 6 条东西走向的横线，7 条南北走向的纵线和 8 条联络线，简称"678 网"。6 条横线是德江至习水、大兴至威宁、江口至都格、鲶鱼铺至胜境关、水口至江底、余庆至安龙；7 条纵线是松桃至从江、沿河至榕江、道真至新寨、崇溪河至罗甸、赤水至望谟、生机至兴义、威宁至板坝；八条联络线是绥阳至遵义、黔西至大方、扎佐至修文、天柱至黄平、都匀至织金、惠水至安顺、大山至六盘水、榕江至麻尾，另有贵阳环线、遵义环线、六盘水环线和安顺环线。按交通部规范原崇遵高速、贵遵高速、贵新高速统称兰海高速，玉凯高速、凯麻高速、清镇高速、镇胜高速统称沪昆高速，水格高速、格都高速、贵都高速及贵阳至清镇、清镇至纳雍、纳雍至毕节、毕节至生机高速统称厦蓉高速，板坝至江底高速归属汕昆高速，大思高速、思遵高速、遵毕高速、毕都高速统称杭瑞高速。国家高速编号以 G 字开头，南北纵线在 G 之后第 2 位数为奇数，如兰海高速为 G75，银百高速编号为 G69。东西向横线在 G 字后第 2 位数是偶数，如沪昆高速为 G60，杭瑞高速为 G56，厦蓉高速为 G76，汕昆高速为 G78。省级高速编号以 S 开头，第 1 位数表示以省内以省会为中心的放射线，第 2 位数表示南北走向，第 3 位数表示东西走向。

（一）率先实现县县通高速

1999 年动工修建凯里至麻江高速公路，全长 50.9 公里，2001 年建成通车，揭开了贵州高速公路建设的帷幕。2002 年动工修建崇溪河至遵义高速，标志兰海高速全面动工。同年修建玉屏至凯里高速公路，标志沪昆高速全面启动。2004 年清镇至镇宁高速公路建成（沪昆高速一段）全长 89.652 公里，双向 6 车道，设计时速 120 公里。2005 年崇遵高速（兰海高速的一段）建成，全长 117.886 公里。2006 年玉凯高速（沪昆高速的一段）建成，全长 140.35 公里。2007 年贵遵高速（兰海高速的一段）建成，全长 117.886 公里。2008 年省交通厅在《贵州省骨架公路网规划》的基础上，优化路线走向，提高部分公路技术等级，编制《贵州省高速公路网规划》，布局为"6 横 7 纵 8 联"，简称"678 网"。高速公路的总规模 6851 公里，其中国家高速公路 2251 公里，省高速公路 4600 公里，形成以贵阳为中心覆盖所有市州县，明确提出贵州在西部地区率先实现"县县通高速"的目标。

2009 年都匀至新寨、镇宁至胜境关、贵阳环城、白蜡坎至茅台 4 条高速建成通车。

贵州县县通高速纪念碑

都新高速是兰海高速的一个路段，全长 118.94 公里，至此兰海高速贵州路段全线开通。镇胜高速起自镇宁，经黄果树、关岭、永宁、北盘江、晴隆、普安、红果至黔滇边界胜境关，全长 189.71 公里，沪昆高速贵州段全线开通。贵阳环城高速全长 55.11 公里，兰海高速、沪昆高速、厦蓉高速、银百高速通过贵阳环城高速顺利接转。白蜡坎至茅台高速全长 46 公里，是贵州省第一条自筹资金建成的高速公路。年底全省高速公路通车里程达 900 公里，并在石阡举行全省"县县通高速"项目开工仪式。

2010 年麻尾至驾欧高速建成通车，麻驾高速起自兰海高速独山麻尾，经白泥、翁寨、甲约至荔波驾欧，全长 28.8 公里，是贵州第一条通往风景名胜区的旅游高速公路，由贵阳至荔波的行车时间由 5 小时缩短至 3 小时。年底，全省高速公路通车里程 1507 公里，在建高速公路 2555 公里，全省 88 县（市）中，有 77 个县市建成和开工建设高速公路。

2011 年水口至都匀、都匀至贵阳、贵阳至清镇、板坝至江底 4 条高速公路竣工。水都高速起自黔桂边界黎平县水口，经洛香、肇兴、榕江、格龙、三都、丹寨至都匀小围寨，全长 208.28 公里，是厦蓉高速进入贵州的第一个路段。都贵高速起自都匀火石坡，经昌明、旧治至贵阳环城高速秦棋枢纽，是厦蓉高速与沪昆高速、兰海高速的公用路段。贵清高速起自贵阳二铺，经金华、蒿芝塘至清镇庙儿山，长 13.245 公里，是沪昆高速、厦蓉高速的共用路段。板江高速起自黔桂边界大板坝，经巧马林场、安龙、郑屯、顶效、兴义、乌沙至黔滇边界江底，全长 126.9 公里，是汕昆高速过贵州的路段。年底全省高速通车里程达 2200 公里。

2012 年大兴至思南、思南至遵义、遵义至毕节、毕节至威宁、思南至剑河、绥阳至遵义、晴隆至兴义、黎平至洛香、普定至安顺及安顺绕城、铜仁至大龙等 10 条高速公路竣工。大兴至思南、思南至遵义、遵义至毕节、毕节至威宁实为杭瑞高速贵州路段。起于湘黔边界松桃大兴镇铜脑壳，经铜仁、江口、梵净山、印江、思南、德江、凤冈、湄潭、遵义红花岗、白蜡坎、金沙、毕节撒拉溪、赫章至威宁，接昭通至六盘水高速，全长 542.675 公里。思南至剑河高速起于思南县城西双龙，北接杭瑞高速，经石阡、镇远至岑松，南接沪昆高速，全长 155.442 公里，是杭瑞高速与沪昆高速的联络线。绥阳至遵义高速起于绥阳县城，经蒲场、李子垭至遵义汇川区，全长 31 公里。晴隆至兴义高速起于沪昆高速晴隆新寨河西岸，经大梨树、兴仁、万屯，南接汕昆高速，

望安高速巧马立交互通

全长 73.26 公里，是沪昆高速与汕昆高速的联络线。黎平至洛香高速起于黎平县汉寨，经长春、永从至从江县洛香，全长 51.3 公里，南接杭瑞高速洛香。普定至安顺及安顺绕城高速起于普定县城，经轿子山、蔡官至郑家屯，接沪昆高速，全长 48.48 公里。铜仁至大龙高速起于铜仁市坝灌溪，止于玉屏县大龙镇，全长 57.094 公里，是杭瑞高速与沪昆高速的联络线。这 10 条高速建成，新增高速公路 902.139 公里，全省通车高速达 3102.139 公里。

2012—2015 年，开展全省高速公路建设 3 年大决战。

2013 年建成惠水至兴仁、三穗至黎平、余庆至凯里、凯里至羊甲、仁怀至赤水、六盘水至盘县、黔西至织金 7 条高速公路。惠水至兴仁高速起于惠水县紫油寨，经大龙、威远、长顺、板当、紫云、贞丰、巴铃至兴仁，全长 200.67 公里，既成为贵阳至兴仁的捷径，又是往后银百高速与汕昆高速的联络线。三穗至黎平高速起于三穗县屏树，接玉凯高速，经瓦寨、天柱朗溪、锦屏、新化至黎平汉寨，接黎洛高速，全长 138 公里，是杭瑞高速与沪昆高速的又一条联络线。余庆至凯里高速起于余庆县城西长湾，经牛大场、黄平、重安江至凯里鸭塘，全长 109.58 公里，是余庆至安龙高速的前段。凯里至羊甲高速起于凯里鸭塘，经舟溪、丹寨至羊甲，全长 56.363 公里。仁怀至赤水高速起于仁怀市罗旺田，接白蜡坎至茅台高速，经仁怀西、二郎滩、土城、元厚、葫市至赤水，接泸州至赤水高速，全长 157.58 公里，是贵州通往四川的一条出口公路。六盘水至盘县高速起自水城玉舍乡俄脚发窝，北接杭瑞高速，经都格、发耳、北盘江、兰花箐、雨格、垭密至盘县红果，全长 91 公里，是毕节至安龙高速的一个路段。黔西至织金高速起于黔西县城石板，接贵毕公路，经金碧至织金县绮陌，接厦蓉高速织金至纳雍段，全长 34 公里。以上 7 条高速共新增 621.25 公里，年底全省高速公路通车里程达 3723.389 公里。

2014 年建成高速公路 16 条，新增高速公路 721 公里，全省高速公路通车里程达 4002 公里。

2015 年银百高速道真至瓮安、贵阳至瓮安、贵阳至罗甸 3 条高速相继建成通车，都香高速北段（镇六高速、六六高速、六威高速）相继完成，新增高速 763.9 公里以上，最后一批务川至正安、独山至平塘、望谟至安龙建成，全省高速公路通车里程达 5128 公里。贵州在西部地区率先实现"县县通高速"，高速公路的规模居西部地区第

银百高速湄潭东服务区

一、全国第九。

2017 年贵州全省通车里程达 5835 公里，综合密度居全国第一，这分明是公路交通建设史上的一个奇迹。而这个奇迹的背后是日新月异的桥梁建设技术，是它拉低了大山，抬平了峡谷，减少了里程，缩短了工期，节约了资金。其实自古以来路与桥总是紧紧相连的。

（二）交汇贵阳的国家高速

兰海高速 兰海高速是国家规划的一条纵贯南北的国家高速公路，起自甘肃省兰州市，经四川广元、南充，重庆直辖市，跨过长江，自綦江入贵州，再经遵义、贵阳、都匀及广西河池、南宁、北海至广东湛江轮渡至海南省会海口，全长 2570 公里，编号 G75。兰海高速贵州路段即《贵州省骨架公路网规划》中的"二纵"，北起黔渝边界的崇溪河，南经遵义、贵阳、都匀至黔桂交界新寨，全长 523 公里。施工时分为崇遵、贵遵、贵新三段，称为崇遵高速、贵遵高速和贵新高速，建成后并入兰海高速。

崇遵高速　崇遵高速起至渝黔交界的崇溪河，南经松坎、三元、新店、大河、元田、桐梓、娄山关、板桥、泗渡、观坝、高坪至遵义市忠庄接贵遵高速，全长117.886公里。批准概算62.8亿元，其中国家专项基金14.22亿元，亚洲开发银行贷款2亿美元（折合人民币16.6亿元），其余为国内银行贷款。按高速公路标准设计建造，双向4车道，其中崇溪河至观坝段81.93公里，路基宽22.5米，设计时速80公里；观坝至遵义段35.956公里，路基宽24.5米，设计时速80公里。车辆荷载汽车超20级，挂车120级，全封闭、全立交。

全线有特大桥三座：月亮河大桥、两岔河大桥、蒙渡大桥。有隧道两座，凉风垭隧道位于桐梓县楚米镇，单向分离式双洞隧道，左幅长4106.4米，右幅长4109.5米，两隧道间设有行车横洞和人行涵洞，是当时贵州最长的公路隧道，避开了"七十二道拐"险道，缩短行车时间36分钟。青杠哨隧道是崇遵路的第二长隧道，亦为单向分离式双洞隧道，左幅长3631米，右幅长3547米。2002年7月1日开工建设，2005年

兰海高速与杭瑞高速在遵义市境内马家湾的交汇处是遵义市重要交通枢纽

6 月竣工。

1999 年建成的贵遵公路是一条汽车专用公路，一级公路仅 50.37 公里，扎佐至南北镇段为二级专用公路，崇遵高速通车后车流量大增，必须按高速公路标准进行改建扩建。2002 年交通厅委托华杰咨询有限公司等 4 家设计单位进行勘察设计，提出扎佐至南北镇公路改扩建方案，经批准后于 2005 年 12 月 28 日开工建设。扎佐至南北镇工程，起自贵遵公路扎佐互通立交，经久长、阳朗、永靖、小寨坝、乌江镇、三合镇至南北镇，全长 84.45 公里，其中利用原贵遵路改扩建 48.29 公里，全幅新建 36.21 公里。按高速公路标准设计，双向 4 车道，设计时速 80 公里，车辆荷载等级一级，改扩建扎佐、久长、小寨坝三处互通式立交，新建息烽、乌江、三合三处互通式立交、两处服务区和一处养护工区，改建为高速公路后，车辆日通行量增加 4 倍。

2001 年建成的贵新公路，贵阳至都匀段 143 公里为 4 车道一级汽车专用公路，都匀至新寨 117.77 公里为二级汽车专用公路。随着兰海高速其他路段相继开通，将贵新公路改建高速公路的任务十分迫切。2004 年 2 月贵州省交通勘察设计院提出贵新高速都匀至新寨段改扩建工程方案，2006 年 3 月 22 日经国家发改委批准进行改建扩建，批准概算 27.42 亿元，2007 年 5 月开工建设。工程起自贵新公路都匀南互通立交，经墨冲、独山、上司、下司、麻尾至黔桂省界新寨，南接广西六宜高速，全长 118.94 公里，双向 4 车道，2009 年 9 月建成通车。都匀新寨高速建成后，兰海高速全线贯通，从贵阳到北海行车时间由原来的 48 小时缩短至 10 小时。按交通部规划，崇遵高速、贵遵高速、贵新高速一律并入兰海高速。通车后，车流量日益增大，贵遵路段成为瓶颈，2018 年修建贵遵复线，起自原贵遵路李子园互通立交，终于青山立交，不经息烽至贵阳，改由遵义经开阳至贵阳，双向 6 车道，设计时速 100 公里。同时对崇溪河至遵义忠庄路段进行大修，施工路段起自桐梓县风梅垭隧道，止于遵义市红花岗区忠庄，全长 117.8 公里，重点整治桐梓金筑隧道和凉风垭隧道，投资 1.2 亿元，工期 300 天。

沪昆高速 沪昆高速是《国家高速公路网规划》中的一条东西走向的国家高速公路，起自上海市，经浙江杭州、金华，江西上饶、鹰潭、南昌、宜春，湖南萍乡、株洲、湘潭、邵阳、怀化，贵州玉屏、凯里、贵阳、安顺、镇宁、盘县入云南，经曲靖到昆明，全长 2730 公里，是国家东西走向的南方大通道，编号 G60。沪昆高速贵州段即《贵州省骨架公路网规划》中的"二横"鲇鱼铺至胜境关，全长 650 公里。施工时分五段进行,分别称为玉(屏)凯(里)、凯(里)麻(江)、贵(阳)清(镇)、清(镇)镇(宁)、镇(宁)胜(境关)高速,并建贵阳环城高速。最先建成的是凯麻高速,以后往东修建玉凯高速,往西修建贵清高速、清镇高速和镇胜高速。

1999年7月,交通部下发《关于凯里至麻江公路初步设计的批复》,按山岭重丘区高速公路设计建设,双向4车道,车辆荷载汽车超20级、挂车120级,各项设施按部颁标准,全长50.9公里。批准概算15.6亿元,其中交通部补助3.65亿元,国债资金5.30亿元,银行贷款6.65亿元。1999年11月开工建设,2001年12月建成验收,是贵州完全按照高速路标准修建的第一条公路,自此以后,高速公路建设进入了快车道。

贵阳至清镇,起初沿用贵黄公路贵阳至清镇一级公路,因此路段是沪昆高速和厦蓉高速的共用路段,车流量大,2009年改建为高速公路。路线起自贵阳二铺,经金华、蒿芝塘、回龙寺、朱官至清镇庙儿山,接清镇(宁)高速,长13.5公里。双向6车道,设计时速120公里。路基宽34.5米,桥涵与路基同宽,沥青混凝土路面。全线设有大桥6座,互通立交两处,2011年12月竣工。

2002年动工修清镇至镇宁高速公路,东接贵黄公路贵阳至清镇路段,起于清镇庙

清镇至镇宁高速公路

儿山，经平坝、安顺至镇宁黄果树，全长 89.652 公里。原贵黄汽车专用公路保留，新建一条与之平行的高速公路，时称"清镇高速"。完全按高速公路技术标准设计建造，全封闭、全立交，双向 6 车道，路基宽 33.5 米，最大纵坡 2.9%，最小曲线半径 2000 米，设计时速 120 公里，车辆荷载汽车超 20 级，挂车 120 级。新建红枫湖大桥，全长 654.18 米，宽 28 米，是一座独塔双索斜拉预应力混凝土箱形梁加 T 形梁桥，2004 年 9 月 29 日建成通车。批准概算 31.25 亿元，结算总投资 24.55 亿元，节省投资 6.7 亿元。

2002 年启动玉屏至凯里高速公路工程，包括玉屏至三穗和三穗至凯里两段。玉三高速是沪昆高速进入贵州的首段，起自玉屏县东湘黔省界鲇鱼铺，经岑巩、黄溪、竹坪至三穗，全长 45.11 公里，东接湖南邵阳至新晃高速，西接三穗至凯里高速，按高速公路标准修建，设匝道收费站四处，服务区一处，投资 17.8124 亿元，2006 年竣工。三凯高速起自玉三高速终点，经三穗、青溪、台烈、平溪、寨头、展架、剑河革东、麻栗、方陇、台江、南市、挂丁至凯里三棵树，接凯麻高速，全长 87.24 公里，按高速公路标准设计，双向 4 车道，路基宽 24.5 米，沥青混凝土路面，设计时速 80 公里，车辆荷载汽车超 20 级，挂车 120 级，设匝道收费站四处，服务区一处，停车区两处，2006 年 9 月竣工验收，移交省高管局通车试运营。批准概算 42.64 亿元。

2004 年启动镇宁至胜境关高速公路建设工程，镇胜高速起自镇宁县黄果树互通立交，经坝陵河、关岭、永宁、龙井、北盘江、晴隆、沙子岭、新寨、普安、英武、刘官、两河、红果、岗在、槽箐头、平关至黔滇交界胜境关，全长 189.71 公里。这一路段原为 320 国道，贵州路段公路等级较低，其中有二级、三级、四级公路及等外级公路。2001 年 3 月 18 日国家发改委批复《镇胜高速公路可行性报告》，全线按双向 4 车道高速公路标准设计，分镇宁至新寨和新寨至胜境关两段施工，批准预算 73.94 亿元。全线有特大桥 3 座：坝陵河大桥、虎跳河大桥、晴隆县与关岭县交界处的北盘江大桥，2009 年全线贯通。按交通部规划方案，玉凯、凯麻、贵清、清镇、镇胜高速一律并入沪昆高速。

绕城高速 贵阳绕城高速是兰海高速、沪昆高速、厦蓉高速顺利接转的重要枢纽，又是连接贵阳铁路枢纽、龙洞堡机场及贵阳城区的重要通道，编号 G6001。贵阳绕城高速由东北环线、西南环线和南环线三部分组成。东北环线尖坡至笋子林 19 公里于 1998 年建成一级汽车专用公路，2009 年改建为高速公路。西南环线起自龙洞堡，经下

贵阳绕城高速是兰海高速、沪昆高速、厦蓉高速顺利接转的重要枢纽

坝、牛郎关、董家堰、金竹镇、阿哈湖水库、金华镇、金阳新区至尖坡，全长 55.11 公里，2005 年动工修建，双向 4 车道，设有互通立交 6 处，设计时速 100 公里，投资 31 亿元，2009 年竣工。南环线起自牛郎关立交，经孟关、杨梅堡、桐木岭、斗篷山、花溪水库至金竹立交，全长 37.388 公里，双向 4 车道，设计时速 100 公里，投资 29.68 亿元，2009 年竣工。全线设有大桥 15 座，隧道两座，互通立交 6 处，分离式立交 10 处，牛郎关立交由 2 座主线桥和 8 座匝道桥组成，全长 4723 米，号称"贵州第一立交桥"。2009 年国庆节全线贯通，全长 120 公里，绕城一周约 1 小时。

厦蓉高速（汕昆高速并入） 厦蓉高速是《国家高速公路网规划》中 18 条东西向高速公路的第 16 条，起自福建厦门市，经漳州、广州，江西瑞金、赣州，湖南郴州、永州，广西兴安、桂林，贵州黎平、榕江、都匀、贵阳、清镇、织金、纳雍、毕节，四川叙永、泸州、内江、资阳至成都市，全长 2211 公里，编号 G76。施工时分为水格、格都、贵都及贵清、清纳、纳毕、毕生 7 条高速。

2007 年启动厦蓉高速贵州路段工程，修建水格、格都、贵都三条高速公路。水格高速起自湘桂黔交界的黎平县水口镇，经洛香、肇兴、广以、从江、谷坪、流架、榕江至格龙，全长 110.28 公里，按山岭重丘区双向 4 车道高速公路修建，桥隧比 67%，概算 92.74 亿元，2011 年竣工。格都高速起自榕江格龙，经三都、丹寨至都匀小围寨，全长 98 公里，双向 4 车道，桥隧比 67%，概算 99.73 亿元，2011 年竣工。水格、格都是厦蓉高速进入贵州的第一段，通过黔东南州的黎平、从江、榕江及黔南州的三都、丹寨少数民族聚居区，对欠发达地区的开发有重要意义。贵都高速是厦蓉、兰海、沪昆三条国家高速公路的共用路段，起自都匀市火石坡，南接格都高速，经贵定昌明、旧治接贵阳绕城高速秦棋枢纽，全长 80.68 公里，双向 4 车道，桥隧比 51%，概算 74.64 亿元，2011 年 3 月 31 日建成通车，从贵阳经贵都、格都、水格三条高速至湘桂黔交界的水口仅需三小时，是贵阳至广州高速的重要路段。贵都高速是贵州省第一条 BOT 高速公路建设项目，BOT 是英文 Build-Operate-Transfer 的缩写，意为"建设—经营—转让"，即为政府将一个基础设施项目的特许权授予承包商，承包商在特许期内负责项目设计、融资、建设和经营，并收回成本，偿还债务，赚取利润，特许期结束后

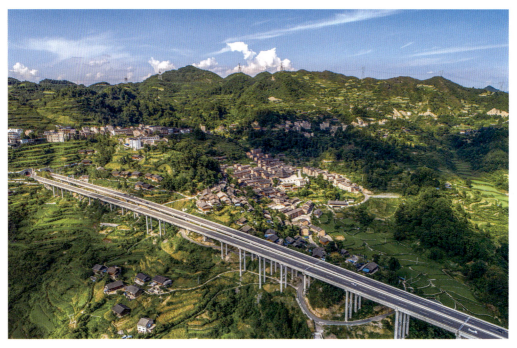

厦蓉高速凯里段报京侗寨大桥

贵州高速公路的桥隧比大多在 60% 以上

将项目所有权移交政府，承包单位为贵州中交贵都高速公路建设有限公司。

2009 年修建贵阳至清镇高速公路，全长 13.5 公里，是厦蓉高速、沪昆高速的共用路段，于 2011 年建成通车（详情见沪昆高速）。2011 年动工修建清镇至纳雍高速公路，起自清镇市红枫湖枢纽，经织金至纳雍，全长 140 公里，双向 4 车道，这是厦蓉高速由贵阳往西的一个路段，东接贵阳至清镇高速，西接毕节经纳雍至安龙高速公路，2014 年竣工。毕（节）生（机）高速是厦蓉高速在贵州的最后一段，起自毕节市七星关区，止于川黔交界的生机，全长 74 公里，2017 年建成通车。毕生高速建成后，厦蓉高速贵州段全线开通，成为西南地区南下出海的又一条快速通道，从贵阳至广州的里程由原来的 1400 公里缩短至 880 公里，贵阳行车 8 小时即可到达广州，并由广州北通厦门，东通深圳、香港、澳门。从贵阳至成都，原先绕行川黔、成渝公路，厦蓉高速建成后由贵阳至成都仅 8 小时。

汕昆高速　汕昆高速也是国家规划的 18 条东西向高速公路之一。汕昆高速起自广东汕头，经揭阳、梅州、兴宁、韶关、英德，广西贺州、桂林阳朔、柳州、河池、百色入贵州，又经安龙、兴义、石林至昆明，全长 1710 公里，是沟通云南、贵州、广西、广东的又一条快速通道，编号是 G78。经过贵州仅板坝至江底一段。

　　板坝至江底高速是国家高速公路网中汕（头）昆（明）高速公路贵州路段，起自黔桂省界从江县大板坝，接广西百色至隆林高速公路，经巧马林场、安龙、郑屯、顶效、兴义、乌沙至滇黔交界兴义市江底，接云南江底至石林高速公路，全长126.9公里，2007年开工建设，概算92.269亿元，双向4车道高速公路，设计时速80公里，建桥梁116座，隧道20座，互通立交8处，2011年建成通车，并入汕昆高速。

　　杭瑞高速　杭瑞高速公路是国家规划的一条东西走向的高速公路干线，起自浙江省会杭州市，经安徽黄山，江西景德镇、九江，湖北黄石、咸宁，湖南岳阳、常德、吉首、凤凰，再经贵州铜仁、思南、遵义、毕节、六盘水入云南，经曲靖、昆明、楚雄、大理、保山至中缅边界瑞丽，全长3404公里，编号G56，是横跨浙江、安徽、江西、

杭瑞高速金沙段

湖北、湖南、贵州、云南七省直达中缅边界的快速大通道，对西部大开发和国防建设有重大意义。

杭瑞高速贵州路段，原为《贵州省骨架公路网规划》的"一横"（铜仁至威宁），规划高速公路 475 公里，二级公路 270 公里。《高速公路网》调整为全部高速公路，全长 745 公里。贵州路段施工时分为大兴至思南、思南至遵义、遵义至毕节、毕节至威宁 4 条高速，2007 年 4 条高速同时开工，2003 年全部竣工。

大兴至思南高速是杭瑞高速进入贵州的第一段，起自湘黔边界松涛大兴镇铜脑壳，经铜仁、坝盘、江口、梵净山、岳家寨、德旺、印江至思南鹦鹉镇双龙，西接思南至遵义高速，全长 151.4 公里，双向 4 车道，路基宽 24.5 米。沥青混凝土路面，设计时速 82 公里，车辆荷载公路一级，各项技术指标符合部颁《公路工程技术标准》（JTGBOT），概算 135.3 亿元，2003 年竣工。

思南至遵义高速公路起自思南鹦鹉镇双龙，经思南、德江、凤冈、湄潭、遵义红花岗区，止于遵义龙坑，全长 163.627 公里，双向 4 车道高速公路，其中思南至凤冈段 68.1 公里，设计时速为 80 公里，凤冈至遵义段 95.2 公里，设计时速为 100 公里，路基宽 25 米，全线有特大桥、大桥 101 座，中小桥 23 座，隧道 8 座，概算 119.42 亿元，2013 年竣工。

遵义至毕节高速公路起自遵义龙坑，经分水塘、白蜡坎、金沙至毕节石桥，全长 174.05 公里，其中分水塘至白蜡坎段 27.6 公里为双向 6 车道高速，设计时速 100 公里，路基宽 34.5 米；白蜡坎至金沙段 102.13 公里为双向 4 车道高速，设计时速 80 公里，路基宽 26 米；金沙至毕节石桥段 102.13 公里，为双向 4 车道高速，设计时速 80 公里，路宽 26 米，均为沥青混凝土路面，概算 118.6193 亿元，2012 年 12 月竣工。

遵毕高速南接毕节至格都高速，毕节至纳雍 48 公里为杭瑞高速与厦蓉高速共用路段，纳雍经六盘水至都格与云南曲靖至六盘水高速衔接。4 条高速建成后并入杭瑞高速，编号 G56。杭瑞高速毕都段有北盘江大桥，是世界第一高桥。

银百高速　银百高速是交通部《国家公路网规划（2013—2030）》中的一条纵贯西北、西南的高速公路，起自宁夏回族自治区首府银川市，经甘肃庆阳、陕西咸阳、西安、安康、重庆市城口、万州、涪陵，贵州道真、湄潭、瓮安、贵阳、惠水、罗甸入广西，经乐业、凌云至百色龙邦镇，全长 2281 公里，编号 G69。贵州路段由道真至瓮安、

银百高速开阳和丰段

贵阳至瓮安、贵阳至惠水、惠水至罗甸四段组成，2015 年全线贯通，全长 494.42 公里。

道真至瓮安高速起自重庆市南川区福寿场特大隧道，经道真、正安、绥阳、湄潭、余庆至瓮安，全长 254 公里，双向 4 车道高速，设计时速 80 公里，建桥梁 162 座 53641 米，隧道 53 座 4716 米，其中特大隧道 2 座 4460 米，长隧道 18 座 26392 米，建互通立交 14 处。

贵阳至瓮安高速，起自贵阳市乌当区水田镇，经开阳龙岗镇、三合场、冯三、米坪、花梨、中坪，止于瓮安白溪互通立交，全长 71 公里，双向 4 车道，路基宽 24.5 米，沥青混凝土路面，设计时速 80 公里，设互通立交 7 处。沿线地质、地貌复杂，沟谷深陷，河流众多，修建桥梁 39 座 14008 米，其中特大桥 3 座 5538 米，大桥 29 座 10027 米。有隧道 5 座 6810 米，其中长隧道 3 座 5538 米。2014 年道真至瓮安、贵阳至瓮安两条高速公路贯通，由贵阳至道真行程由原来的 5 小时缩短至 3 小时。贵瓮高速项目符合技术具有创新性、运行透明廉洁、环保有助于可持续发展三项要求，2019

年获"菲迪克特别优秀奖"，代表世界工程项目的最高水平。

贵阳至罗甸高速分为贵阳至惠水、惠水至罗甸两段。贵惠高速起自贵阳市花溪区孟关沙坡，经贵阳绕城高速南环杨眉堡枢纽、青岩镇、长田、高镇至惠水县城，全长57 公里，双向 6 车道，设计时速 100 公里，2013 年建成通车。惠水至罗甸高速，起自惠水城南龙四寨，经断杉、边阳、罗甸至黔桂边界峨坝，全长 112.42 公里，双向 4 车道，设计时速 100 公里，2015 年建成通车，由贵阳至罗甸行车 1 小时 30 分。

都香高速　都香高速是交通部《国家公路网规划（2013—2030）》中一条国家高速公路，起自贵州都匀市，经惠水、安顺、镇宁、六枝、六盘水、威宁，云南昭通，四川金阳、西昌、盐源，云南宁蒗至香格里拉，编号为 G7611。贵州路段施工时分为都匀至安顺、镇宁至六枝、六枝至六盘水、六盘水至威宁四段，而施工先从镇（宁）六（枝）开始，往西修建六六（六枝至六盘水）、六威（六盘水市威宁）两段，最后修建都匀至安顺段，全长 493 公里。

都香高速六枝段

长 152 公里，成为四川泸州经毕节、六枝南下广西百色最便捷的通道。贞丰至册亨高速起自贞丰县城，接惠水至兴仁高速，又经连环乡、坡妹镇、冗渡镇，止于册亨县城东，与望谟至安龙高速衔接，全长 62 公里，是贵州通往广西的又一出省通道。5 月在重庆市召开交通重点项目招商推荐会，推出 6 个省际出口通道高速公路建设项目，其中有 4 个项目是渝黔两地通道，即武隆至道真、万盛至正安、秀山至印江、务川至彭水 4 条高速公路。武隆至道真高速起自渝黔交界的子母岩，经枣子坪、金竹坝、黄音岩、迴龙寺、洛龙镇、蔡家梁子、王家湾、风洞岩、辛家坡、黑水沟至道真县城，双向 4 车道，设计时速 80 公里，2018 年 4 月动工。万盛至正安高速起自重庆市万盛区，经万盛黑山、南川金山到达贵州正安，接入正习高速，双向 4 车道，设计时速 80 公里，2018 年进入前期准备工作。秀山至印江高速起自重庆市秀山县城附近，设枢纽互

江津经习水至古蔺立交互通

通与包（头）茂（名）高速 G65 相接，沿西南方向跨铜仁至重庆铁路及梅江河，经清溪场、隘口等乡镇、渝黔边界至印江县城，双向 4 车道，设计时速 80 公里。务川至彭水高速起自务川县城南，经柏树、砚山、分水、茅天至彭水县城南，接彭水至酉阳高速，双向 4 车道，设计时速 80 公里。8 月对兰海高速崇溪河至遵义段进行大修，施工路段起自桐梓县风梅垭隧道，止于遵义市红花岗区忠庄，全长 117.8 公里。2018 年建成遵义市绕城高速、六盘水市绕城高速、惠水至兴仁、晴隆至兴义、花溪至安顺、绥阳至正安等高速公路陆续建成通车，又建成兰海高速贵阳遵义复线，起自原贵遵路李资园互通立交，终于青山立交，双向 6 车道，设计时速 100 公里。8 月 31 日织金至普定高速建成通车，织普高速起自织金瓦房寨，接黔西至织金高速，经织金猗陌乡、珠藏镇、熊家场乡、普定坪上乡至普定县城北，接普定至安顺高速，全长 52 公里，双向 4 车道，行车时间由原 2 小时缩短至 40 分钟。9 月 28 日开通罗甸至望谟高速，这是余庆至安龙高速的一个路段，起至罗甸沟亭乡布苏，南接惠水至罗甸高速，经逢亭、罗苏、桑郎、纳夜至望谟县，接望谟至安龙高速，全长 75 公里，罗甸至望谟行车时间由原 4 小时缩短至 1 小时。全年建成高速公路 600 公里以上，通车里程突破 6000 公里。

2019 年建成铜仁至怀化、江津经习水至古蔺、三穗至施秉、德江至务川、剑河至榕江、正安至习水、乐理至冷水坪、三都至荔波、三都至独山、独山至平塘、平塘至罗甸、毕节绕城、凯里绕城等高速公路，新增高速公路 600 公里以上，高速公路通车里程突破 7000 公里，跃升为全国第四、西部地区第二、综合密度保持全国第一，成为交通强国建设第一批试点单位，使贵州交通枢纽地位更加巩固，在区域发展中的地位极大提升。三都至独山、独山至平塘、平塘至罗甸三条高速是 "678 网" 中 "六横" 余庆至安龙高速公路的组成部分，此线起自余庆，经黄平、凯里、雷山、丹寨至三都已建成通车，2019 年建成三都至独山、独山至平塘、平塘至罗甸三条高速后与罗甸至望谟、望谟至安龙高速连通，将黔东南州、黔南州、黔西南州的高速公路串联起来，构成环贵州高速的南环线，并与汕昆高速、银百高速、厦蓉高速有效衔接，对促进少数民族地区开发，实现精准扶贫具有重要意义。独山至平塘高速上有平塘特大桥，平塘至罗甸高速上的罗甸有大小井特大桥，在江津经习水至古蔺高速公路上有赤水河特大桥。

2020 年连续 7 年保持投资总额超千亿元，要求建成高速公路 800 公里以上，通车里程突破 8000 公里，新增出口通道 4 个（达到 25 个）。建成都匀市绕城高速、遵义至余庆、黎平至靖州、紫云至望谟、宜宾至毕节等高速公路，大力推进都香高速都匀至安顺段建设。黎平至靖州高速公路贵州段长 16 公里，沿线有涵洞 59 个，大中桥梁 8 座，枢纽互通两座，设计时速 80 公里，2020 年正式通车，成为贵州通往湖南的重要通道之一。紫望高速全长 74 公里，有隧道 15 座，桥梁 112 座，桥隧比为 65.3%，火花特大桥长 4075 米，是贵州最长的高速公路特大桥，是通往广西的又一出口通道。宜毕高速是连接四川宜宾市与贵州毕节市的重要通道，全长 115.64 公里，投资 174.93 亿元，扎西隧道是全线的控制性工程，预计年底建成通车。提升高速公路总体技术状况指数（mqi）≥ 92，优良率达 80%。建成一批集多种运输方式为一体的综合客运枢纽和多式联动功能的货运枢纽（物流园区），建成货运枢纽 1 个，综合客运枢纽 1 个。完成 10 对服务区停车区和 21 个独立加油站设施改造，创建省级示范服务区 5 对以上，省优秀服务区 10 对以上，文明大道 5 条以上。全力推进平安交通建设，安全生产事故数和死亡人数实现双下降。2020 年 1 月 1 日全省 17 个高速公路省界收费站全部撤销，建成 1277 套 ETC 门架系统，457 套入口称重检测设施，完成 481 个收费站及各路段中心和省中心的软硬件系统升级改造和联网收费系统网络安全加固，实现了世界上规模最

贵州高速五年大决战，完成 481 个收费站及各路段中心和省中心的软硬件系统升级改造和联网收费系统

大的一体化运营的高速公路网，推进了交通运输治理体系和治理能力迈向现代化。

2020 年 8 月 7 日，贵阳经金沙至古蔺高速和乌当羊昌至长顺高速两项建设工程获批准，估算总投资 526 亿元，2020 年 10 月 1 日剑河至榕江高速公路开通，此线起于剑河与三穗交界的寨头枢纽互通，接思南至剑河高速和沪昆高速玉屏至三穗高速，经柳川、南哨、朗洞、寨蒿，止于榕江东南黄蒙镇榕江枢纽互通，接厦蓉高速水口至格龙段和在建的荔波与榕江高速，全长 116.5 公里，两地行车时间缩短至 1.5 小时。

按照贵州省高速公路建设攻坚实施方案，2021 年将建成高速公路 600 公里以上，通车里程突破 8700 公里，建成铜仁绕城高速、兴义绕城高速及成都至遵义国家高速仁怀至遵义段。2022 年是实施 5 年攻坚的最后一年，将新建高速公路 1000 公里以上，通车里程突破 1 万公里，新增出省通道 3 个，累计共 28 个，主要任务是建成环贵州高速公路，完成贵阳市二环高速、遵义市二环高速及兰海高速崇遵段扩容改造工程。在今后两年中争取修建务川至彭水、万盛至正安、松桃至吉首、天柱至会同、天柱之大龙、重庆经赤水至叙永、仁怀至古蔺、威宁至彝良、富源至兴义、镇雄至七星关、威宁至会泽、兴义经西林至文山、荔波至河池、从江至融安、平塘至天峨等出口通道，及余庆至施秉、德江至印江、沿河至务川、惠水至紫云等高速公路。

三、万桥飞跨的天堑通途

2023 年 5 月 20 日，《人民日报》以整版篇幅，并以《万桥越万山 "黔"路不再难》为题报道了贵州桥。万桥飞架，托起美好生活；桥网通达，铺就发展之路。贵州桥，让桥边人，日子更美；今看桥人，不远千里，从一座座桥的身影中，感受时代的发展、历史的变迁。

（一）贵州桥梁的历史变迁

贵州的喀斯特地貌，决定了贵州道路的建设史一定伴随着桥梁建设史。简易的木桥、竹桥、石桥、溜索桥等是贵州早期的桥梁建造形式。如果说贵州秦朝开"五尺道"，推动了桥梁建设的起步，那么自元代起，京都驿道已可直通贵州，纳入全国的驿传制度网，增辟州县间的大道，桥梁建造随之增加。到清代，驿道发展为以贵阳为中心的黔湘、黔桂、黔川、黔滇 4 条干线，桥梁发展迅速。到 1949 年中华人民共和国成立，全省保存有清代及其以前的桥梁 1222 座，多为古驿道上的桥梁。

贵州从古驿道发展为公路，经历了 2000 多年。随着 1926 年贵州开始修建第一条公路，供汽车行驶的公路桥梁才同时起步。到 1949 年，全省修筑公路网 3943 公里，由于战事破坏勉强能通行的仅有 1950 公里；公路桥梁仅有 357 座 4163 延米，且大多是中小桥梁。

中华人民共和国成立后，到 1978 年，全省公路通车里程达到 30558 公里，共有公路桥梁 2932 座 62101 延米。

随着建材、工艺、技术的进步与发展，贵州桥梁建设进入一个新的发展时期，特别是实施西部大开发战略以来，交通基础设施建设突飞猛进，公路桥梁、铁路桥梁、市政桥梁等各类桥梁如雨后春笋般崛起。截至 2022 年，贵州已经建成桥梁 3 万余座，在建 5000 余座，高速公路通车里程达 8331 公里，将高速公路连接起来的是 14230 座桥梁，平均每行 1 公里高速路，就有 1.7 座桥梁。从结构上看，几乎囊括当今世界全

"始于普济桥（南宋时期）、闻于葛镜桥（明代）、巅于北盘江桥（现代）。"图为葛镜桥

部桥型，成为名副其实的"世界桥梁博物馆"。这些大桥中获世界最高奖古斯塔夫·林德撒尔奖的就有4项（中国共有9座桥梁获得此奖，贵州就占了4座）；获鲁班奖5项；获李春奖8项；获发明专利20项；获国家科技成果奖16项……

贵州的桥梁史可以浓缩成一句话："始于普济桥（南宋时期）、闻于葛镜桥（明代）、巅于北盘江桥（现代）。"普济桥位于遵义市红花岗区高桥街中，该桥始建于南宋嘉定年间（1208—1224），由贵州安抚使杨粲所建，是贵州有史记载的最早桥梁，为川黔古驿道重要津梁，因后有普济寺，桥因寺而名。葛镜桥位于黔南布依族苗族自治州福泉市东南2.5公里处，横跨在麻哈江两岸绝壁之上。该桥为明代平越卫（今福泉）人葛镜（1550—1619）独资兴建，始建于明万历十六年。该桥在绝壁上起拱，借江心一礁石下脚，设计精湛，历经400余年坚固如初。巅于世界第一高桥北盘江大桥。

贵州的桥梁建设则以"数量多、种类全、精品特"傲立于世界前列，尤以增长快、规模大、类型多样化、结构复杂、科技含量高等为特点，各种桥型不断涌现，很多设计理念、管理方法和工艺创新在全国独树一帜。世界10大高桥中国占8座，中国10

桥墩入云端，宛如擎天之柱

大高桥贵州占 6 座，世界排名前 100 名高桥贵州占 46 座。

（二）高速公路上的特大桥

贵州作为西南地区重要陆路交通枢纽，近 10 年来积极参与泛珠三角地区、长江经济带建设，实施县县通高速公路三年大会战。到 2015 年，贵州率先在西部地区实现县县通高速公路的目标。伴随着高速公路建设的快速推进，不断刷新历史纪录的桥梁建成通车，它们如同一颗颗明珠镶嵌在贵州的青山绿水间，打开了新时代贵州桥梁的画卷。我们仅从贵州桥梁的"万山丛林中撷几片红叶""千顷波涛中集几朵浪花"奉献给读者。

鸭池河特大桥 鸭池河特大桥是位于中国贵州省境内连接毕节市与贵阳市的高速通道，位于鸭池河道之上，是贵阳—黔西高速公路（贵黔高速 S82）上的重要节点工程。

鸭池河特大桥是我国获"古斯塔夫·林德撒尔奖"的大桥之一

　　鸭池河特大桥于 2014 年 8 月 24 日动工建设，于 2016 年 5 月 19 日完成主桥合龙工程，大桥全线贯通，2016 年 7 月 16 日，鸭池河特大桥通车运营。

　　鸭池河特大桥线路西起龙井沟隧道，上跨鸭池河水道，东至老虎山大桥，线路全长 1240 米，主跨长 800 米，桥面为双向 4 车道高速公路，设计速度 80 千米 / 小时，项目总投资达到 7.8 亿元人民币。

　　乌江上游地势险峻，高岸深谷，鸭池渡历来是通往黔西北地区的咽喉重地，民国年间修建清镇至毕节公路，因不能架桥只好以船渡河，1958 年改为鸭池河净跨 120 米的单孔钢悬索吊桥。2016 年修建贵阳黔西高速公路，鸭池河特大桥为其控制性工程，桥为钢桁梁斜拉桥，全长 1450 米，面宽 28 米，桥面距离水面 434 米，两边建 H 形索塔，贵阳岸塔高 243.2 米，黔西岸塔高 258.2 米，主跨 800 米，是世界上目前建成的最大跨径的钢桁梁斜拉桥。因两岸地势陡峭，山体与河流高差较大，必须在高空中架设施工，工程极为艰巨。2018 年 6 月 12 日，第 35 届国际桥梁大会在美国宾夕法尼亚州举行，收到全球许多评奖的申请，最终有 7 座桥梁获"古斯塔夫·林德撒尔奖"，贵黔高速的鸭池河特大桥和贵州杭瑞高速上的北盘江特大桥双双获奖。国际桥梁大会具有很高的学术权威性，古斯塔夫·林德撒尔奖是为优秀桥梁工程规范设立的杰出成就奖，评选内容包括桥梁的适用性、技术含量、材料改革、外观设计以及桥梁与周边环境的完美协调、群众参与等。因是桥梁工程的最高奖项，被桥梁界称为世界桥梁的"诺贝尔奖"。

　　平塘特大桥　平塘特大桥位于平罗高速公路上，是中国贵州省黔南布依族苗族自治州境内的高速通道，位于槽渡河大峡谷之上，是余庆—安龙高速公路（黔高速 S62）重要组成部分之一。全长 2135 米，是一座三塔双索面叠合梁斜拉桥，主塔高 332 米，相当于 110 层的高层建筑，是世界上最高的钢筋混凝土桥塔，被国际桥梁界称为最高最美的空间索塔，由于设计的高颜值，在 2018 年度国际桥梁大会上从 80 多个国家的 300 多个工程项目中脱颖而出，获 2018 年度 IBC 创新奖。这座天空之桥与平塘的天坑、天眼一起为世界瞩目，号称"天字奇观"，现在大桥旁修建了一个 1.6 万平方米的"桥旅融合"的观光服务区。平塘特大桥于 2016 年 4 月 29 日动工兴建，于 2019 年 9 月 26 日完成主桥合龙工程，大桥全线贯通，于 2019 年 12 月 30 日通车运营。平塘特大桥通车后，平塘到罗甸的通行时间从 2 个半小时缩短至 1 小时，将成为连接贵州南

平塘大桥被国际桥梁界称为最高最美的空间索塔，获 2021 年国际桥梁大会（IBC）古斯塔夫·林德撒尔奖

部的交通要道。2016 年度 BE 创新奖决赛入围奖；2021 年国际桥梁大会（IBC）古斯塔夫·林德撒尔奖；2022 年 IABSE 全球杰出"基础设施奖"；2022—2023 年度第一批中国建设工程鲁班奖（国家优质工程）首届"桥梁工程创新奖"一等奖。

红枫湖大桥　在贵阳市清镇境内有一个美丽的高原湖泊——红枫湖，湖上岛屿众多，湖光山色，碧波荡漾，风景优美，是国家级风景名胜区。红枫湖距贵阳 33 公里，安顺 77 公里，早在 20 世纪 80 年代之前，当地老百姓就盼望着红枫湖上能架起与外界沟通的桥梁。如今，跨湖而过的"三座桥"，在人们享受便利交通的同时，也为这个美丽而又充满诗意的红枫湖增加了一道亮丽的风景。

　　红枫湖花鱼洞地段，在相距不到千米的地方，分别建着三座大桥，被称为"三兄弟桥"。三座大桥修建的年代不同，发挥的作用也不同。中间的是老花鱼洞大桥，建于 1981 年 8 月，当时就是根据地域而起的名字，说是大桥，其功能只是打通了红枫湖旁边菠萝乡等几个乡村与外界的通道，从其造型及功能来看，被称为公路桥更为贴切，

红枫湖上的"三座桥"为多彩贵州添新彩

但毕竟在当时经济落后的年代，也一度成为当地经济发展的主动脉。

　　面对当时贵州交通基础薄弱的现实状况，贵州省大胆进行了一次修建高等级公路的尝试，贵阳至黄果树景区的汽车专用公路的建成，为贵州的公路和桥梁建设拉开了一幅辉煌的大幕。在与老花渔洞大桥仅百米之隔的新花渔洞大桥是贵阳至黄果树专用公路的控制性工程，它于1986年8月在红枫湖上动工修建，被当地人称为花鱼洞上的"桥老二"。花鱼洞大桥1991年和当时贵州省第一条高等级公路贵黄高等级公路一起建成通车，桥跨径为150米，桥为横架拱结构，由于当时全国桥梁建设技术普遍不高，花鱼洞大桥成为曾经风光一时的特大桥。2011年取消高等级公路收费后，移交贵阳公路管理局管养。因桥梁中间箱底纵横向交错粘贴碳纤维布反复出现严重病害，桥墩混凝土出现大面积脱落等，造成桥梁结构的整体结构强度和耐久性都明显下降。2014年，经国家道路及桥梁质量监督检验中心的先后检测，评定为四类危桥，已经不能满足地方经济建设发展需要。鉴于以上原因，2018年12月14日，贵州省公路局、贵阳公路强度螺栓连接，结构新、精度严，施工难度居世界同类型桥梁前列。乌江特大桥主拱肋由 60 个拱肋节段组成，最大的节段长 17 米，重达 157 吨。在安装桥面梁时，我们的工人、技术干部首先要克服恐高，同时桥面梁的安装要达到毫米级的精度，其难度和风险目前来讲是很高的。

德余高速建成通车后，德江县至余庆县相比原高速公路线路里程减少约 50 公里，行车时间节约半个小时。项目的实施对推进贵州交通强国西部示范省建设、完善贵州高速公路网络结构，促进沿线资源开发和引资开放，推动区域经济快速发展具有重要意义。

清水江特大桥　清水江特大桥是剑黎高速公路项目控制性工程，由中国铁建昆仑集团投资、中国铁建大桥工程局承建，大桥全长 401.88 米，是剑黎高速公路全线的重难点，为上承式钢筋混凝土箱形拱桥，净跨径 248 米，净跨长度位列在建高速公路同类型大桥中国内第一、亚洲第二。

清水江，珠江水系西江干流南盘江的支流。发源于云南省丘北县，由西南向北流

清水江特大桥净跨长度在同类型大桥中列国内第一

经广西壮族自治区西林县境的猫街、陇正、火把、夜德、清水江等村，于八大河乡清水江村注入南盘江。

剑河至榕江高速公路剑河清水江特大桥位于剑河县柳川镇境内，长540米，主跨300米，高184米，宽28米，主桥为塔、梁、墩固结的双塔中央双索面预应力混凝土斜拉桥，斜拉索采用双索面、密索、对称扇形布置，全桥斜拉索共92对。

剑榕高速全长116.45公里，线路跨越三穗、剑河、榕江三个县。剑榕高速建成通车有助于完善贵州省高速公路"6横7纵8联"网络，带动黔东南贫困山区经济发展。

2022年12月30日，贵州省建筑业协会发布了《关于2022年度贵州省"黄果树杯"优质工程评定结果的通报》，由中交一公局集团投资建设的剑榕高速公路项目荣获2022年度贵州省"黄果树杯"奖。

楠木渡乌江大桥 楠木渡乌江大桥是兰海高速公路遵义至贵阳段扩容工程上的一座特大型桥梁，位于尚嵇镇县道002楠木渡大桥下游约450米处，由北往南横跨乌江。

楠木渡乌江大桥是乌江上到2017年为止最宽的大桥，主桥长620米，总投资约

乌江大桥的建成通车，大大缓解了西南主动脉兰海高速公路原贵遵线的交通压力，促进了贵阳与遵义两大城市的同城化发展

223.5 亿元。该桥为双塔双索面预应力混凝土斜拉桥，两主塔高分别为 143.1 米和 197.1 米，主梁宽达 37.6 米。主线全长约 154 公里，按照双向 6 车道、时速 100 公里标准建设。建成通车后，乌江大桥正式通车运营，这也标志着兰海高速贵遵复线扩容工程正式启用。乌江大桥的建成通车运营将大大缓解西南主动脉兰海高速公路原贵遵线的交通压力，将促进贵阳与遵义两大城市的同城化发展。

香火岩特大桥 在贵阳市开阳县禾丰乡境内有处旅游资源品位高的风景名胜区——香火岩峡谷风景区，谷深水急、山势雄伟、怪石嶙峋，整个峡谷中的山、石、水、木都是上天造化的奇迹。峡谷造就了绝美的景区，但两侧的交通也因此受到制约，出行成了两岸居民的难题，相距不远却只能隔河相望。悬崖上建桥不容易，但在贵州的建桥史上，这样的难题又有何惧？

2018 年建成跨越香火岩景区的香火岩特大桥，是由省交通勘察设计院独立设计的一座特大桥，在此之前，这家设计院已蜚声海外，硕果累累。该桥主拱圈采用等宽度变高度空间桁架栓接连接结构，断面高度从拱顶 5 米变化到拱脚 9 米。拱肋断面采用 12 个弦管组成，拱肋间设置横联和米撑，拱上立柱采用排架式空心矩形截面钢箱结

香火岩特大桥为香火岩景区增添了又一道亮丽的风景

构，横桥向各柱肢分别固定于钢管拱肋上，柱间采用横撑连接，是一座双向 6 车道钢管混凝土大桥。香火岩特大桥同时又是贵州省首座自主建造的钢管混凝土结构拱桥，为保护景区环境不被破坏，施工中最大限度地采用了遮挡方式。

香火岩特大桥是兰海高速贵州境遵义至贵阳段扩容工程的重点控制性工程，大桥为结构连续 T 梁上承式钢管混凝土变截面桁架拱桥，跨径为 300 米，桥长 839 米，宽为 33.5 米，桥面离峡谷 174 米，最大桥墩高 52.5 米，是贵州省目前唯一的一座双向 6 车道钢管混凝土拱桥。

香火岩特大桥荣获 2019 年"中国钢结构金奖"和 2018 年贵州省"黄果树杯"优质工程奖。大桥的建设有效地缓解了贵阳至遵义段的道路交通压力，也连接了当地十里画廊、香火岩、南江峡谷等景区，助力当地特色农产品的出山，也为香火岩景区增添了又一道亮丽的地标风景。

马岭河大桥　马岭河大桥位于黔西南布依族苗族自治州兴义市顶效经济开发区，西起于兴义东互通，跨越马岭河大峡谷，东至义龙西互通，是汕头至昆明高速公路贵州境板坝至江底段重要控制性工程。主桥为预应力混凝土双塔双索面斜拉桥，桥跨布

马岭河大桥是贵州首座预应力混凝土双塔双索面斜拉桥

置为 155 米 +360 米 +155 米。主梁采用预应力混凝土双肋板式带底板截面，标准段主梁高 2.5 米。斜拉索采用平行钢丝拉索。塔柱采用多棱形空心截面。该桥是贵州首座预应力混凝土双塔双索面斜拉桥。该桥于 2004 年 12 月 28 日动工建设。2009 年 8 月 28 日合龙，2011 年 12 月 31 日通车运营。

马岭河大桥横跨有着地球上最美丽的天沟地缝之美誉的国家 4A 级旅游景区——马岭河大峡谷。大桥与峡谷的雄奇险峻自然融合，形成一道桥景融合的壮美风光。

大发渠特大桥　大发渠特大桥是仁怀至遵义高速公路的控制性工程（2020 年将团结特大桥、收费站和停车区分别更名为大发渠特大桥）。由贵州省公路开发有限责任公司投资建设。大桥位于"七一勋章"获得者、时代楷模黄大发老支书的家乡——团结村半坎组，与"大发渠"交相辉映。

大发渠特大桥全长 1427 米，主跨 410 米，桥宽 33 米，双向 6 车道，是上承式钢管混凝土拱桥。其主拱最大吊装重量 240 吨，整座桥重量超过当前"世界最大跨径钢管混凝土拱桥"的平罗高速大小井大桥（双向 4 车道），为贵州"桥梁博物馆"再添一座世界级桥梁。

大桥地处峡谷之间，主桥桥面到河面高度约 281 米，地势险峻，修建十分不易，属施工难度极大的桥梁。为此，项目技术团队在传统缆索吊装施工方法上开展技术攻关，通过自主设计的大吨位无塔缆索横移装置，顺利解决了山区特殊地形地貌大跨度大吨位缆索吊装施工，也为今后类似的峡谷桥梁建设提供了重要参考。

仁遵高速通车后，遵义市区到仁怀的车程由 90 分钟缩短至 30 分钟。这条双向 6 车道的城乡"大动脉"，有力地促进了当地旅游产业发展和特色产品外销，增强了沿线乡村与城市之间的联系，助推了乡村产业兴旺，为实施乡村振兴战略注入了强劲动能。

锦江特大桥　锦江特大桥于 2019 年 5 月 28 日通车，是铜仁至怀化高速路控制性工程，是位于铜仁市碧江区漾头镇九龙村境内的特大桥，全长 1113 米，主跨 526 米，

大发渠特大桥其主拱最大吊装重量 240 吨，整座桥重量超过当前"世界最大跨径钢管混凝土拱桥"的大小井大桥，为贵州
"桥梁博物馆"再添一座世界级桥梁

桥塔高度 173 米，采用双向 4 车道，是贵州首座中央索面混凝土斜拉桥，也是一座名
副其实的生态桥。该高速建成通车已成为铜仁通往湖南方向的第三个出省通道，是铜
仁通往怀化最便捷的进出口通道，横跨渝怀铁路和锦江河。桥下的锦江河发源于梵净
山，是铜仁的母亲河。

　　有人说贵州的桥是一道道亮丽的风景线。桥为点，路为线，人流、物流、信息流
在此间快速流动，画出一个个活力迸发的经济圈，而锦江特大桥就画出了一个经济圈。

　　看着从位于村里的铜怀高速九龙洞收费站鱼贯而出的车辆，看着架在锦江上的大桥，贵州省铜仁市碧江区瓦屋乡丁家溪村党支部书记刘龙进抑制不住内心喜悦："以前进城，得一个半小时，而如今走高速只需要十多分钟，太方便了。"丁家溪村距铜仁市区40公里，因被锦江阻隔，过去村民进城只能走连绵起伏的山路。铜怀（铜仁至怀化）高速公路铜仁段全线33.778公里贯通通车，进一步提升铜仁主城区集聚辐射功能，加速铜仁市、湖南怀化市等地人流、物流、资金流、信息流的对接，锦江特大桥一下子拉近了丁家溪村与城市的距离。

路桥通、百业兴。锦江特大桥不仅仅是一道亮丽的风景，还是当地村民的"摇钱桥"。曾经由于交通的不便，导致很多游客慕名而来，扫兴而去。随着锦江特大桥的通车，城里的游客把丁家溪村当成观光、休闲、体验的"后花园"，节假日期间每天都有上万游客前来游玩。随着游客的不断增多，丁家溪村还发展了家禽养殖、农特产品加工、销售，建成300多只梅花鹿的养殖基地，还与市区的中小学校共建产、学、研、体验教育基地。

近年来，瓦屋乡精心打造湘黔边界城市"后花园"，以农旅融合发展，努力实现强

锦江特大桥：一跨过江护生态，一道风景带发展

村富民目标，通过引进彩色观赏型油菜品种，形成以水稻、油菜传统农作物种植为主导、以"水稻+""油菜+"等特色种植养殖为支撑的农业产业结构，逐渐形成以种植、观光、休闲、体验为一体的农旅一体化产业示范区。加强对克兰寨古建筑群民居的保护开发，建设克兰寨村生态博物馆及打造书法、美术创作基地。

红水河特大桥　红水河特大桥是 G69 银百高速公路（贵州境）惠水至罗甸段（惠罗高速）的控制性工程，位于贵州省罗甸县与广西壮族自治区天峨县交界处，是世界首座大跨径非对称混合式叠合梁斜拉桥，该桥首次提出缆索吊装用于斜拉桥建造。

大桥横跨红水河"U"形峡谷。主跨 508 米，桥梁全长 956 米，塔高 195.1 米。桥梁上部结构为：引桥 2×20 米预应力混凝土现浇箱梁 + 主桥（213 米 +508 米 +185 米）双塔双索面混合式叠合梁斜拉桥。其中主桥贵州岸及中跨主梁采用叠合梁，广西岸采用预应力混凝土 π 形主梁。大桥于 2013 年 8 月开工，2016 年 11 月 29 日上午合龙，标志着从北起银川，贯穿宁夏、甘肃、重庆、贵州至广西龙邦口岸等五省的银百高速公路（G69）贵州境内段全线贯通，打破黔桂交通瓶颈。

红水河特大桥是世界首座大跨径非对称混合式叠合梁斜拉桥，该桥首次提出缆索吊装用于斜拉桥建造

面对施工中遇到的高塔施工质量控制、大体积混凝土浇筑、大跨度顶推、斜拉桥中跨叠合梁安装等技术难题，红水河特大桥项目部成立了以青年技术骨干为主的科技攻关青年突击队，结合大桥的建设特点，制定了 4 项科研，1 项工法，12 项专利（其中发明专利 5 项，实用新型专利 7 项）。

大桥建成后，北接贵惠高速达贵阳，南接乐百高速达广西百色，将黔桂两省交界区域快速融入全省、全国高速公路网，发挥高速公路的辐射带动效应，实现黔桂两省（自治区）的优势互补，不仅从交通上解决了中国西南走向北部湾、珠三角地区的通道问题，而且为沿线落后地区经济社会发展带来了重大战略机遇，对改善区域交通条件，推进西部开发和泛珠三角经济合作，加快广西北部湾经济区开发和中国—东盟自由贸易区建设具有重要意义。

赤水河红军大桥　赤水河红军大桥位于川黔交界的乌蒙山区和中国工农红军"四渡赤水"的革命老区，是 S41 贵阳经金沙至古蔺（黔川界）高速公路的重点控制性工程，是国内第一座以"红军"命名的大桥，屹立壁立直行、挺拔千仞的喀斯特溶岩地貌峡谷

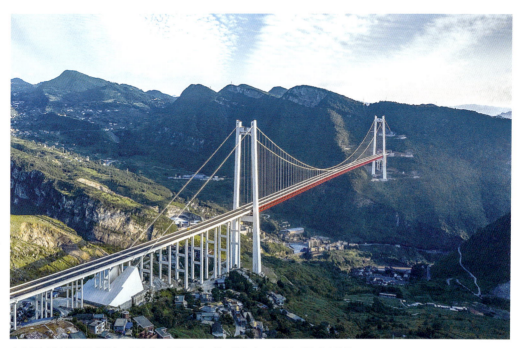

赤水河红军大桥的建成通车，标志着一条新的"一带一路"南下交通大动脉成功构筑

之上，西连四川古蔺，东接贵州习水，横跨赤水天险，是连接川黔两地的重要通道。

大桥全长 2009 米，主跨 575 米，主塔高 243.5 米，主桥为 1200 米双塔单跨钢桁梁悬索桥，是世界上山区同类型钢桁梁悬索桥梁中第一高塔，第二大跨的峡谷大桥。大桥建设期间，项目部充分利用桥位所处地理位置特点，结合现有施工工艺，采用塔梁异步施工、6 米大节段爬模施工、下横梁托架法三大关键创新技术，保障了索塔建设的高效率、高质量推进。该桥 2017 年 7 月 5 日完成第一根桩浇筑工作，于 2019 年 5 月 28 日合龙，9 月底交工验收，建成通车。

赤水河红军大桥的建成通车，既为川黔两岸的老百姓提供了交通便利，也赓续了红色血脉、传承了红色基因。标志着一条新的"一带一路"南下交通大动脉成功构筑，对促进黔川渝—珠三角、北部湾出海走廊的形成和完善具有突出的战略意义，有力地推动区域经济发展，为打造黔川渝"旅游金三角"和"白酒金三角"发挥重要作用。

阳宝山特大桥 阳宝山特大桥位于贵州省黔南布依族苗族自治州贵定县新巴镇和德新镇境内，大桥横跨独木河大峡谷，是贵黄高速控制性工程之一，也是贵州省第一

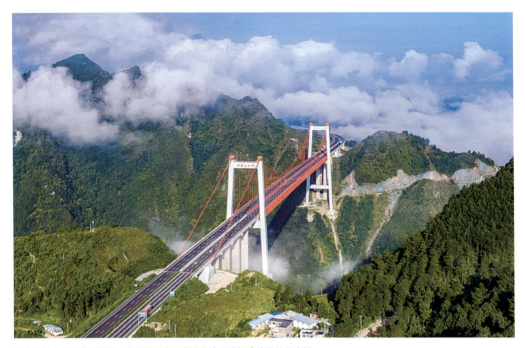

阳宝山特大桥是贵州省第一座采用双向 6 车道高速公路标准建设的悬索桥

座采用双向6车道高速公路标准建设的悬索桥，设计时速100公里/小时。

　　大桥全长1112米，主跨650米单跨钢桁梁悬索桥。两岸索塔均采用由塔柱、横梁组成的门式框架结构，塔柱为普通钢筋混凝土结构，横梁为预应力混凝土结构。其中贵阳侧索塔最高186.5米，由两个塔柱、三道横梁组成。黄平侧索塔高143米，由两个塔柱、两道横梁组成。该桥采用"空中纺线法"架设主缆，主缆总重4500吨，具有费用低、实用性强、智能化、自动化程度高等特点。2017年开工建设，2021年3月27日大桥主桥顺利合龙拓展。

　　贵阳至黄平高速主线全长120.6公里，起于贵阳市永乐乡，经乌当区、龙里县、贵定县、福泉市和黄平县，终点与余凯高速相接。项目建成通车后，从贵阳到黄平的距离比贵瓮高速缩短39公里，比沪昆高速缩短60公里，成为贵阳前往长三角经济区最便捷的高速通道，促进当地经济社会发展。

　　云雾大桥（都安高速）　云雾大桥位于贵州省黔南布依族苗族自治州贵定县云雾镇摆谷村老棉河之上，是都安高速（都匀—安顺）的全线控制性工程，主桥采用主跨

青山环抱中的云雾大桥，如身穿白底红边褶裙的布依族少女般临河伫立，风采动人

480 米双塔双索面钢混组合梁斜拉桥，全长 1720 米。主塔为折 H 形钢筋混凝土结构，桥塔高都匀岸和安顺岸分别为 273 米和 300 米，目前在折 H 形索塔中为世界第一高。云雾大桥又称"老棉河特大桥"，是中国贵州省黔南布依族苗族自治州境内过河通道，位于老棉河河道之上，是都匀—香格里拉高速公路（G7611）上的重要连接通道。

云雾大桥于 2017 年 11 月 10 日动工兴建，于 2021 年 1 月 18 日完成合龙工程，于 2021 年 6 月 28 日通车运营。

云雾大桥西起于梨子关隧道，上跨老棉河河道，东止于大土隧道。桥面为双向 4 车道高速公路，设计时速 100 公里／小时。

针对云雾大桥主塔结构复杂、主桥桥面板类型多，预应力管道分布复杂，桥面分别无明显规律，积极采用可视化智能塔吊系统及 BIM 技术，有效实现工程关键部位全天候、无死角监控问题，并成功解决了钢筋预埋件、预应力和塔吊空间碰撞问题。大桥主塔施工中，研发了智能温差控制的大尺寸、超厚度、大体积混凝土智能温控系统及方法，实现了主塔承台一次性浇筑施工，可一次性浇筑 7360 方混凝土，解决了大体积浇筑混凝土容易开裂的难题。该技术创新荣获 2019 年度"贵州省公路学会科技奖"一等奖。

在贵州省交通规划勘察设计研究院股份有限公司交通事业部桥梁设计分院总工程师叶洪平眼中，青山环抱中的云雾大桥，如身穿白底红边褶裙的布依族少女般临河伫立，风采动人。云雾大桥带来的不仅仅只是所在地区的发展，大桥让西南三省的联系更紧密，也进一步缩短了西南地区与粤港澳大湾区的时空距离，从而有效推动沿线区域经济社会高质量发展，所谓"穿云拨雾通南北，一桥飞跨青云端，千沟万壑变通途，高速平原似江南"。

龙里河特大桥 龙里河特大桥位于贵州省龙里县境内，横跨朵花大峡谷，是世界第一座车行道与玻璃步道共桥面的高山峡谷景观斜拉桥，是龙溪大道工程向龙里大草原等景区延伸的控制性工程。全长 1260 米，大桥主跨径 528 米，桥宽 30 米，主塔为薄壁空心钻石形索塔，高 265 米，塔顶距峡谷底约有 400 米，桥面距峡谷底约有 273 米，是双塔双索面钢混叠合梁斜拉桥。2018 年 11 月开工，2022 年 8 月 19 日正式合龙，意味着贵阳至龙里大草原的车程由原来的 1.5 小时缩短到 30 分钟，有效促进龙里融入贵阳半小时交通圈，同时龙里县境内将形成一条草原、大桥、峡谷、田园融为一体的

龙里河特大桥是世界第一座车行道与玻璃步道共桥面的高山峡谷景观斜拉桥

旅游线路，带动周边旅游经济。

龙里河特大桥兼具旅游及交通功能，主桥及塔柱共设有 3 米宽玻璃步道、4 部观光电梯和 360 度空中观景平台等设施，成为当地的主要景点。大桥的主跨铺设有 528 米的玻璃步道，游客可以从桥底乘坐透明的观光电梯抵达桥面，然后从两侧走到玻璃步道，体验一把凌空冒险的感觉，在最佳角度全景欣赏峡谷风光。

该桥在钢梁架设过程中，针对超高主塔斜拉桥的桥梁形式特点，中铁九桥研发了"山区超高主塔斜拉桥安装技术"，创新了一套以附壁式吊机、运梁小车、架梁吊机为核心的山区超高主塔斜拉桥安装工法。

金烽乌江大桥　金烽乌江大桥位于息烽县九庄镇和金沙县化觉镇，是贵阳经金沙至古蔺（黔川界）高速公路重要控制性工程。跨越乌江支流，桥面距水面 231 米高，是贵州省第一座采用预制平行索股法（PPWS）施工的最大跨径超宽双向 6 车道钢桁悬索桥。全长 1473.5 米，主跨 650 米，桥宽 36 米。

随着贵州交通大发展，贵州桥梁设计的方法和理念也日新月异。设计者余军思带

2023 年 6 月，金烽乌江大桥荣获 "中国钢结构金奖"，是中国建筑钢结构行业工程质量的最高荣誉

领设计团队在大桥主缆索股锚固的抗高应力、高疲劳应力幅方面，首次在钢拉杆及其组件中采用特殊的开槽设计，进一步提高了桥梁安全度。同时，首次在悬索桥主缆的预应力锚固系统中采用全构造的灌浆设计，以保证大桥的耐久性；首次在大桥主梁的钢桥面板采用密横、纵次梁结构体系设计，以增加钢桥面板的刚度，提高其疲劳寿命。

大桥建成后，金沙县正式融入贵阳 "一小时经济圈"，同时，连接贵阳、成都两个核心省会城市最便捷的高速公路通道也将形成，对完善贵州高速路网布局，提升贵阳至成都经济区通道运输能力，加快黔中经济区建设和促进南向发展都具有重大意义。

2023 年 6 月，贵州金烽乌江大桥荣获 "中国钢结构金奖"。"中国钢结构金奖" 是中国建筑钢结构行业工程质量的最高荣誉，每年评选一次，获奖工程质量须达到国内领先水平。

虎跳河大桥　2005 年连续刚构桥有新的发展，在沪昆高速普安与盘县间修建了虎跳河大桥，虎跳河特大桥是镇宁至胜境关高速公路上新铺至胜境关段的控制性工程，为六跨一联预应力连续刚构桥，桥长 1957.74 米，主桥墩最高 150 米，主桥一联总长车，是当时国内第一、世界第六的大跨径钢桁加劲梁悬索桥。

值得一提的是，如今的坝陵河大桥是世界极限运动基地。自 2012 年以来，已连续举办 7 届"中国·黄果树坝陵河大桥低空跳伞国际邀请赛"，每届都会有大批来自全球的低空跳伞高手聚集于此。

于 2018 年落成的坝陵河大桥蹦极项目，经吉尼斯世界纪录认证官认证，以 370 米的高度，打破了澳门塔的纪录，成为目前世界最高的商业蹦极设施，被称作蹦极中王者般的存在，是勇者的终极挑战。

清水河特大桥　清水河特大桥是贵州省境内连接贵阳市开阳县与黔南布依族苗族自治州瓮安县的过河通道，位于清水河之上，是贵阳—瓮安高速公路的组成部分之一。

清水河特大桥于 2013 年 8 月 1 日开工建设；于 2015 年 9 月 26 日合龙；于 2015 年 12 月 31 日正式通车。

清水河特大桥北起和平隧道，上跨清水河峡谷，南至毛云互通，大桥全长 2174.1 米，其中主跨 1130 米；桥面为双向 4 车道高速公路，设计时速 80 公里 / 小时。工程项

清水河特大桥首创由谷底将混凝土打上几百米高的纪录，为世界高山峡谷区桥梁工程提供了借鉴

目总投资 15.4 亿元人民币。

桥面距河面 406 米，2015 年 12 月建成通车，是世界上最大单跨板桁结合加劲梁悬索桥。亚洲第一的山区双塔单跨钢桁的悬索桥。世界第三高桥，被誉为桥梁博物馆里的一颗璀璨明珠。而清水河特大桥本身也变成了一道风景，吸引了无数人前来观摩。

2020 年 1 月，"贵阳至瓮安高速公路清水河大桥施工图设计阶段工程地质勘察"项目，获 2019 年度中国勘察设计协会优秀勘察设计奖二等奖。

大小井特大桥　大小井特大桥位于平罗高速公路的罗甸县沐阳镇，跨过大小井地下河系，地质情况复杂，大桥全长 1500 米，主桥为跨径 450 米的上承式钢管混凝土拱桥，引桥为 40 米装配式组合 T 形梁，桥塔与河面高差 250 米，最高一座桥塔高 328 米。2018 年 10 月竣工，是世界上高山峡谷跨径最大的上承式钢管混凝土拱桥，其桥塔为世界上第一座混凝土结构高塔。主拱圈施工采用无支架缆索吊装工艺，共有 58 个吊装节段，最大一个节段净重达 180 吨，要把这些沉重的节段调到 250 至 328 米的高度，而且精确拼装分毫不差，实为高山峡谷地区桥梁建筑的一大创举，集中表现了贵州造

大小井特大桥是世界上高山峡谷跨径最大的上承式钢管混凝土拱桥，其桥塔为世界上第一座混凝土结构高塔

桥技术的精湛。

抵母河特大桥 毕节至都格高速公路上的抵母河特大桥是杭瑞高速毕节至都格（黔滇界）公路的三座大桥之一。位于六盘水市水城区董地乡东北约 2 千米处，横跨抵母河峡谷。两岸为陡崖及山地斜坡，桥面至常水位面高差约 340 米。大桥为主跨 538 米的单跨钢桁梁悬索桥，毕节岸及都格岸引桥均为 4×40 米先简支后结构连续预应力混凝土 T 梁。桥梁全长 881.5 米。大桥按双向 4 车道高速公路设计。缆索布置为 136 米 +538 米 +136 米，垂跨比为 1/10。钢桁加劲梁的主桁采用带竖杆的华伦式桁架，桁梁宽 27 米，高 4.5 米，由主桁、横梁及上下平联组成，除横梁上弦杆采用箱形截面外，其余杆件均为 H 形截面。桥面板采用与钢桁梁分离的正交异性钢桥面板。吊索纵向间距 7 米，横桥向间距 27 米，每一吊点设置一根吊索。主塔为钢筋混凝土双柱式门形框架结构，毕节岸塔高 147 米，都格岸塔高 63.35 米。两岸锚碇均采用嵌岩重力式锚碇。抵母河特大桥为国内首次在悬索桥主缆材料中使用镀锌铝合金钢丝，提高防腐蚀性能；国内首次在施工中采用专门研发的空中旋转吊具，实现钢梁在吊装过程中水平旋转 90 度；两岸主塔采用高低塔设计（毕节岸主塔总高 147 米，都格岸主塔总高 63.35 米），

抵母河特大桥的建成，实现了一分钟跨越峡谷，不仅方便周边群众出行，还连接起产业和经济、历史与未来，实现了"天涯"变咫尺

刚度差异大，设计上大胆创新，通过调整两岸主塔的结构尺寸合理控制主塔刚度，确保主塔受力安全，为山区不对称悬索桥主塔的设计提供新的借鉴。该桥于 2012 年 9 月开工，2015 年 12 月建成通车，是世界排名第 14 位的高桥。

站在六盘水市水城区董地乡抵母河畔俯瞰，脚下河水蜿蜒澎湃，浩浩荡荡奔向远方。晴朗时候，阳光映在河面上，分外耀眼；阴雨天气，峡谷间云蒸霞蔚，蔚为壮观。抵母河特大桥设计师陈应高表示，作为连接毕节与六盘水的"咽喉"，抵母河特大桥建成，实现了一分钟跨越峡谷，不仅方便周边群众出行，还连接起产业和经济、历史与未来，实现了"天涯"变咫尺。

开州湖特大桥 开州湖特大桥为贵州省瓮安至开阳高速公路的重点控制性工程，横跨洛旺河峡谷，主桥为 1100 米单跨钢桁梁悬索桥。主缆边跨分别为 302 米、143 米；主缆中跨 1100 米，垂跨比 1/10；两岸主塔塔高分别为 139.0 米、141.0 米；主梁采用钢桁加劲梁（板桁组合结构）；瓮安岸采用重力锚，开阳岸采用隧道锚。瓮安岸引桥采用预应力混凝土现浇箱梁；开阳岸引桥采用先简支后结构连续预应力混凝土 T 梁；桥梁全长 1257 米。开州湖特大桥于 2021 年 12 月 28 日完成交工验收，2022 年 1 月 1 日正式通车。

开州湖特大桥高悬峡谷之上，霞光映照，媲美长空

在瓮开高速开州湖特大桥服务区，可以看见洛旺河峡谷碧水与蓝天两相映照，而在此之间是蓝白相间的开州湖大桥，横跨两岸、索塔高耸，在云雾之间泰然坐落。高悬峡谷之上，蔚蓝媲美长空。

这座蓝色大桥连接了洛旺河峡谷两岸人们的生产生活，也让开阳、瓮安两岸多地加入黔中经济圈与黔南经济圈的融合发展以及区域工业化、新型城镇化的进程之中。

2022年度贵州省"黄果树杯"优质工程名单揭晓，由贵州公路集团第三工程有限公司承建的开州湖特大桥获此殊荣。

河闪渡乌江特大桥　2020年12月29日下午3时许，随着最后一块桥面板吊装到位，湄潭至石阡高速公路河闪渡乌江特大桥正式合龙，这也标志着湄石高速主线全面贯通。

河闪渡乌江特大桥是湄石高速公路重点控制性工程，桥梁全长2000米，主桥为680米钢桁梁悬索桥，由贵州路桥集团承建。项目施工过程中，大桥建设者先后解决了大体积混凝土浇筑、大阶段钢桁梁与运输通道的空间冲突、钢桁梁吊装重量大、桥面板构件拼装精度要求高等一系列难题，并展开了一系列的课题研究与工程质量创优。同时，项目在国内同类型桥梁建设中首次采用了北斗卫星定位技术，实现了系统的智

河闪渡乌江特大桥让古渡口上架高桥，横跨乌江矗山间。清水绿岸现长虹，千年古渡变坦途

能化控制和信息化管理，大大提升了工程建设精度。

湄石高速公路主线全长 93 公里，连通遵义市湄潭、余庆、凤冈和铜仁市石阡、思南 5 个县区，项目建成后将形成遵义、铜仁至湖南怀化的快捷大通道，对优化省内高速交通网络结构，带动沿线资源开发具有重要意义。河闪渡位于凤冈县南面乌江河畔，隶属天桥镇，距离凤冈县城 86 公里，与石阡县本庄镇隔江相望。渡口曾是明清商号遗址和红军长征战斗遗址，素有天险之称的乌江在这里河床狭窄、乱石密布、急流汹涌，行船时有船毁人亡的悲剧发生。直到 2008 年，河闪渡两岸的人员来往和物资运输，也只能靠人工撑船摆渡。如今是古渡口上架高桥，横跨乌江矗山间。清水绿岸现长虹，千年古渡变坦途。

峰林特大桥　峰林特大桥位于贵州省黔西南布依族苗族自治州兴义环城高速路第一标段处，兴义市桔山街道境内，横跨马岭河峡谷，毗邻兴义市万峰林风景区。连接兴义市区和义龙新区，串联起楼纳新村、万峰林、万峰湖等多个景区。

大桥全长 1163 米，主跨采用 550 米悬索桥，桥面离谷底 364.2 米，是中国山区第一座大跨径钢混叠合梁悬索桥。2018 年 3 月，峰林特大桥开工建设。2019 年 11 月 22

峰林特大桥是中国山区第一座大跨径钢混叠合梁悬索桥

日，随着 1470 吨装配化预制中横梁提升到位，峰林特大桥 4 号主塔中横梁成功吊装，由此刷新了山区峡谷桥梁预制吊装混凝土构件重量世界纪录。2020 年 9 月 28 日，峰林特大桥顺利实现合龙，成为中国山区第一座大跨径钢混叠合梁悬索桥。

因其与丰都隧道、旧屋基隧道形成峰林大桥桥隧标段，且横跨国家级风景名胜区马岭河大峡谷，具有施工区域地势陡峻、生态环境脆弱敏感、环境保护要求高、工程施工难度大等难点，也成为科技攻关的重点路段。在这样的背景下，横梁预制提升技术、主缆锌铝镁防腐技术、分岔隧道连拱段独立双洞法、隧道绿色照明技术等科技创新成果应运而生，横梁预制提升技术是国内首创，成为贵州科技造桥的新亮点。

江界河大桥　乌江是贵州的第一大河，它流经黔南州瓮安境内的一段，称为江界河，是乌江最具魅力的一段，水流湍急，两岸绝壁千仞，绵延数十公里，峡谷风光美不胜收，人文景观星罗棋布，如今已是省内外著名的风景区，但在 1995 年江界河大桥建成之前，这里可不是这样。当年红军长征过瓮安，在瓮安召开了猴场会议，为了执行猴场会议的决定，中央红军决定在敌军未完成合围之前，迅速强渡乌江。强渡乌江就是指 1935 年 1 月在红军强渡乌江江界河渡口的军事行动，为红军赢得了宝贵的休整时间，为遵义会议的召开及黔北根据地的建立奠定了坚实的基础。当年江界河两岸的群众为帮助红军强渡乌江，一个个军民鱼水情的故事，感动和影响了一代人。解放后几十年，当地的老百姓要到对岸去，需要经过盘山公路下到沟底，一上一下来回需要两个多小时，要不只有依靠木船摆渡或乘筏过江的方法。在江界河上架起一座桥，是两岸群众世世代代的梦想。1987 年，江界河大桥开始筹备修建，1992 年 3 月开工。大桥启动仪式那天，南北两岸红旗招展，沉寂多年的河水发出欢快的轰鸣声，两岸群众欣喜若狂。

江界河大桥的桥址选在当年红军强渡乌江江界河渡口下游 2 千米处，江界河大桥的设计和施工当时在国内外均无先例可循，综合技术难度位于世界前列。在江界河大桥修建之前，贵州的公路桥都是几十米左右的小跨径，江界河大桥要将这个纪录提高到 330 米，不要说在国内，就是世界上也没有先例。1987 年，在交通部的大力支持下，贵州省成立了"大跨度桁式拱桥研究课题组"，上海同济大学积极参与协作，向混凝土桁式桥梁的世界纪录发起冲击。在桥梁结构的关键部位，他们大胆采用了空心节点，既保证了受力要求，又减轻了自重与吊重，仅在结构设计和工艺法改进上就实现了七项创新与突破，是贵州桥梁建造技术由传统向现代化的一次历史性的转折，给贵州的

第二篇　四通八达的公路交通

江界河大桥在结构设计和工艺法改进上就实现了七项创新与突破，是贵州桥梁建造技术由传统向现代化的一次历史性的转折，给贵州的桥梁建设史增添了具有里程碑意义的浓墨重彩的一笔

桥梁建设史增添了具有里程碑意义的浓墨重彩的一笔。

　　修建江界河大桥由即将退休的公司党委书记、江界河大桥建设副总指挥和一名女技术员担纲。他们带领施工队伍风餐露宿，严格把关，精益求精。在深山峡谷里，滔滔奔流上，丝毫的疏忽都可能造成巨大的损失，然而他们最终战胜了困难。当年的女技术员如今已经是贵州桥梁集团的总工程师。

　　1995 年，江界河大桥建成通车。它的主孔桥型为我国首创的预应力混凝土桁式组合拱，主孔吊装采用 120 吨钢人字桅杆吊机，桅杆起重臂高 41 米，分成 14 个节段，2 个吊钩，以便系挂起重索和背索。桅杆自重 27 吨，最大吊重 120 吨，自重与起重之比为 1∶4.4。桅杆安装完毕，像一个钢铁巨人，英姿勃勃，高耸入云，边孔为桁式钢构，从东到西 20+25+30+330+30+20。主孔和边孔的 132 个构件，依次安排在两岸引道上预制。预制构件最长 39 米，最高 6 米，最宽 3.7 米，最重 126 吨。超高、超长、超重的大型预制构件，全是箱型薄壁截面，最小壁厚仅 12 厘米，预制的难度是可想而知的。人在河谷中，抬首看桥，桥无一墩，只因墩起于悬崖绝壁，由两套锚固设施，40

桥的设计方案在创新中体现了节约、方便、高效，在国内众多知名的桥梁设计院方案比选中脱颖而出。大桥在施工中，面对遇到的地形狭窄、施工材料运输困难，群桩基础的质量控制、中跨钢梁拼装施工，斜拉桥索安装、侧风较大等技术难题，贵州省桥梁集团和路桥集团作为两岸的施工单位，都分别成立了以技术骨干为主体的科技攻关队伍，结合六广河特大桥的建设特点，制定了多项科技攻关目标计划，成功引入各项管理技术和管理手段，为六广河特大桥合龙建成奠定了基础。如当时设计的时候，就采用了反顶的施工工艺，有效地解决了温度的应力差，保证了结构的安全。大桥的上部采用的是 C50 机制砂混凝土，这是贵州首次在特大跨度桥梁中采用高标号的机制砂。贵毕公路六广河特大桥荣获了贵州省优质施工工程奖、贵州省科学技术进步一等奖、公路交通优质工程李春奖。

六广河特大桥的建成通车，拉近了省会贵阳与毕节的距离，筑起乌蒙大地的发展通途，将沿线区域带入全国、全省高速公路网，让边缘区域融入贵阳中心区域城市发展的经济圈，为沿线区域发展带来了巨大效益。

北盘江大桥（关兴公路）　北盘江大桥位于黔西南布依族苗族自治州贞丰县与安顺

关岭至兴仁高等级公路上的北盘江大桥，获贵州省"黄果树杯"优质工程奖

市关岭县交界处，横跨北盘江。该桥为主跨跨径 388 米的预应力混凝土加劲梁悬索桥，建成时为国内最大跨径，采用双向预应力混凝土加劲板梁设计的悬索桥，桥面距水面 486 米，是世界上最高的桥梁之一。该桥主梁采用混凝土哑铃形板式断面，有效提高桥梁的抗风稳定性，同时降低工程造价，养护简便，非常适合山区峡谷大跨径（超过 200 米）桥梁的建设需求。主梁采用缆索吊装技术，全桥 78 片主梁的吊装作业仅用时 18 天，在贵州悬索桥梁的施工中，创下吊装重量最大、吊装时间最短的施工纪录。主塔采用门式塔，钢筋混凝土实心截面，塔高 47.65 米。两岸锚碇均采用重力式锚碇，明挖施工。关兴公路北盘江大桥是国内首座采用双向预应力混凝土加劲板梁设计的特大型桥梁。该桥于 2001 年 3 月开工建设，2003 年 12 月 28 日建成通车。通车后，该桥使汽车穿越此处"天险"的时间从 40 分钟缩短至 1 分钟。

　　桐梓河特大桥　桐梓河特大桥位于贵州省遵义市仁怀市、桐梓县交界处。桐梓河特大桥是一座全长 1422 米、主塔高 208 米、主跨 965 米的钢桁梁悬索桥，大桥桥面距离河谷约 365 米，锚固体系同时采用了隧道锚和重力嵌岩锚，两岸高低塔分别采用了群桩基础和扩大基础的形式，且在建设仁怀岸桥塔时采用无桩基础设计，成为全球首

桐梓河特大桥解决了喀斯特地貌中的深切 V 形峡谷地形下施工观测环境，对测量精度的影响，设置了完整的监控系统

桥下美丽的大河，因她流经的正安县是古时的芙蓉国，故称芙蓉江，桥因江而名

口注入乌江，向大海奔去，桥因江而名。芙蓉江是道真自治县的"母亲河"，也是大口鲶国家级水产种质资源保护区。近年来，当地各级党委政府全面巩固长江流域十年禁捕成果，严格落实河长制要求，通过聘请护河员、组织志愿巡河队等，开展定期巡河、常态化巡河，守住了"河畅、水清、岸绿、景美"的生态环境，水生物和沿岸野生动物数量逐年增多。

乌江特大桥（道安高速） 乌江特大桥位于贵州省遵义市湄潭县和余庆县交界处，为道安高速公路全线关键控制性工程。大桥全长 610 米，桥宽 28 米，塔高 172 米，为主跨 360 米的双塔双索面钢砼叠合梁斜拉桥，是贵州首座混合式钢混叠合梁斜拉桥，主桥采用钢混叠合梁结构，引桥采用混凝土结构，跨径规模和技术难度居建设时期同类桥型国内领先地位。

乌江特大桥位于低山河谷，地形起伏较大，施工场地极为有限，桥位区附近仅有狭窄山路通过，道路通行条件较差。大桥瓮安侧直接与约 1000 米长的鹰嘴岩隧道相连，桥梁和隧道施工条件不佳。

大桥设计者中交资产管理有限公司贵州区域管理总部副总经理王建国带领设计团

道安高速上的乌江大桥

队认真分析研究了工程地质条件、交通运输条件、施工便道建设条件和工程造价等因素后，进行了设计创新：道安高速乌江大桥由于边中跨不成比例，为了平衡桥梁的整体受力情况和节约建造成本，一侧的引桥改用混凝土且加大尺寸，尽量压缩主桥的结构重量。这一成功设计获得了中国交通运输协会 2019 年度科技进步奖一等奖。

　　道安高速公路途经西南喀斯特山区和长江、珠江上游，是贵州省第一条绿色循环低碳主题示范性公路，公路建设者坚持"贵之道，节至安"的理念，即尊重事物的内在道理，遵循科学的方法，从节约有道、节能有度、节制为安 3 个层面入手，建成一条集节约、环保、安全于一体的绿色循环低碳高速公路。在 2014 年度申报通过了交通运输部评选的交通运输行业首批绿色循环低碳示范项目并通过验收。作为该高速路上的控制性工程，乌江大桥也充分展现了相应的特征。在建设期，运用了桥面径流收集系统，并且加大桥梁跨度，降低对乌江水源的影响；材料也进行了循环利用，就近使用建造隧道时开挖出的石头，生产机制砂骨料和高标号混凝土等，这种方法已在全国进行推广。同时，还优化道路线形，提高行车舒适性、降低车辆油耗，达到低碳的设计目标。

都格北盘江大桥　　都格北盘江大桥位于中国云南省与贵州省交界处的泥珠河上，是连接云南省曲靖市宣威市普立乡与贵州省六盘水市水城县都格镇的特大桥。全桥长为 1341.4 米，双向 4 车道。主塔采用 H 形门架，贵州岸主塔塔高 269 米，云南岸主塔塔高 247 米。桥面至江面距离 565.4 米，相当于 200 层的高楼，为世界第一高桥，并载入吉尼斯世界纪录大全。该桥于 2013 年动工建设，2016 年 9 月 10 日合龙，通车后云南宣威至贵州的车程由 4 小时缩短至 1 小时之内。

该桥主桥采用双塔双索面钢梁斜拉桥，主梁采用由钢桁架和正交异性钢桥面板结合的钢梁结构体系，主桁架采用普拉特式结构。跨径布置为 80 米 + 2×88 米 + 720 米 +2×88 米 + 80 米，纵向漂浮、边跨设辅助墩的连续体系。主梁由主桁架、主横架、中纵梁和下平联组成。其中主桁架为普拉特式结构，由上弦杆、下弦杆、竖腹杆和斜腹杆组成，桁高 8 米。在无通航河道的山区峡谷修建跨径达 720 米的钢梁斜拉桥，斜拉索索面按平面扇形布置，每一索面由 28 对斜拉索组成，全桥共设 112 对斜拉索。

该项目多项科技成果填补了国内和国际在该领域的空白，并在设计、施工、架设及监控等的计算方法上以及新材料的应用上得到了重大突破，将国内山区峡谷大跨度

世界第一高桥北盘江大桥

斜拉桥的设计和施工水平提升到新的台阶。先后获得 2017 年度贵州省科技进步一等奖、2017 年中国公路学会科学技术奖特等奖、2018 年第 35 届美国国际桥梁大会古斯塔夫·林德撒尔奖、2019 年度菲迪克特别优秀奖等诸多奖项。

北盘江大桥是令人惊叹的一道山间风景，大桥修在"天上"，恍如科幻，行驶其上更如空中飞行。桥下江水滚滚而过，大桥中部却无一根桥墩，而使用了上万个钢构件，85 万套高强螺栓，224 根铁拉索，稳稳地将大桥固定在云霄。站在桥上都令人不寒而栗。这座大桥充满智能，管理、养护、危险一体化的综合管理，是通过安装在桥上的传感器传递到管理者手中的，这是山里人安全外出的一条"天路"。通车后，实现了中国西南地区交通干线的大贯通。大桥与周围的巍峨山峦和秀丽风光融为一体，吸引了大量游客观光旅游，带动了当地人民致富，为当地旅游市场的发展增添了新活力。

在北盘江上有 5 座同名的北盘江大桥，S213 北盘江大桥位于关岭至兴义高速公路；G60 北盘江大桥位于沪昆高速贵州境镇宁至胜境关段；G56 北盘江大桥位于杭瑞高速（贵州境）毕节至都格段；S77 北盘江大桥位于威宁兴义高速公路水城至盘县段。

花江峡谷大桥（在建）　花江峡谷大桥位于贵州省安顺市关岭县与黔西南州贞丰县

花江峡谷大桥（在建）未来的世界第一高桥

交界处北盘江花江段，是六安高速公路的主要控制性工程。2022 年 1 月 18 日开工，预计 2025 年 6 月 30 日建成。该桥横跨号称"世界大裂缝"的 3A 景区花江大峡谷上空，全长 2890 米，主桥为跨径 1420 米的单跨钢桁梁悬索桥，桥面与水面垂直距离达 625 米，是世界山区同类桥梁中，桥面距水面垂直高度第一高桥。

大峡谷长约 80 千米，是国内最长的峡谷，峡谷内峰林怒拔，河谷深切，相对高差近千米，大桥在悬崖绝壁之上起拱，深山峡谷之间架梁，桥墩设立在山脉两端，桥的中间位置完全悬于空中。主缆吊索采用贵州钢绳集团研制的密封绳吊索，也是国内首次在悬索桥建设中运用密封绳作为吊索。峡谷风具有风速大、气流强、阵风频繁等特点，设计团队提出了采取气动控制措施，即在大桥钢桁梁处设置中央稳定板和上下侧水平导流板气动设施，从气动上减少风对桥梁的影响，满足桥梁的抗风性能需求。该设施的运用在国内桥梁建设中尚属首次。

5 号主塔塔高 262 米，针对索塔较高、主筋安装难度大及效率低的难题，技术团队还创新性地提出了节段主筋模块化吊装施工技术，通过塔吊将主筋整体提吊至墩顶进行连接，提高了主筋安装效率的同时，更在减少高空施工人员和降低安全风险方面成功升

花江峡谷特大桥（模拟图）

级，实现了超高桥塔施工的技术创新，推动了我国桥梁工业化建造技术的发展。从设计、施工到使用的建材，建设世界级大桥，贵州已经完全可以实现"全过程，贵州造"。

大桥建成后，将有助于带动周边少数民族村寨、悬崖度假及户外极限运动等旅游资源开发，与坝陵河大桥、平塘特大桥等共同构成贵州桥旅资源矩阵。

待 2025 年该桥完工，将刷新新的高桥世界纪录，成为世界第一高桥。

第三篇　纵横交错的铁路交通

—— 纵横交错的铁路交通

形成南来北往东进西出的铁路网络

如今贵州又进入了高铁时代

铁路的发展正日新月异

　　1769 年英国人瓦特发明了蒸汽机，掀起了世界第一次技术革命，把人类推进到蒸汽机时代。1814 年英国的斯蒂文逊发明了世界上第一台蒸汽机车，开始修建铁路。铁路运输具有全天候、运量大、速度快、能耗低的优点，很快在欧洲各国迅速发展。清同治四年（1865）英商杜兰德在北京宣武门外安设小铁轨，试行小火车，在京城引起"群情惊骇"，被视为怪物，无人敢坐，朝廷下令拆毁。光绪四年（1878），英国摩勒密斯公司为了开采唐山煤矿，请求修建唐山至北塘的铁路，朝廷官员以为有碍风水不予批准，拖延了两年，最后以不用蒸汽机车牵引为条件，允许修建，被讥讽为"马车铁路"。然而正是这条长 18 公里的马车铁路，却开启了我国铁路建设的先河。后来由这条铁路向南北延伸形成京奉（北京—奉天）铁路，光绪三十三年（1907）全线贯通，全长 1123 公里，成为我国新建的第一条铁路。以后陆续修建京汉（北京—汉口）、京张（北京—张家口）、津浦（天津—浦口）等铁路。京张铁路由京师丰台经八达岭至张

1909 年 10 月 2 日，由中国人设计建造的第一条铁路——京张铁路举行通车典礼。这是铁路修成时，詹天佑（车前右三）和同事的合影

家口，全程 273 公里，光绪三十一年（1905）动工，宣统三年（1911）竣工通车，这是中国筹款自造之路，由我国工程师詹天佑主持修建。

在洋务运动的推动下修铁路成为不可抗拒的历史潮流，湘、鄂、川、粤人士以民办方式修建川汉铁路和粤汉铁路。光绪三十年（1904），维新派人士李端棻等发起组织贵州全省铁路矿产公司，拟通过集资方式修建贵州铁路，宣统三年（1911）清政府以铁路国有之名，将已归民办的川汉、粤汉铁路收归国有，将铁路修筑权交给英法德美四国银行，激起湘鄂川粤人民强烈反对，掀起了保路风潮。贵州修建铁路的计划没有实现，但却是贵州人民的一个铁路梦。清末贵州最后一个巡抚沈瑜庆力主"铁路国有"，拟通过借外债来修筑渝筑（重庆—贵阳）铁路，但不久辛亥革命爆发，末代巡抚沈瑜庆挂印而去，遂成泡影。

中华民国成立后，孙中山拟定了一个全国铁路建设大纲，将贵阳规划为南方四大枢纽之一，但因手中无权，只是一纸空文。1919 年贵州省政府派王伯群为代表，与华侨富商赵世觐商议，打算修建渝柳铁路，由重庆经贵阳至柳州，结果因缺乏资金和技术条件未能实现。1927 年贵州省长周西成规划贵州交通，认为贵州山地崎岖，铁路铺筑不易，因地制宜修筑长途公路通行汽车，自此以后再没有关于贵州修建铁路的动议。

贵州的铁路建设比世界晚了一个多世纪，比发达地区落后三四十年。经历了第一条铁路修了 20 年的艰难曲折；也经历过三线建设时期的重大发展，川黔、贵昆、湘黔三条铁路在贵阳交会，使贵阳成为西南铁路的重要枢纽。经历过电气化改造，电气化铁路占贵州铁路的 77.4%，成为全国铁路电气化程度最高的省份之一。2014 年建成的贵（阳）广（州）高铁，把贵州带进了高铁时代。

一、黔桂铁路的艰难曲折

黔桂铁路是贵州最早修建的铁路，同时又是一条艰难曲折的铁路，从 1939 年动工修建到 1959 年建成通车，前后 20 年期间几起几落，三次修建，三次拆毁，历尽艰辛，最后建成一条三级铁路干线，可见贵州铁路建设十分艰辛。

1936 年粤汉铁路（广州至汉口）、浙赣铁路（杭州至南昌）相继通车，国民政府交通部决定修建湘桂黔铁路，由湖南株洲经湘潭、广西柳州至贵州，设湘桂黔铁路工程

1942 年改为黔桂铁路贵州征工总处，移驻独山。第一期工程修筑泗亭独山段，1942 年 8 月 15 日开工，征募独山、荔波、平塘三县民工 1.9 万人，11 月下旬竣工，完成土石方 130 万立方米。第二期工程修筑独山都匀段，1943 年 2 月 15 日开工，征募都匀、丹寨、三都民工 1.17 万人，5 月 15 日竣工，完成土石方 55 万立方米。第三期工程修筑独山都匀段，除继续征用都匀、丹寨、三都民工外，又征募炉山（今凯里）、麻江、平越三县民工，共计 3.34 万人，仅用了 45 天时间便完成土石方 35 万立方米。施工条件极为艰苦，黔桂两省民众克服种种困难，流血流汗，付出很大代价，当时桂林《大公报》报道，修筑黔桂铁路民工，因工死亡不下 4000 人。由于粮食不足，医药缺乏，设备简陋，施工和生活条件甚差，疫疾流行，民工患病者占 30%，死亡上万人。

铁路设计标准低，道床用碎石铺筑，路基用面宽底层土质 5 米，石质 4.5 米。所用钢轨均系粤汉、浙赣、湘黔铁路拆除的旧轨，每米重 35 公斤，枕木为国产。1943 年 5 月 18 日铺轨到独山，1944 年 6 月铺轨到都匀，从泗亭至都匀 163 公里，设有 18 个车站。使用美制索利喉和 2-8-9 蒸汽机车牵引，独山到麻尾段运力限制为 440 吨，都匀至独山段为 220 吨，允许时速为 20 公里。1944 年 6 月 6 日在独山举行泗亭独山段通车典礼，开出第一列客货混合列车。独山成为铁路与公路衔接的重要节点，客货均在此转运。战略物资在独山起运，通过黔桂铁路运往前线。内地疏散的大批难民经过黔桂铁路涌入贵州，然后分赴贵阳、重庆、成都、昆明、长沙，桂林失守后难民更多，为了疏散难民，从贵阳至独山每周开出客车 13 班。原先冷落的独山骤然热闹起来，在这里设立难民收容所、难民招待所和食宿站，开设许多旅社、客栈、货栈，服务行业和商号兴起，还在独山建立机场，驻扎美国空军一个飞行大队，1944 年 3 月通车到都匀。仅数月因战事停开。

1944 年 6 月柳州失守，在焦土抗战的方针下，主动将黔桂铁路拆毁，11 月日军进犯黔南，铁路又遭破坏。1945 年抗日战争胜利，湘桂黔铁路工程局修复从株洲经柳州到贵阳的铁路，并在贵阳设立湘桂黔铁路工程局都筑工程处，拟修筑都匀至贵阳段铁路，下设都匀、贵定、龙里、贵阳 4 个总务工段。1945 年 9 月柳州至金城江段、南丹至都匀段修复通车，唯金城江至南江段 104 公里铁路轨道拆往湖南，修建衡阳至贵阳铁路无法修复，只能分段通车。都匀至贵阳段重新选线勘测，选定的线路从都匀清泰坡开始，途经马坡、文德、苦李井到麻江，又经谷峒、乐坪等站点迁回到大栗村、沙坪，穿过云雾山脉 960 米的蒙古关隧道到头道桥，然后经贵定、龙里的若干站点，在革老场进入贵阳市区，经二戈寨、八里屯、舒家寨达贵阳，重点工程是谷蒙关隧道和几座钢筋混凝土拱桥。第一期工程是贵阳车站至革老坝和下角关至黄泥哨，征集贵筑、清镇、开阳、惠水、龙里五县民工 1.4 万人，1946 年 8 月开工，42 天完成 70 万立方米土石方工程。第 2 期工程主要是贵阳车站的正线、三角线、货运线、车库线、货运场及贵定、都匀间线路，募集贵筑、修文、贵定、平越、麻江、都匀六县民工 1.7 万人，1947 年 2 月动工 60 天完成挖填土石方 75 万立方米。隧道、桥梁、路基石方，由工程处各工务段的招商发包，督促工程处有 1469 名职工参加，用了两年的时间完成 50% 的工程，到 1949 年完成涵管 20%、小桥 6%、大桥 17%、道路 45%、隧道 19%、土石方 14%。

1949 年 11 月黔桂铁路南丹至都匀段及都筑段工程处由贵州省军事管制委员会接管，柳州至南段移交衡阳铁路局。1950 年 1 月金城江至都匀段修复，3 月都匀至独山段修复通车，6 月独山至麻尾修复通车。时值越南人民反法战争爆发，胡志明主席请求中国支援，中央决定修复广西南宁至友谊关的铁路，因当时我国不能生产钢轨，只好将金城江至都匀的铁路拆除，由铁道兵二师和柳州铁路分局负责拆轨，将轨道运往广西，修筑来宾至友谊关铁路。

1953 年国民经济恢复，开始第一个五年计划建设。1955 年 3 月 26 日由铁道部确定黔桂铁路金城江至都匀段修复，柳州铁路局制定了《黔桂铁路金城江麻尾段修复工程建筑标准》，目标是恢复通车，改善路况，增强运力，要求路基面按石质 4.5 米、土质 5 米宽度补足，正线铺设 30 ~ 80 公斤/米的钢轨，站场股道有效长度为 300 米，使用 MK2 蒸汽机车牵引，速度为每小时 30 公里。6 月柳州铁路局和铁道部第二设计院完成恢复工程设计，修复正线 300 公里，整治沿线塌方、落石、滑坡、路基下沉、翻浆、塌穴、溶洞等 110 处病害工程。1956 年柳州至都匀段修复通车，次年交柳州铁路局运营。柳州都匀段修复通车后，都匀至贵阳段的修复提上重要日程。这是黔桂铁路的最后一个路段，关系着全线建成通车，柳州至都匀段原先已建成通车，1950 年被拆除，1956 年重新修复。都匀至贵阳段，虽然 1946 年动工建设，但是直到 1949 年，大部分工程并未完成，而且多已荒废，1956 年实为重新修建，任务繁重。

1950 年西南铁路工程局贵阳工程处派出三个测量队进行实地勘测，测定车站 26

20 世纪 50 年代的蒸汽机车

个，站间距离列车往返不超过 36 分钟划定，对原定的谷蒙关隧道进行考察，认为该隧道地质结构复杂、断层多、倾角大、裂隙多，易于坍塌，放弃谷蒙关隧道方案，另选东山隧道方案。1956 年 2 月上述方案经铁道部设计预算委员会审订，5 月 5 日国务院批准，并由铁道部第二设计院编制都筑段设计方案。按三级铁路干线设计，正线 132.5 公里，设 19 个车站，限制坡度为 12%，最小曲线半径为 300 米，采用蒸汽机车牵引，牵引定数客列 700 吨、货列 1280 吨，上坡使用双机牵引。路基宽度土质 5.6 米，石质 4.8 米，计有正线土石方 1305 万立方米，站线及站坪土石方 116 万立方米。钢轨型号正线每米重 43 公斤，到发线每米重 38 公斤，站线每米重 38 公斤，建挡土墙两处长 50 米，涵管 204 座，大中桥 19 座 1796 延米，隧道 27 座（千米以上的两座）9000 延米，正线铺轨 191.65 公里，站线铺轨 974 公里。列车通过能力初期为 86 万～ 87 万吨，客车 7 对，货车 3 对；中期为 234 万～ 396 万吨，客车 4 对，货车 11 对，远期 450 万～ 862 万吨，客车 5 对，货车 25 对，总预算 8087.7 万元，工期 3 年。

　　1956 年铁道部令第二铁路工程局承担都筑段施工，6 月启动重点工程，1957 年因投资紧张未能全面展开，1958 年元月宝成铁路通车后，铁二局由成都迁到贵阳，主力由四川转战贵州，都筑段全面动工。全线分为四段，铁二局第五工程段驻都匀，负责都匀至乐平线路 50 公里，隧道 14 座共长 3381 米，桥梁 11 座共长 1015 米；铁二局第四工程段驻贵定，负责乐平至高坪铺线路 40 公里，隧道 15 座长 2443 米，桥梁 10 座长 1003 米；铁二局第三工程段驻龙里，负责高坪铺到谷立线路 40 公里，隧道 5 座长 923 米，桥梁 7 座长 492 米；铁二局第一工程段驻贵阳，负责谷立到贵阳线路 16 公里，隧道 1 座长 511 米，桥梁 1 座长 131 米，另有 3 座 800 米以上隧道由隧道公司一处承担，总长 3952 米。施工采取小型机械与人工配合，重点隧道用内燃机风钻打眼，人工爆破，手推斗车出渣，人工浇灌混凝土，很少使用电动机械。人工铺轨每公里用钢轨 160 余根，枕木 1600 多根，总重 200 多吨，全靠肩挑人扛。在"谁英雄，谁好汉，都贵段上比比看"的口号下，筑路工人日夜奋战，争分夺秒与时间赛跑，到 1958 年底共完成路基土石方 1882 万立方米，隧道 35 座 11313 米，桥梁 29 座 264 延米，正线铺轨

20 世纪 50 年代黔贵线改造后留下的记忆

146 公里，站线铺轨 29 公里，涵渠 11303 米，挡土墙等工程 36835 立方米，1958 年 12 月底全线竣工。

修建铁路，工程量大，技术要求高的是隧道和桥梁，在当时的经济和技术条件下，长隧道、大桥梁的修建极为困难。都贵段的长隧道有上寨隧道、东山坪隧道和贵定隧道，大桥有石板河 1 号桥 2 号桥、临水河大桥、张家山大桥。上寨隧道在苦李井盘道上，长 1285 米，洞中地下水涌出最大流量 18000 吨 / 小时，要在隧道左侧修建一个净空 173 米、断面 4.2 平方米的泄水洞与隧道底部的排水沟相通，还要建一个 62 米长的通风洞解决曲线隧道的通风问题。穿越云雾山脉的东山坪隧道和贵定隧道都是超过千米的长隧道，东山坪隧道长 1745.8 米，贵定隧道长 1370.9 米，采用机械开挖，但开发方式各有不同，贵定隧道采用上下导坑法，东山坪隧道采用漏斗棚架法。在贵定乐平附近的石板河上，需架两座桥梁，各长 85.77 米，铁二局主张修建石拱桥，而苏联专家则认为石灰石易风化，主张修建钢筋混凝土墙，双方争论不休，最后修建了 2 座 3 孔石拱桥，跨径 20 米。冷水河大桥全长 107.11 米，为 3 孔 25 米石拱桥，两端各加一孔 4 米的石拱桥，拱座为混凝土。张家山 1 号大桥位于 400 米的曲线和 10.8% 的坡道上，全长 123.29 米，建有 7 座 200 多米高的桥墩，采用 16 米的丁字梁，施工极为不易。

1958 年 12 月铺轨到贵阳，同时建成贵阳南编组站和贵阳客站，贵阳南编组站建在二戈寨，建有 4 股到发线和 6 股编组线，每日编组列车 1340 辆，贵阳机务段、车辆段、水电段均设在贵阳南站，贵阳客站是贵州境内最大的火车客运站，建有到发线 3 股，站台 2 座，风雨棚 1 座，地道 2 条，主楼建筑面积 4930 平方米，设有售票厅、候车厅、贵宾室，另有行李房及其他服务设施。贵阳客站建在贵阳城南玉田坝，从玉田坝到邮电大楼修建了一条长 2267 米宽 42 米的大道，面对朝阳洞而称朝阳路，象征朝太阳前进，是贵阳最笔直宽广平坦的大道，中间有一列花园式的隔离带，两旁只有行道树。在跨越南明河的地方建了一座长 70 米宽 30 米的单孔混凝土钢筋拱式桥，名为朝阳桥。

1959 年 2 月 7 日第一列五彩缤纷的火车开进贵阳，实现了贵州人民半个世纪以来的铁路梦。当天在贵阳客站举行黔桂铁路通车典礼，中共贵州省委第一书记、省长周林在会上作了热情洋溢的讲话，铁道部发来贺电。会后各界代表 600 多人坐上这列火车，徐徐驶出车站驰向远方。为了让市民体验第一次坐火车的喜悦，增开了贵阳客站

1959 年 2 月 7 日第一列五彩缤纷的火车开进贵阳，实现了贵州人民半个世纪以来的铁路梦

到二戈寨的短途列车。黔桂铁路修通后，贵阳可通柳州、桂林、衡阳、株洲、长沙，往东可达南昌、杭州、南京、上海，往北可达武汉、郑州、石家庄、北京。贵州的矿产、木材大量外运，外地的建设物资和生活用品可运到贵阳，加快贵州工业的发展，改善和提高贵州各族人民的经济文化生活。

　　1958 年成立贵阳铁路局，1959 年 2 月接管黔桂铁路贵阳都匀段，3 月接管都匀麻尾段，管辖 293 公里的铁路运营，并先后成立贵阳机务段、车辆段、车务段、电务段、通信段、工务段等单位，黔桂铁路全线贯通，全程 607 公里，1959 年 3 月正式交付运营，贵州境内 339.6 公里设有 30 余站，其中贵阳南站、贵阳客站为一等站，麻尾、都匀、贵定为二等站，其余独山、墨冲、清泰坡、苦李井、谷垌、乐平、谷立、龙里等为四等站，采用解放 2 型蒸汽机车牵引，单机牵引数 350～400 吨，允许时速 30～45 公里，后用双机牵引，牵引质量为 913 吨。1964 年改用解放一型蒸汽机车牵引，单车牵引数 650 吨。贵阳每天开出一对直达客车到柳州，一对普客到都匀，都匀至柳州每天一对普客，年发送货物 117 万吨，运达贵阳 232 万吨。

　　黔桂铁路在抗日战争的环境中修建，由于资金和技术条件的限制，不得不降低标准来适应地形地貌，线路大都傍山贴岭，升降起伏，曲折辗转，尽量避开隧道和大桥。都匀至贵阳段按三级铁路干线标准修建，最大坡度 29.4%，最小曲线半径 163 米，采用蒸汽机车牵引，有些地段用双机或三机牵引，运输能力受到很大限制，是贵州线路标准最低的一条铁路。由于地质条件复杂、时间紧迫、经验不足、施工方法欠妥的原因，工程质量不高，存在许多问题。1964 年提出黔桂铁路改造方案，铁路等级为二级铁路干线，单线，贵定至大土为复线，最大坡度 28%，最小曲线半径 175 米，闭塞方式由路签半自动向继电半自动过渡，改用内燃机车牵引。1965 年至 1980 年进行第一次技术改造，建成贵定至大土复线，修建桥梁 103 座 4365 米，隧道 45 座 12361 米，涵洞 667 座 14379 米，开设翁通、苦李井、大昌、观音洞、富洪村、老罗堡 7 个车站，对清泰坡、谷峒、龙田、贵定、高坪铺、麻芝坡、龙里等站进行扩建。1983 年至 1988 年进行第二次技术改造，对都匀至麻尾间连续 5 个区县的线路进行改线，取消两处曲线，增设两个会让站，改进贵阳—都匀—麻尾的通信设备，闭塞方式由路签半自动改为继电半自动，采用壁板信号机、色灯信号机，并对大土复线进行电气化改造。

经过两次改造，黔桂铁路由三级铁路干线提高为二级铁路干线，由蒸汽机车牵引过渡到内燃机车牵引，双机牵引上行 2100 吨，下行 2000 吨，1974 年贵阳机务段配备东风型内燃机车 33 台，蒸汽机车 39 台，两种机车牵引并行。1983 年内燃机增至 76 台，蒸汽机减至 8 台，1984 年全线采用内燃机车牵引，蒸汽机车全部调出。1989 年黔贵铁路开出客车 4 对，货物列车 22 对，贵阳至都匀段开出客车 4 对，货车上行 14 对，下行 16 对。黔桂铁路贵阳段设 20 站，其中贵定南、都匀、墨冲、独山、麻尾为三等站，峰洞、清泰坡为四等站，沿山、摆梭、胡家寨、绿荫湖、下寨、河阳、甲猫、孟孔、学庄、打羊、星朗、朱石寨为五等站，泗亭、小西堡设线路所。

二、贵阳形成"铁十字交叉"

1964 年，中共中央根据当时的国际形势作出"三线建设"的决定，把原先由苏联在东北、华北和西北地区援建的国防科技工业迅速转移到西部安全地区，并把国家建设重点由东南沿海及"三北"地区转向西部，建立一个以国防为中心，工农业相结合的战略后方基地，国家集中了大量人力、物力、财力进行"三线建设"。贵州由于战略地位重要和资源优势，成为"三线建设"的重点，纳入国家建设的重要区域，人力、物力、财力向贵州倾斜，"好人好马上三线"，掀起贵州建设的高潮。

1972 年 10 月 13 日，湘黔铁路在贵州翁塘车站接轨

　　铁路是"三线建设"的重点，国家决定在西南修建成昆（成都至昆明）、川黔（重庆至贵阳）、贵昆（贵阳至昆明）、湘黔（长沙至贵阳）、襄渝（湖北襄阳至重庆）、焦柳（河南焦作至柳州）6 条铁路，构成西南铁路网，把四川、贵州、云南、广西联成一体，并使西南与西北、华南、华东有铁路相通。贵州地处川、滇、湘、桂的腹心地段，6 条铁路中有川黔、贵昆、湘黔三条铁路须经过贵州，成为西南铁路建设的重中之重。从 1964 年至 1976 年，国家投资贵州铁路建设资金 98.92 亿元，占贵州"三线建设"总投资的 18.1%。国家调集了铁二局、铁五局、铁道勘察设计院等大批专业队伍及铁道兵，又组织大批民工，共 60 万多人进行"铁路大会战"。十年时间，建成了川黔铁路、贵昆铁路和湘黔铁路。三条铁路的起点较高，一开始就按国家一级铁路干线标准建设，使用内燃机车牵引，使既有的黔桂铁路相形见绌。川黔、贵昆、湘黔三条铁路干线在贵阳与黔桂铁路交会，形成了"铁十字交叉"，贵阳成为西南铁路的重要枢纽，迅速改变了贵州铁路交通的格局。贵昆铁路与湘黔铁路横贯贵州，川黔铁路与黔桂铁路纵贯

贵州，纵横结合，一改当年只有一条铁路的落后面貌。

（一）川黔铁路

人们盼望修建川黔铁路已经半个多世纪了，1929 年国民政府交通部派员勘测川黔铁路，建议自贵阳经息烽、遵义、桐梓、綦江至重庆。1930 年粤汉铁路勘测队对川黔铁路进行勘测，次年西南地质队又作进一步勘测，在当时的技术条件下，最大的困难是穿越娄山关山脉的大隧道，无论是娄山隧道或凉风垭隧道都是巨大的"拦路虎"，不但工程十分艰巨，而且财力严重不足，在当时很难胜任。以后，勘测部门提出了三个方案。一是由四川隆昌经泸州、赤水、遵义至贵阳的西线方案；二是由重庆经綦江、桐梓、遵义到贵阳的东线方案；三是由四川合江经赤水、遵义到贵阳的中线方案。经过比较，最后选定东线方案，由贵阳经息烽、遵义、桐梓、綦江、猫儿砣至重庆海棠溪，利用已建成的綦江铁路 28 公里路段。

中华人民共和国成立后，1950 年西南铁路局在修建成渝铁路的同时，组织 7 个测量队对川黔铁路进行勘测，测定线路为 558.93 公里。成渝铁路建成后，与綦江铁路相

川黔线满载物资的列车行驶在大山深处

接，火车可通至赶水。1956年川黔铁路列入国家计划，铁二局第三工程段及隧道公司第十一工程队动工修建赶水至松坎35公里路段。1958年赶筑段（赶水—贵阳）工程全面展开，在"全民修路"的口号下，大批民工投入施工，"大战一百天"完成了路基土石方3078立方米，隧道及明洞23217米，桥梁5906米，涵洞558座，一些重点工程如凉风垭隧道、娄山关隧道、乌江大桥也动工修建，但在边勘测、边设计、边施工的情况下，忽视工程质量，留下许多病害及报废工程，实际建成的仅贵阳北站至都拉营12.9公里。1960年因国民经济困难，工程纷纷下马，川黔铁路建设处于停顿状态。

1964年"三线建设"开始，首先启动川黔铁路建设，主要是修建赶水至贵阳段。川黔铁路起自重庆，经赶水在两河口进入贵州，又经松坎、新站、凉风垭、桐梓、娄山关、董公寺到遵义，然后经南宫山、乌江、小寨坝、息烽、久长、扎佐、都拉营到贵阳，全长462公里。赶水至贵阳段长305.82公里，其中在贵州境内292.8公里。路线由四川盆地沿贵州北面斜坡而上，经过黔北山原中山区和黔中丘原盆地区，地貌复杂，有丘峰山原、河谷阶地、丘原、低中山、中山、盆地、丘陵，大娄山脉横至其间，岩溶地貌分布广泛，地面有峰林盆地、峰林谷地、峰丛洼地、溶蚀洼地、岩溶干谷、落水洞、漏斗，地下有溶洞、地下河。乌江横穿这一地区，高岸深谷、水流湍急，且多峡谷、险滩。

川黔铁路重庆至赶水段地势平缓，按一级铁路干线设计，赶水至贵阳段地形复杂，按二级铁路干线设计。线路为单线，采用内燃机车牵引，远期为电气化。限制坡度为12‰，双机坡度蒙渡至楚米铺为22‰，阁老坝至久长为20‰，最小曲线半径赶水至楚米铺250米，楚米铺至贵阳300米。路基宽度土质5.6米，石质4.8米，正线铺轨305公里，站线铺轨80公里。全段有大中小桥96座，总长7761米，少数采用大跨度石拱桥，大部分用16米钢筋混凝土梁和23.8～31.7米预应力混凝土梁。全段有隧道97座，总长29131米，其中千米以上的隧道4座。

1964年9月全面复工，由新组建的西南铁路工程局负责施工，西南工程局招收新工人后扩大编制，组建第三、第四、第五工程处，又将从东北、华北调来的两个工程处编为第七、第八工程处，总共4.3万人。先由铁道部第二设计院逐一查实沿线的工程病害，并按《铁路勘察设计三十条》修改设计，增设明洞19座，桥梁8座，挡土墙11557米。三处、七处组建机械工程队，配备大型土方机械，完成三元坝、蒙渡、李家

隧道。建桥梁 182 座，总长 28074 延米，其中长 100 米以上和高 40 米以上的桥梁 54 座，双线桥 3 座，三线桥 5 座，四线桥 1 座。桥梁、隧道共长 100.82 公里，占线路总长的 36.5%。

湘黔铁路湖南境内线路 1973 年 6 月已建成通车，1975 年 1 月大龙至贵定段交付运营。在贵州境内设大龙堡、玉屏、羊坪、青溪、郎洞、焦溪、老王洞、镇远、大石板、大坳、水花、翁塘、杨柳塘、谷陇、宝老山、岩英、加劳、桐木寨、凯里、普舍寨、马田、六个鸡、小龙洞、白秧坪、水山坡、马场坪、鱼酉、黄丝、大栗树、半边街、贵定等 30 站，其中，玉屏站为区段站，大龙堡、羊坪、镇远、水花、白秧坪、马场坪、贵定为中间站，其余青溪、谷陇、黄丝、大栗树等 20 站为会让站。贵阳至凯里段，由贵阳机务段东风型内燃机车牵引，至凯里折返，上行双机牵引 2100 吨，下行双机牵引 1800 吨。凯里至大龙段，由凯里机务段菲德型蒸汽机车牵引，上下行单机均为 1200 吨，允许速度大龙至凯里 65 公里/小时，镇远至贵阳 75 公里/小时。1978 年贵

湘黔铁路在贵定与黔桂铁路并轨，造成"瓶颈"，急需修复线

定至大土复线建成后，贵阳至大龙段均用内燃机车牵引，单机上行 1100 吨，下行 1050 吨，双机上行 2250 吨，下行 2000 吨。开行客车 4 对，贵阳至凯里货车 8 对，凯里至玉屏货车 15 对。

　　湘黔铁路在贵定与黔桂铁路并轨，两条铁路的列车在贵定至大土段共路，造成"瓶颈"，严重影响湘黔铁路通车，必须修建第二线，即贵定至大土复线。1971 年铁道部第二设计院完成贵定至大土段改建双线的勘测设计，铁路等级为一级铁路干线，双线，第二线与黔桂铁路平行，长 53.85 公里，牵引种类为内燃机车，闭塞方式为继电半自动。为了提高质量，节省工程，部分路段采用"换边"办法，即把新建的线段接驳在既有线上，把既有线段作为第二线，在龙潭堡、瓮城河桥西、五里河、播水河东、三道河 3 号小桥西、老罗堡西等 7 处进行"换边"。主要工程有土石方 324.7 万立方米，挡护墙 90 座，圬土 7.74 万立方米，桥梁 14 座 2704.78 延米，其中单线大桥 9 座 1940.79 延米，双线大桥 3 座 663.1 延米，双线中桥 2 座 100.89 延米，小桥 3 座 93.82 延米，隧道 15 座 4161.41 延米，其中大关破隧道长 1450 米，双线隧道 4 座 649 米，铜堡隧道呈喇叭口形式，铺设正轨 77.5 公里，铺站线轨道 10.97 公里，新建高坪铺、芝麻铺、龙里、大土 4 个车站，安装透镜色灯信号机，采用色灯电销器联锁。新建第二线处于山岳地带，峰峦起伏，桥隧相连，工程难度极大，且施工不能影响湘黔、黔桂铁路正常通车，1978 年 8 月才完成铺轨，12 月开通运营。贵定至大土复线建成后，湘黔铁路的列车可通过复线进入贵阳枢纽，亦可通过黔桂线路段进入贵阳，扩大了运输能力，开出贵阳至衡阳的直达列车，昆明至北京、贵阳至北京、昆明至上海的特别快车也可顺利通行。湘黔铁路是云南、贵州通往华中、华东的重要通道，1975—1978 年货物密度单向已达 60 万～ 70 万吨，1975 年贵定至大土复线建成后猛增至 271.9 万吨，1980 年达 330 万吨，不能满足"三线建设"的需要，进行湘黔铁路电气化改造势在必行。

　　"三线建设"时期的十年间，建成了川黔、贵昆、湘黔三条铁路干线和 4 条铁路支线。川黔铁路贵州段长 292.8 公里，贵昆铁路贵州段长 393 公里，湘黔铁路贵州段长 276.5 公里，湖林支线长 35.7 公里，水大支线长 40.28 公里，盘西支线贵州段长 67.3 公里，开阳支线长 31.84 公里，共建成铁路 1171 公里。贵州铁路的里程由原来黔桂铁路的 307 公里，猛增至 1478 公里，翻了四番。贵州地处山区，山峦起伏，峡谷深切，修建铁路工程巨大而艰难。铁路不允许爬大坡、转急弯，对最大坡度和最小曲线半径必须严格控制。穿行大山必须修建隧道，跨越江河，峡谷必须架桥，不完全统计，三条铁路干线共有隧道480座130814延米，长隧道有凉风垭隧道、娄山关隧道、岩脚寨隧道、梅花山隧道等，桥梁448座26012延米，特大桥有乌江大桥、天生桥大桥等，还必须处理滑坡、泥石流、软土、瓦斯等地质灾害，完成如此巨大的工程实为一大壮举。

贵昆铁路、湘黔铁路按一级铁路干线修建，川黔铁路贵州段按二级铁路干线修建，技术标准比黔桂铁路高1～2个档次。采用内燃机车牵引，由"蒸汽机时代"过渡到"内燃机时代"。黔桂铁路用解放型蒸汽机车牵引，牵引定数单机650吨，双机913吨，允许时速30～40公里，川黔铁路用东风型内燃机牵引，单机1050吨，双机2000吨，允许时速60～70公里。贵昆铁路采用ND型内燃机牵引、允许时速为30～40公里。湘黔铁路用东风型内燃机车牵引，单机1100吨，双机2000～2250吨，允许时速50～55公里。黔桂铁路为单线路签半自动闭塞，新建三条铁路均为继电半自动闭塞，结束了人工扳道。运输能力黔桂铁路为450万～862万吨/年，川黔铁路800万～1300

建设中的铁路贵阳枢纽

万吨／年，贵昆铁路 800 万～ 1130 万吨／年，湘黔铁路 800 万～ 1300 万吨／年。1974 年湘黔铁路通车后，铁路运输成为贵州交通运输的主力，1978 年货物发送 1300.8 万吨，货物到达量 962.9 万吨。

川黔、贵昆、湘黔三条铁路干线建成，改变了贵州铁路交通的格局，结束了多年一条独路进入贵州的状况。川黔铁路与黔桂铁路在贵阳衔接，形成一条纵贯贵州的铁路干线。经过桐梓、遵义、息烽、修文、白云区、乌当区、南明区、小河区、龙里县、贵定县、都匀市、独山县，川黔铁路北接成渝铁路、宝成铁路，可通往成都、宝鸡、西安，黔桂铁路南接湘桂铁路，可通柳州、桂林、南宁，成为连接西南、西北及四川、贵州南下的铁路通道。贵昆铁路与湘黔铁路在贵阳连通，形成一条横贯贵州的铁路干线，经过威宁县、六盘水市、水城特区、六枝特区、安顺市、平坝县、龙里县、贵定县、麻江县、凯里市、镇远县、岑巩县、玉屏县。贵昆铁路西通云南，湘黔铁路东连湘赣、浙赣铁路，可直达长沙、南昌、杭州、上海，还可通过京广线直达北京。贵州

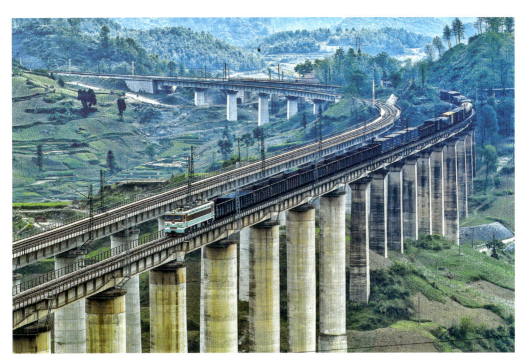

火车奔驶在湘黔线上

化电气化工程的进度为定。

　　根据"坚持尽量按现状进行电气化，减少改建工程"的要求，对既有线路尽量不做大的变动，主要工程是大龙至湖潮站土建工程，建筑长度 363.97 公里，其中大龙至贵定 276.289 公里，贵定至大土 53.825 公里，大土至湖潮 33.856 公里，路基土石方 4227.6 万立方米，挡墙圬工 2506 万立方米，特大桥三座 1646 延米，大中桥 186 座 32166 延米，小桥 24 座 725 延米，涵渠 758 座 19951 延米，隧道 209 座 80417 延米，正线铺轨 360.42 公里，站线铺轨 120.712 公里，改造站场 31 个，延长到发线和增加货物线长度 12.318 公里，铺设道岔 144 组，整治隧道病害 137 座，改建桥梁 3 座。电气化工程贵阳至玉屏 383 公里，设立凯里供电段及 10 个牵引变电所，含贵阳南牵引变电所，总安装容量 210000 千伏安，主变压器容量 2×15000 千伏安两处，2×1 万千伏安9 处，建 220 千伏安输电线路 156 公里，110 千伏安输电线路 6 条 244 公里，架设接触网 634.8 条公里，回流线 96 条公里，采用 10 磷铜稀土钢铝接触导线和吸流变压器回流防干扰新技术，通信线路由架空明线改为四管小同轴大综合地下电缆，开通 300 路

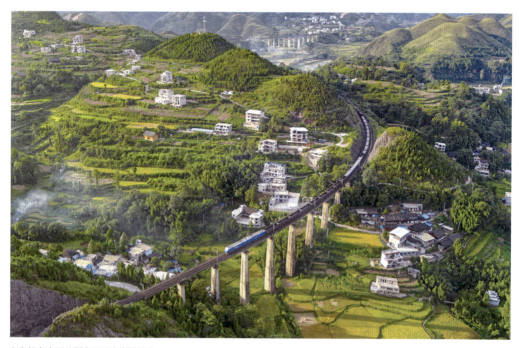

电力机车牵引的列车行驶在湘黔线上

载波设备，在凯里安装 500 门纵横自动总机。在贵定、玉屏安装 200 门纵横自动总机，采用继电半自动闭塞，设电气集中联锁道岔 302 组，色灯电锁器联锁道岔 136 组，安装连续式机车信号及自动停车装置 95 台。

1987 年 6 月贵阳至凯里段电气化改造工程完成，龙里、贵定、马场坪、凯里 4 个牵引变电所通过检测通电，正准备投入运营。但因施工中有 20 处质量不合格，接触网产品质量有问题，造成三起停电事故，影响 28、29、48 次列车运行，铁道部检查组会同成都铁路局对贵凯段电气化工程进行检查，作出《关于凯里以西电气化检查整治工作会议纪要》，组织三个整治组分段进行整治。1987 年 11 月 11 日至 1988 年 1 月 12 日对隧道内埋入杆件、悬挂装置、接地线路、接触线绝缘部件等直接影响行车和人身安全的缺陷进行整治，1988 年 4 月 26 日至 11 月 25 日对凯里至贵定隧道内水平悬挂埋入杆件和接触网线进行处理，使之达到设计要求。凯里至玉屏段施工期间，1988 年 1 月 24 日，80 次旅客特别快车在贵昆线且午至邓家村区间发生颠覆事故，铁道部认定钢铝接触线质量有问题，决定采用 TCG-100 铜电车线（正线）和 TCG-85 铜电车线（站线），将海域段通车时间改为 1988 年 12 月底。1991 年玉屏至大龙电气化铁路建成，与广州铁路局大龙至怀化铁路接通，湘黔铁路电气化改造完成，全线开通营运。

实现电气化改造后不再使用内燃机车牵引，改用韶山 1 型电力机车牵引，牵引定数双机车由 2100 吨提高到 3500 吨，输送能力玉屏至贵阳段由 1050 万吨 / 年提高到 1780 万吨 / 年，贵定至贵阳南由 970 万吨 / 年提高到 2240 万吨 / 年，闭塞方式由路线半自动改为继电半自动。机车交路也有变动，原先是以贵阳南为机务基本段，凯里为折返段，玉屏为换乘站，实行长交路后，贵阳为基本站，怀化为折返站，凯里为换乘站。1985 年 4 月首开贵阳至上海 152/151 次直达列车，次年开出贵阳至湛江旅客列车，1988 年开出贵阳至北京 149/150 次直达快车，贵阳至怀化 401/402 次普通客车，昆明至北京 61/62 次特别快车和昆明至上海 79/80 次特别快车也经湘黔铁路运行。2006 年 12 月 31 日，铁道部将贵昆铁路、湘黔铁路、浙赣铁路、沪杭铁路组成沪昆铁路，成为连接上海市、浙江省、江西省、湖南省、贵州省、云南省的一条东西走向的南方铁路干线，全长 2690 公里，云南、贵州可直达长江三角洲。

南昆铁路清水河大桥位于贵州省黔西南州兴义县

座 9259.6 延米，隧道 74 座总长 66614 延米，其中 3000 米以上隧道 4 座 15240 延米，1000 ～ 3000 米隧道 18 座 31871 延米，1000 米以下隧道 54 座 19503 延米，建电力贯通线 266.77 公里，牵引变电所 3 个，接触网导线 261.85 公里，配电所 1 个，信号站 14 个，通信站 14 个，通信干线电缆 264.76 公里。贵州段设 18 个车站，其中威舍、红果为区段站，八渡、板其、册亨、沙厂坪、白水河、安龙、郑屯、兴义、清水河西、品甸、大田边、岔河为中间站，另有 4 个缓开站。

重点工程有家竹箐隧道、板其 2 号大桥、红水河大桥、八渡南盘江大桥、石头寨车站预应力锚拉式桩板墙、相田 2 号隧道病害治理、册亨车站预应力锚索抗滑桩、营盘山隧道快速机械化施工、龙盘山隧道、小雨谷车站、新桥隧道泄水洞、东阳沟桥群、兴义车站、顶效特大桥、白水河 1 号特大桥、山西铺三线大桥、下西铺大桥、华家屯大桥、王家屯大桥、弓国田大桥、文笔山隧道、西冲 1 号隧道、干塘子隧道、尾牙 1 号隧道等 24 项，其中 8 项最为典型。板其 2 号大桥位于百色至威舍路段，全长 271.58 米，是我国第一座铁路平弯梁桥，桥梁处在半径 450 米的曲线上，主跨为 44+72+41 米曲线连续刚构，梁体为单箱单室变截面变高度箱梁，11‰上坡，桥高 58 米，桥墩为钢筋混凝土矩形薄壁空心墩，是我国桥梁史上的一大突破。清水河大桥位于兴义市、兴仁县、盘县交界处的清水河上，全长 360.5 米，是我国第一座高端 V 形支撑铁路桥，集深基、高墩、大跨和新结构为一体，从河底到桥面高 183 米，主桥为 72+128+72 米预应力混凝土连续钢构，是云南省西南山区铁路新技术桥梁的典型。八渡南盘江大桥位于广西贵州交界处的八渡村渡口，全长 538 米，为高端 V 形支撑大跨度预应力混凝土连续梁，下部有 10 墩 2 台。家竹箐隧道位于威舍至红果段北端，全长 4990 米，隧道穿过大量含煤地层，瓦斯量大，且洞中大量涌水，是一座高风险隧道，被称为天下第一险，因地形地质关系，设计为"一平二横四斜"的大变形隧道。相田 2 号隧道位于威箐至鲁番区间，隧道从两道地质断层的交会点穿过，引起山体大滑坡，拱部坍塌，拱墙开裂折断，治理工程艰巨，历时 37 个月才将病害治理。册亨车站高悬于半山腰上，山体为砂岩夹页岩，风化严重，影响车站安全，采取预应力锚索抗滑桩进行防护，稳定岩层，营盘山隧道位于威舍尾芽与册亨车站之间，全长 4140 米，洞内地质为砂岩、页岩、泥岩皱褶结构，配备大型机电设备 43 台，实施快速机械化施工，创造单口成洞 106.36 米的纪录，从开工到竣工连续创 7 个百米成洞成绩，仅用 41 个月完成任务。

我国第一座高端 V 形支撑南昆铁路八渡南盘江大桥

南昆铁路贵州段由中国铁路总公司所属铁二局、铁五局、铁十七局、铁十八局、铁二十局按标段承包施工，铁五局占工程总量的 70%。1993 年 4 月在家竹箐隧道施工现场举行南昆铁路贵州段开工典礼，1994 年百色至威舍段全面施工，1995 年全线进入施工高峰，1996 年营盘山隧道全断面贯通，清河清水河大桥合龙，八渡南盘江大桥合龙，板其 2 号大桥主体工程完工，开始进行铺轨，1997 年 3 月 18 日东西两个方向在八渡车站接轨，11 月完成电气化工程，12 月 2 日在兴义举行南昆铁路全线开通运营庆祝大会，南昆铁路是"八五"期间一次建成的最长电气化铁路，是西南地区南下的出海通道，东经湘桂（长沙至桂林）、黎湛（黎塘至湛江）、广茂（广州至茂名）铁路可达广州及湛江港，又可经南防（南宁至海防）、钦北（钦州至北海）铁路到防城港和北海港，西经成昆铁路可达内江、成都，北经贵昆铁路、内昆铁路，可达贵阳、昆明、重庆。

（二）株六复线建设

贵昆铁路、湘黔铁路电气化改造完成后，客运客货运量迅速增长，贵昆线贵阳至六枝段设计输送能力为客车 7 对 / 日，货运量上行 1499 万吨 / 年，下行 960 万吨 / 年，1995 年每日已开行客车 7 对，货运上行 1471 万吨 / 年，下行 1080 万吨 / 年，已达到饱和。湘黔线设计输送能力为客车 7 对 / 日，货运量 1570 万吨 / 年，1995 年实际完成客车 7 对 / 日，货运 1389 万吨 / 年，接近设计输送能力。六盘水是我国南方最大的煤炭基地，江南各地仰给贵州的煤，1995 年外运煤达到 1500 万吨，只运出 900 多万吨，尚有 600 万吨待运。根据调查，预计株洲至大龙段近期（2005 年）货运量将达 485 万吨 / 年，客车 26 对 / 日，远期（2010 年）货运量 485 万吨 / 年，客车 36 对 / 日，大龙至六盘水段近期货运量达 4165 万吨，客车 24 对 / 日，远期货运量 3847 万吨 / 年，客车 28 对 / 日。2000 年贵州原煤产量将达 7000 万吨左右，外运煤在 2500 万吨以上，为了打破瓶颈，缓解贵昆湘黔铁路运输，1997 年铁道部决定修建株六复线，并纳入"九五"重点建设工程。

株六复线是在原湘黔、贵昆铁路走向上平行增建一条铁路，与既有铁路形成双线，故称株六复线。株六复线起于湖南株洲，西经湘潭、娄底、新化、怀化，在大龙进入贵州，途经铜仁市玉屏县，黔东南苗族侗族自治州岑巩、镇远、施秉、黄平、凯里、

客运列车在株六复线上行驶

麻江六县市，黔南布依族苗族自治州福泉、贵定、龙里三县市，贵阳市南明、小河、花溪三区，安顺市平坝、西秀、普定三县区，六盘水市六枝、钟山、水城三县区至贵昆线铁路六盘水枢纽，全长 1141 公里，其中贵州段 594.11 公里，建设标准为国家一级电气化铁路干线，限制坡度湘黔段为 6‰，双机加力坡 13‰，贵昆段上行 6‰，下行 13‰。最小曲线半径一般为 400 米，个别地段为 300 米，牵引种类为电气机车牵引，定数双机为 4000 吨，到发线有效长度 850 米，闭塞类型为自动，机车交路，长沙为基本段，怀化为货机段，贵阳为基本客段，总投资 130.62 亿元，1998 年动工，由湖南贵州两省分段施工。

贵州段工程分三段进行，大龙至贵定段增建二线 264.78 公里，贵定至老罗堡段改造正线 42.78 公里，马场至滥坝段增建二线 181.14 公里，增建二线长度为 45.92 公里。路基土石方工程 1565 万立方米，路基加固及挡土墙 109.319 万立方米，桥梁 200 座总长 31939 延米。其中特大桥 6 座 3738.99 延米，大桥 99 座 2270 延米，中桥 66

座 5013.63 延米，小桥 29 座 916.37 延米，涵洞 875 座 15312.78 延米，隧道 173 座总长 117113 延米，其中 1000 ~ 3000 米隧道 27 座 44054 延米，1000 米以下隧道 141 座 52081 延米，铺轨 569.914 公里，其中正线轨道 458.059 公里，站线轨道 111.855 公里，原有大龙至老罗堡、贵阳至安顺、六枝至茨冲 10 千伏电力贯通线，新建安顺至烂坝 10 千伏贯通线，改造玉屏至谷陇、凯里至贵定 10 千伏贯通线，全线新建 10 千伏自动闭塞线路。电源来自玉屏、镇远、古陇、凯里、马场坪、贵定、龙里、新平坝、安顺、六枝等 10 个既有配电所，其中 9 所在原址扩建，重建六枝配电所，新建二道岩配电所，对原有羊坪、老王洞、水花、宝老山、凯里、马场坪、贵定、龙里、安顺、六枝、二道岩等 11 座牵引变电所进行改造，新建白秧坪、黄丝、天龙、黄桶、花赖 5 个牵引变电所，铺设接触网 929.28 公里。

重点工程有南山河特大桥、新岩脚高瓦斯隧道、大竹林隧道、新朝阳坝 1 号隧道。南山河特大桥位于凯里市炉山镇甘坝村南山河大峡谷，全长 552.77 米，共设 11 个墩台，0 ~ 6 号墩位于直线上，7 ~ 11 号墩位于曲线上，顺线路前进方向有 5.5‰ 上坡，墩台为 T 型桥台、实体墩、薄壁空心墩等特殊设计，共设桩基 43 根，上部为简支梁，设有人行道和角钢栏杆，用一台可拖拉跨越 64 米桥孔的穿巷式起重机吊装，64 米跨简支梁是当时国内最大跨度预应力混凝土铁路简支梁。新岩脚寨高瓦斯隧道系原有隧道平导扩挖而成，全长 2611.5 米，隧道穿过含煤层，每吨煤含瓦斯 15.19 立方米，瓦斯压力为 2.5 兆帕，且大量涌水，必须采取特殊手段进行开挖，使用安全炸药进行光面爆破。大竹林隧道是全段最长的隧道，全长 6074 米，地质情况复杂，有大量围岩，还必须设拱桥通过溶洞，运用许多科学施工工艺和施工流程才使隧道贯通，是全段的控制性工程。新朝阳坝 1 号隧道位于镇远车站出站前端，虽仅有 505 米，但紧靠原有铁路，穿过低山河谷，施工环境复杂，采取薄层剥离、台阶开挖、预留隔墙、纵向拉槽、钢轨排架等措施控制爆破，保证施工安全。

1998 年 4 月成立株六复线建设指挥部，通过招标由中铁二局、中铁五局、隧道工程局及铁十二局、铁十五局、铁十八局等 7 个单位进行施工，6 月 26 日在六盘水市举行株六复线开工典礼，参加建设的共 18178 人，施工机具 1056 套，294 个工点同时开工。1999 年桥梁、隧道、路基工程全线展开，开始进行铺轨和电气化工程，完成投资 33.5 亿元。2000 年 1 月株六复线贵州段羊坪至青溪举行开通典礼，3 月 6074 米的大竹

株六复线贵州段

林长隧道贯通，7 月新岩脚寨高瓦斯隧道安全贯通，10 月新平坝至七眼桥三站两区间开通运营，12 月湘黔线大龙至老王洞、水花至老宝山、白秧坪至马场坪及贵昆线高峰至两所屯共 121 公里复线开通运营。2001 年 10 月黄丝至福泉区段开通，株六复线湘黔段 278.9 公里复线全部投产，11 月 30 日株六复线贵州段全线开通运营，12 月 30 日在贵阳举行株六复线全线开通仪式。株六复线建设历时三年半，比原计划提前 1 年零 50 天，创造了我国铁路建设史上复线建设高速、优质、高效的纪录。大龙口是株六复线的咽喉，2004 年通过大龙口列车 38 对，日均 1816 辆，2007 年通过列车 40 对，日均 1855 辆。

　　2001 年 12 月株六复线建成通车，2004 年增建沾益至昆明第二线 165 公里，而六盘水至沾益段仍为单线，区间通过能力的利用率已达 88%，而且铁路标准低，不能适应发展需要。2006 年贵昆、湘黔铁路并入沪昆铁路，决定增建六沾复线。六沾复线东起六盘水枢纽双水站，西经水城、威宁、宣威、曲靖至沾益站，既有线长 247.633 公

里，梅山至凤凰山段取直后缩短 25.45 公里，设滥坝、双水、水城、梅花山、且午 5
个中间站及 4 个越行站。土石方工程 660.334 万断面立方，路基坞土 54.749 万立方米。
桥梁 61 座 15934.3 延米，其中特大桥 9 座 7685.15 延米，大桥 26 座 6958.47 延米，中
桥 25 座 1267 延米，小桥 1 座 26.42 延米。涵洞 96 座 1972.58 延米。隧道 39 座 64119
延米，其中 3000 米以上隧道 6 座 40370.94 延米，正线铺轨 198 公里，站线铺轨 73.93
公里，新铺道岔 272 组。设供电线路 288.56 公里。新建变电所 12 个，接触网 369.3 条
公里，建行车指挥设备 DIMS 系统 11 站，自动闭塞 128.9 公里，计算机联锁 272 组连
锁道岔，微机监测系统 11 站，驼峰信号六盘水枢纽站、光缆工程 88.53 公里，地区电
缆 26.5 公里，通信设备 9 套，客运广播系统 1 套，无线列调天线 124 处，无线列调电
缆 8.6 电缆 8.6 公里。重点工程 2 处，天生桥双线特大桥长 525.5 米，主跨墩为钢塔架，
边跨桥墩为矩形实体墩，主跨采用双线下承式钢桁结合梁。乌蒙山二号隧道全长 12266
米，是全线最长的隧道，地形起伏较大，相对高差 500 米，进口采用钢筋混凝土明洞，

株六复线马嘎大桥

洞口 56 米用钢筋混凝土衬砌，出口采用四线斜切式洞门，全隧道用曲墙仰拱衬砌结构。2007 年 9 月 11 日动工，2010 年进入会战，累计完成总投资 56.8 亿元的 78%，六盘水枢纽货车线双水至马嘎建成通车，完成了路基土石方总量的 77.6%，桥梁总量的79.6%，隧道总量的 84.2%，重点控制工程乌蒙山 1 号隧道、乌蒙山 2 号隧道、三联隧道、且午隧道大部分工程完成，开始铺轨和电气化工程，2012 年前后竣工。

（三）水红铁路建设

早在 20 世纪 50 年代筹建贵昆铁路时，就有人提出"南线方案"，由贵阳经六盘水过北盘江至昆明，但因六盘水过北盘江一段地质复杂，当时又不具备修建北盘江大桥的技术条件，不得不放弃这一方案，在梅花山绕一个大圈子到昆明。三线建设中开发"江南煤海"，建立六盘水煤炭工业基地和六盘水市，贵昆铁路建成后，六盘水市成为成都、重庆、昆明、贵阳、南宁等中心城市的连接点，1990 年贵州提出修建六盘水至

水红铁路北盘江大桥

小云尚的铁路作为内昆铁路的延伸段，提交《关于修建水（六盘水）小（云尚）铁路的报告》。1993 年国务院批准水小铁路立项，经铁二院勘测设计，认为应将此线延伸至盘西支线上的柏果车站，改称水柏铁路，长 117 公里，由铁道部、煤炭部和贵州省联合投资修建，属于地方铁路。2004 年铁道部将盘西支线柏果至红果段 43 公里并入水柏铁路，进行资产重组，改建为单线一级电气化铁路，全长 160 公里，更名为水红铁路。

水红铁路起于六盘水枢纽南编组站，经小云尚至柏果，又经盘西支线至红果，实由水柏铁路与盘西支线柏果至红果段组成。盘西支线是贵昆铁路的一条支线，在贵昆铁路沾益车站出岔，经云南省新屯、白沙坡、平河口、白水镇、大塘、车转弯、羊角哨达富源，然后经盘县以西的平关、火铺、亦资孔至柏果，又由红果沿清水河而下，经沙沱、花家庄、平田、盘关、月亮田、大田坝至柏果，长 137.65 公里，因在盘县以西，故名盘西支线。1997 年国家计委批准水柏铁路可行性报告和开工计划，铁路等级为国家一级，单线，限制坡度 12‰，最小曲线半径 400 米，电力牵引，机车类型 SS，到发线长度 850 米，继电半自动闭塞。

水柏铁路虽然只有 117 公里，但沿线山高谷深，岩溶地貌发育，且多突水、瓦斯地段，工程十分艰巨。由于山高谷深，路基须大量填筑路堤，挖开路堑或半挖半

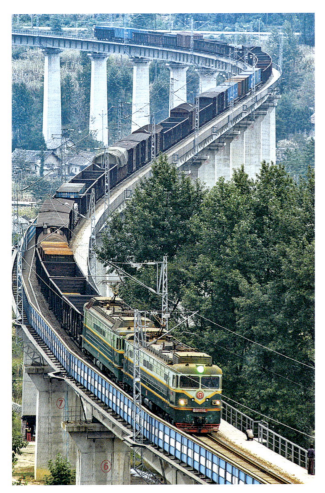

行驶在水柏线上的电气列车

砌，还要处理岩石风化、滑坡、泥石流、瓦斯、软土层等地质灾害，路基工程占总工程量的三分之一。由于特殊的地理环境，几乎找不到一块完整的平地修建车站，新建改建的 13 个车站中，有 9 个车站建在桥梁上，三家寨车站建在 4 座三线桥上，大营车站建在 3 座三线桥上，柏果车站建在五线桥上，松河车站、营街车站建在 1 座四线桥上，其余 4 个车站建在高边坡或大拉槽上。最关键的是北盘江大桥，全长 468.2 米，桥面与江面高差 280 米，主跨为 236 米的上承提篮式钢管混凝土拱桥，是当时世界上首次建造跨度最大的钢管混凝土拱桥，技术含量高，施工难度大。水柏线上共有 50 座隧道，总长 57302 延米，为线路总长的 48%。松河隧道长 6005 米，是水柏线上最长的隧道，穿过玄武岩、石灰岩、石英岩山体，跨过 14 个溶洞，最大的溶洞长 50 米、宽 40 米、深 70 米。白龙山隧道位于玉舍至白鸡坡区间，长 4845 米，是水柏线上的第二长隧道，处理不良地质断层、溶洞、暗河、突水、突泥 126 处。银山隧道长 3888 米，红梁子隧道长 3153 米，何家寨隧道长 2335 米，地质结构复杂，岩溶地段占隧道总长的62%，通过 5 道煤层，瓦斯含量高，涌水量大，是施工难度较大的一个隧道。

（四）内昆铁路建设

内昆铁路起于四川内江市，经自贡、宜宾进入云南盐津、大关、昭通入贵州，经威宁、六盘水在梅花山与贵昆铁路并轨，止于云南昆明市，全长 872 公里，是国家"九五"期间的重点建设项目。北段内江至安边 140 公里已于 1960 年建成通车，安边至水富 4 公里也于 1996 年建成。南段梅花山至昆明 370 公里在 1965 年与贵昆铁路并轨，成为贵昆、内昆共用路段。2005 年动工新建的是内昆线水富至梅花山段，即水富经盐津、大关、昭通、威宁至梅花山路段，全长 357.6 公里，在贵州境内 119.382 公里，铁路等级为国家一级铁路干线，单线，电力机车牵引，牵引定数上行 4000 吨，下行 2200 吨，使用 SS 型机车，总投资 116.5638 亿元。

昭通至梅花山段地处高原低山丘陵区，地势相对平缓开阔，但地质条件复杂，沿线都有滑坡、危岩、岩堆、岩溶、泥石流、软土、瓦斯等治理工程量。新建线路357.541 公里，正轨、站线铺轨 410.977 公里，土石方及路基圬工 2112 万立方米，桥梁 220 座 45603.53 延米，其中，特大桥 9 座 6167.64 延米，中大桥 219 座 39411.91 延米，小桥 1 座 24 米，涵洞 650 座 13509 横延米。隧道 127 座 144428 延米，其中 1 ～ 2

内昆铁路花土坡大桥

公里的隧道 21 座 28084 延米，2 ～ 3 公里的隧道 11 座 25807 延米，超过 3 公里的隧道 15 座 57165 延米。桥梁工程难度大，技术含量高，设计新颖。花土坡大桥跨越云贵交界处花土坡深谷，全长 700.69 米，主桥为 60 米 +2×104 米 +64 米预应力混凝土连续梁，是当时我国最大跨度的单线铁路连续梁桥，大桥的 3 个主墩高 104 米、110 米和 78 米，是亚洲最高的铁路桥墩。李子沟特大桥横跨威宁境内大峡谷，全长 1031.86 米，两端引桥为预应力混凝土 T 梁，主桥长 529.4 米预应力混凝土钢构连续组合梁桥，集高墩、大跨、长联、超大群桩基础于一体。威宁境内的朱嘎隧道长 5194 米，是当时我国最长的单线铁路隧道，同时又是一座瓦斯含量高的隧道。威宁站至威宁北站的线路需穿越草海，为了保护国家级草海自然保护区，三易线路方案，采取一系列保护措施。

　　1998 年 6 月 26 日，在六盘水市举行内昆铁路开工典礼，安边水富至梅花山段全面施工，1999 年完成土石方工程 83%，特大桥、大中桥工程 94%，隧道工程 73%，开始内昆线引入六盘水枢纽工程。2000 年 9 月从水富向昭通方向铺轨，10 月从梅花山向昭通方向铺轨，2001 年 9 月全线铺轨完成，开展电气化工程，2002 年 5 月 12 日在六盘水站举行内昆铁路通车典礼。通车后客货运量迅速增长，2010 年开行客车 9 对、货运 1020 万吨，超过原设计的客车 3 对、货运 1045 万吨的运输能力，于是进行扩能改造，主要是开放预留的 9 个中间站，增设原有车站的到发线，提高牵引定数，改善线路条件，采取调度集中等措施。

（五）渝怀铁路建设

渝（重庆）怀（化）铁路是西部大开发的重点项目之一，原设计方案是沿川湘公路走向，只经过贵州松桃部分区乡入湖南，后贵州省极力要求改线，由彭水、秀山入贵州，经松桃、江口、铜仁至怀化，促进民族地区经济发展。渝怀铁路起于重庆枢纽襄渝铁路团结村站，途经沙坪坝、渝北区、江北区、长寿、涪陵、武隆、彭水、黔江、

怀化站始发的 7272 次列车抵达松桃站，这是松桃站经过改建后，第一列驶入的客运列车

万吨的要求。全线投资 89.5 亿元，其中广西境内投资 50.27 亿元，贵州境内投资 42.73 亿元。

工程数量大，全线各种土石方工程 4364 万立方米，桥梁 31 座 2388 延米，其中特大桥 4 座 2712 延米，大桥 22 座 14583 延米，中桥 31 座 2388 延米，小桥 6 座 103 延米，涵渠 1071 座 15831 延米，涵洞 121 座 11509 延米，隧道 80 座 68526 延米，其中 3000 ～ 6000 米隧道 2 座 7266 米，6000 米以上隧道 2 座 17058 延米，最长的定水坝隧道长 8540 米。正线铺轨 181 公里，站线铺轨 64 公里，新铺道岔 181 组，折铺岔道 23 组，正线和站线铺渣 715784 立方米。通信线路 442 公里，信号连锁道岔 204 组，供电线路 347 公里，牵引变电所 5 座，接触网 188 公里，房屋建筑 52300 平方米，防护栏 292 公里。贵州境内的重点工程是桥梁、隧道和都匀、龙里车站扩建。拟新建、改建桥梁 93 座 19786 延米，新建、改建框架桥 4 座 78.7 横延米，麻万特大桥长 925.5 米，墨冲特大桥长 535 米，打羊特大桥长 666 米。新建隧道 80 座，长 68526 延米，其中定水坝隧道 8510 米，银洞坡隧道 8518 米，干田坝隧道 3962 米，西山隧道 3304 米，银

黔桂铁路扩能改造定水坝双线隧道

洞坡隧道和定水坝隧道为控制性工程。都匀车站为客货纵列式区段站，采取集中工场的方案进行改造，设到发线 6 条，调车线 2 条，客车停留线 1 条，基本站台、中间站台各 1 座。龙里车站原为曲线车站，紧邻隧道，站坪长度较短，湘黔、黔桂两条铁路在此通过，运输十分繁忙，改造必须将龙里隧道废弃，设到发线 6 条，存车线 1 条，货物线 1 条，牵出线 2 条，信号检修车停留线 1 条，施工难度极大。

2005 年 3 月，黔桂铁路扩能改造贵州段开工，由铁二局、铁三局、铁四局、铁五局、铁七局、铁十七局、铁十九局、铁二十局、铁二十四局及中铁电气局等 12 个集团公司承建。2005 年着重组织重点工程施工，主体工程陆续开工，"大战 100 天"完成投资 15 亿元，开局良好。2006 年 7 月，黔桂铁路扩能改造工程进入铺架阶段，主体工程基本成型。2007 年 10 月至 2008 年 7 月顺利完成铺架工程，年底全线电气化开通，是年都匀至麻尾段工程全面完成，正线铺轨 196 公里，站线铺轨 52.44 公里，架桥 622 座，建便线 23 公里，铺砟 75.72 万立方米。2009 年 1 月广西金城江至贵州麻尾段开通，黔桂铁路扩能改造工程完成，全线开通。

黔桂铁路扩能改造后，柳州至贵阳正线长 481.88 公里，其中泗亭至龙里段 190.15 公里，比原线路缩短了 122 公里。贵阳至柳州客车运行时间由 14 小时缩短为 6.5 小时，金城江至龙里段时速为 140 公里。采用电力机车牵引，牵引质量 3800 吨，每日通车 45 对。运输能力近期金城江至麻尾段上行 1618 万吨，下行 911 万吨，麻尾至都匀段上行 1511 万吨 / 年，下行 854 万吨 / 年。远期金城江至麻尾段上行 2867 万吨 / 年，下行 1806 万吨 / 年。扩能改造后，黔桂铁路的时速超过电气化改造的川黔、贵昆、湘黔铁路，通过能力、运输能力大幅度提高，成为西南地区南下出海的一条重要通道。

五、贵州进入了"高铁时代"

自 20 世纪中叶以来，公路和航空运输迅速发展，铁路运输在速度上处于劣势，出现了"火车没有汽车快"的奇异现象。进入 20 世纪 70 年代以后，由于能源危机、环境恶化、交通安全等问题的困扰，人们重新认识铁路的重要性，创造了高速铁路。高速铁路以其速度快、运能大、能耗低、污染轻等一系列技术优势，适应现代经济社会发展的新需求，蓬勃发展起来。中国自改革开放以来，经济发展迅速，实力强大，引

高铁贵阳北站

进世界铁路交通现代化技术，高速铁路建设一日千里。20世纪末，中国始建高速铁路，第一条路网型高铁是广州至深圳的城际铁路，第一条技术型高铁是秦皇岛至沈阳的客运专线，第一条时速300公里的高铁是北京到天津的城际铁路。我国高速铁路发展迅速，20多年来投入运营的高速铁路达68000公里，而且与日俱增，成为世界上高速铁路系统技术最全、集成能力最强、运营里程最长、在建规模最大的国家。

高速铁路又称客运专线，简称高铁，是指基础设施技术标准高、设计速度快、可供列车在轨道上安全、高速行驶的铁路系统。随着技术不断进步，速度不断提高，各时期对高铁的定义不同。各国根据本国的铁路类型、列车速度，对铁路级别制订了详细的技术标准。我国2012年制订的《"十二五"综合交通运输体系规划》，将设计时速达到250公里以上的铁路纳入高速铁路网，界定时速250～380公里的为高铁，时速在160公里以上250公里以下的为快速铁路，时速80～160公里的为普通铁路。中国的高铁泛指能供列车以200公里/小时以上速度行驶的铁路系统，列车初期运营速度不低于200公里/小时。高铁承担客运功能，故称客运专线，车次分为G、D、C字母开头的三种，G字头车次为高铁列车，D字头车次为动车组，C字头车次为快速列车。高铁专指铁路干线，城际铁路属于支线范围。根据《中国长期铁路网规划》，以"八横八纵"高速铁路为主干线，其他高级既有铁路和城际铁路为支线。城际铁路是省会城市与其他城市之间的快速铁路，采用时速250公里以下200公里以上的标准。

　　高速铁路在设计上有严格的标准，技术标准比普通铁路要高，我国的高速铁路一般采用无砟轨道，轻轨、宽轨、窄轨和磁悬浮轨道不属于高速铁路范围。无砟轨道采用500米长轨，将其固定在钢筋混凝土的道床上，然后吊装，轨道接口处为无缝焊接，无缝焊接有极高的技术含量，最大的难题就是解决钢轨的热胀冷缩，不因气候炎热使钢轨弯曲，不因气候寒冷使钢轨断裂，这是当今世界上的一大高科技攻关项目。高速铁路的设计时速高，对线路的坡度和曲线半径有严格的限制，最大坡度一般在20‰以下，最小曲线半径为4500米，保证线路基本平直。在平原地区高速铁路的修建相对容易得多，但在山地则相当困难。贵州山重岭复，河流纵横，高山深谷，喀斯特地貌发

2013年贵广高铁开始铺轨

育，修建高速铁路必须穿山越岭，修建大批隧道、桥梁，往往是隧道接桥梁，桥梁接隧道，工程巨大而艰难。高铁必须双线运行，轨道间距一般为 4.5 ～ 5 米。高速铁路使用电力动车组，安装输电网络和电信网络，列车运行控制方式为自动控制，运输调度方式为综合调度集中。

在国家规划的"八横八纵"高铁网络中，京昆通道（北京—石家庄—太原—西安—成都—重庆—贵阳—昆明高铁），包南通道（包头—延安—西安—重庆—贵阳—南宁—湛江—海口高铁），兰广通道（兰州—成都—重庆—贵阳—广州高铁）及沪昆高铁（上海—杭州—南昌—长沙—贵阳—昆明）经过贵州贵阳。贵州的第一条高速铁路是贵（阳）广（州）高铁，全长 867 公里，2008 年 10 月动工，2014 年 12 月建成通车，揭开了贵州高速铁路建设的序幕。沪昆高铁长沙至昆明段（亦称长昆高铁），全长 559.5 公里，2010 年 3 月动工，2016 年 12 月建成通车。渝（重庆）贵（阳）快铁亦称渝黔铁路，全长 344.533 公里，2010 年 12 月动工，2018 年 1 月建成通车。成（都）贵（阳）

贵州高铁迅猛发展，五条高铁线路并列大山之间

高铁（乐山至贵阳段）全长 519 公里，2013 年动工，2019 年 12 月建成通车。贵（阳）南（宁）高铁全长 482 公里，2016 年动工修建，2023 年建成通车。贵阳环城铁路全长 115 公里，2018 年动工，正在加紧施工。贵阳至开阳的城际铁路已于 2015 年 5 月正式运营，铜（仁）玉（屏）城际铁路已于 2018 年正式运营，安（顺）六（盘水）、盘（州）兴（义）、水（城）盘（州）、六（盘水）威（宁）等城际铁路相继兴建。几条高速铁路在贵阳交会，使贵阳北站成为西南高铁特大型枢纽。11 年之间，贵州高铁建设突飞猛进，2019 年投入运营的高铁 1432 公里，实现贵阳与周边省会城市（包括直辖市）重庆、成都、昆明、长沙 3 小时以内到达目的地，并将贵阳与珠江三角洲、长江三角洲及京津冀地区紧密联系起来。

（一）贵广高铁

贵州的第一条高速铁路是贵广高铁，贵广高铁又称贵广客运专线，是国家"八横八纵"高铁路网的重要组成部分，是西南地区最便捷的出海大通道。1990 年根据铁道部计划司的安排，由铁道部第二设计院承担《西南四省区及海南省铁路网发展规划》，首先提出修建贵阳经柳州至广州的直达铁路干线，1992 年国家计委主持研究《西南及华南部分省区经济规划》时，铁道部第二设计院提出修建贵阳经马场坪、桂林至珠海的贵州铁路作为西南出海通道，并将贵州铁路建设列入《西南及华南部分省区经济规划报告》，1996 年铁二院编制了《西南及华南部分省区 2001 年至 2010 年铁路网规划报告》，将贵珠铁路作为 2001 至 2010 年铁路建设项目上报。2001 年铁道部主持开展《西南至东南铁路通道规划研究》，铁二院提出既有黔桂铁路以承担黔煤南运为主，应新建一条由贵阳至广州的客运专线，并于 2005 年 4 月编制《新建贵阳至广州（珠海）铁路通道规划研究》，2006 年 8 月 18 日贵州省人民政府致函铁道部，恳请将贵广高速铁路纳入国家"十一五"铁路建设规划。9 月 14 日国家发改委复函贵州省人民政府，同意将贵广高速铁路建设纳入国家铁路"十一五"规划，列入《中长期铁路网》。2007 年 2 月至 4 月底，中铁第二设计院（即原铁道部第二设计院）完成了贵广高铁初测与勘探工作，提出贵广高铁《预可行性报告》。3 月 14 日至 17 日，中国国际工程咨询公司受国家发改委的委托，在贵阳组织专家论证，贵州省、广西壮族自治区、广东省提交了《新建贵阳至广州铁路项目建议书》，对中铁二院编制的《预可行性报告》进行评估，

贵广高铁控制性工程岩山隧道贯通

出具了咨询报告。5 月 18 日国家发改委批复《关于新建贵阳至广州铁路项目建议书》，12 月中铁二院通过现场调研，完成了《新建贵阳至广州铁路项目的可行性研究报告》，2008 年 9 月国家发改委批准可行性报告，中铁二院编制《关于新建贵阳至广州铁路初步设计》，已于 11 月获铁道部批准。

2010 年国家发改委批复《关于调整新建贵阳至广州铁路工程建设内容》，按照初步设计，贵广铁路等级为客运专线，正线为双线，设计行车速度 250 公里/小时，最小曲线半径 4500 米，正线线间距 4.8 米，最大坡度 20‰（肇庆东至水南 6‰），到发线有效长度 650 米，牵引种类为电力，列车运行控制方式为自动控制，行车指挥方式为调度集中，概算总投资 918.19 亿元。贵广高铁起自贵阳铁路枢纽的贵阳北站，经龙里穿越斗篷山至都匀、三都，沿都柳江至榕江、从江入广西，跨过榕江和焦柳铁路后，经柳州、三江至桂林，跨过漓江经恭城、钟山、贺县入广东，再经怀集、肇庆、三山、佛山进入广州枢纽的广州南站，全长 867 公里，其中在贵州境内 301 公里，通过黔南苗族布依族自治州和黔东南苗族侗族自治州；在广西壮族自治区境内 348.5 公里，通过西江经济区；在广东境内 207.5 公里，到达珠江三角洲。贵广铁路的路线走向很直，比贵阳至广州的飞机航线还要短 15 公里，是我国性价比最高的高速铁路，全线设 19 个车站，其中贵州境内设贵阳北、贵阳东、龙洞堡、龙里北、贵定县、都匀东、三都、榕江、从江 9 站。

贵广高铁经过地区地质地貌复杂，喀斯特地貌发育，高岸深谷，施工难度极大，被称为"穿越喀斯特的超级铁路"。在全长 867 公里的线路上，有桥梁 510 座，隧道 238 座，桥隧比达 83.3%，即平均 100 公里行驶中有 83.3 公里在隧道和桥梁上。

贵州段工程尤为艰巨，在 301 公里的线路上桥梁总长 30 公里，隧道总长 217 公里，桥梁隧道总长 249 公里，桥隧比占 92.1%。这就是说在贵广高铁贵州段上主体工程是隧道和桥梁，出了隧道又进隧道，或者是过了桥便是隧道，出了隧道又是桥梁，桥隧相连，穿越万水千山。隧道的总长度占贵州路段的 70%，而且有许多长隧道。三都隧道全长 14637 米，即 14.637 公里，由进洞平导、正洞、出口平导及 1 号横洞、2 号横洞构成，进口平导 2270 米，正洞 14637 米，出口平导 3044 米，1 号横洞 1100 米，2 号横洞 1470 米，进口平导正洞与 1 号横洞洞间为关键线路。岩山隧道为贵州路段第一长隧道，全长 14693 米，一级风险隧道，由进口平导、正洞、出口横洞及 1 号斜井、2 号斜井、3 号斜井构成，进口平导 3391 米，正洞 14693 米，出口横洞 249 米，1 号斜井 284 米，2 号斜井 1130 米，3 号斜井 1130 米，进口平导至 2 号斜井间为关键线路。

贵广高铁望城坡隧道全线贯通

太阳庄隧道长 4500 米，油竹山隧道长 9896 米，斗篷山隧道长 736 米，但地质条件复杂，均为一级风险隧道。同马山隧道全长 13931 米，由正洞、横洞、1 号斜井、2 号斜井构成，正洞 13931 米，横洞 90 米，1 号斜井 1363 米，2 号斜井 1222 米，1 号斜井至 2 号斜井间为关键线路。黄岗隧道全长 10649 米，由进口横洞、正洞、斜井构成，正洞 10619 米，横洞 120 米，斜井 451 米，斜井至出口间为关键线路。洛香隧道全长 11232 米，由进口平导、正洞、1 号斜井、2 号斜井构成，进口平导 2000 米，正洞 11232 米，1 号斜井 1671 米，2 号斜井 738 米，进口工区为关键线路。高青隧道全长 10953 米，由进口横洞、正洞、斜井三部分构成，进口横洞 146 米，正洞 10953 米，斜井 903 米，横洞至斜井间为关键线路。

贵广高速铁路由贵州省、广西壮族自治区、广东省联合兴建，2007 年 6 月成立贵广铁路有限责任公司，明确广东省铁路建设投资集团公司为广东省出资者代表，广西铁路投资集团公司为广西壮族自治区出资代表，贵州铁路投资有限公司为贵州省出资代表，签订《合资建设经营贵广高铁合同书》，设立股东会、董事会、监事会类似的工程管理部、安全质量部、计划财务部、物资设备部和综合部，负责本项目建设及资产管理，建成后委托成都铁路局、南宁铁路局、广州铁路集团公司运营管理，三方共投资 852.57 亿元。为了解决贵广高铁贵州段的融资问题，2008 年 12 月 28 日成立贵州铁路投资有限责任公司，负责融资并代表贵州省参加贵广铁路建设，贵州路段概算控制在 294.20 亿元，其中静态投资 263.07 亿元，贷款利息 17.4 亿元，铺底流动资金 0.3 亿元，车辆购置 16.47 亿元。

2008 年 10 月 13 日新建铁路贵阳至广州线开工动员大会在广西桂林市灵川县甘棠江特大桥隆重举行，中共中央政治局委员、国务院副总理张德江出席大会，揭开了贵广高铁建设的序幕。12 月 23 日贵广铁路全线开工誓师大会在贵阳召开，标志着工程建设进入实施阶段。贵州省首期投资 24.5 亿元，其中中央预算内资金 20 亿元，铁道部资本金 1.5 亿元，贵州省资本金 3 亿元。12 月将贵州路段分为 13 个标段公开招标，施工单位有中铁二局股份有限公司、中铁隧道有限公司、中铁五局集团有限公司、中铁十八局集团有限公司、中交第二公路工程局有限公司、中铁十二局集团有限公司、中铁二十三局集团有限公司、中铁十三局集团有限公司、中铁十四局集团有限公司、中国水电建设集团路桥工程有限公司、中铁十六局集团有限公司、中国水利水电第十四工程局有限公司，监理单位有成都大西南监理公司、郑州中原铁道建设监理公司、北京铁严建设监理有限公司、甘肃铁科建设工程咨询有限公司、北京铁建建设监理公司、铁二院咨询监理有限公司。

2008 年计划完成投资 24.5 亿元，实际完成 8.15 亿元，主要用于征地拆迁和实物采购。2009 年初贵广高铁进入施工准备阶段，调集建设单位施工人员 45107 人，进场机械设备共 13655 台套。强力推进征地拆迁，完成便道建设 2032 公里，便桥 7671 米，修建临时房屋 59 万平方米，临时电线路 1260 公里，建混凝土搅拌站 164 座。2000 年进入全面施工阶段，完成土石方工程 2883 万立方米，占总设计量的 47%，完成桥梁工程 77480 延米，占总设计量的 32%，完成隧道工程 261648 成洞米，占设计总量的 56%，累计完成投资 282.76 亿元，其中 2010 年完成投资 175.36 亿元，超额完成铁道部下达的投资计划 15.6 亿元。2011—2012 年进入攻坚阶段，重点是三都隧道、岩山隧道、同马山隧道、黄岗隧道、洛香隧道及莫家寨双线特大桥等控制性工程。2013 年进行铺轨、安装接触网，2014 年 9 月贵广高铁贵州段竣工，12 月全线贯通，12 月 26 日正式通车。

复兴号动车行驶在贵广高铁线上

贵广高铁开通以前，从贵阳到广州必须绕行湘黔铁路，在株洲转乘京广铁路的火车，行车时间 20 余小时。贵广高铁设计时速为 250 公里，从贵阳到广州只需 4 个多小时，极大缩短了贵阳广州两地的空间距离，朝发午至，把贵阳与珠江三角洲紧密联系起来。贵广高铁通车后，开出贵阳北至广州南等动车组。贵广高铁与广厦高铁连接，开出贵阳至厦门两对高铁，后又开出贵阳至福州高铁。贵广高铁在广西与湘桂铁路连接，开出贵阳至南宁动车组和贵阳至梧州 D2814 动车组，贵阳至北海动车组。广州南至深圳北的高铁 2011 年已建成通车，2015 年底延伸至福田，开出贵阳北至佛山一对动车组，贵阳北至珠海 D2827 动车组，贵阳北至深圳北高铁。2018 年广深港高铁建成，全长 141 公里，其中内地段（广州南至深圳北）已建成通车 115 公里，香港段 26 公里。香港段由香港特别行政区全资兴建，并建成长 54 公里的港珠澳世界第一跨海大桥，运营时速 200 公里，沿途不设车站，由深圳直达香港西九龙，使用流线型高颜值的动感号动车组。目前由昆明开出经停贵阳至香港西九龙的一对高铁，运行里程 1008 公里，贵阳至香港历时 5 小时 13 分钟。

贵广高铁把贵州推进"高铁时代"，接着修建贵昆高铁、渝贵快铁、成贵高铁，形成西北西南出海的快速通道，对西部地区经济发展产生巨大而深远的意义。贵广高铁经过西南复杂艰险的山区，穿越发育的喀斯特地貌，是我国第一条穿越喀斯特的超级铁路，为贵州高速铁路的建设在技术和施工上提供了许多宝贵经验，对贵州的高速铁路建设有重要的借鉴意义。贵广高铁建成通车，把贵州与珠江三角洲、港澳、福建沿海紧密联系起来，极大缩短了空间距离，千里之遥可以"朝发午至"或者是"午发夕至"。

（二）沪昆高铁

沪昆高速铁路又称沪昆客运专线，东起上海虹桥，西经杭州、南昌、长沙、贵阳至昆明，全长 2252 公里，是我国东西向线路里程最长的一条客运专线，是《国家中长期铁路规划》"八纵八横"中重要的"一横"，是"四横四纵"综合运输大通道的重要组成部分。沪昆高铁经过上海市、浙江省、江西省、湖南省、贵州省和云南省，是经过省区最多的一条客运专线，将华东、华中与西南紧密联系起来，从东海之滨、长江三角洲直达西南的贵州、云南，是西南出海的快速通道。沪昆客运专线由沪杭（上海

2010 年 3 月 26 日，沪昆铁路客运专线长沙至昆明段建设动员大会在贵阳召开

至杭州）客运专线、杭长（杭州至长沙）客运专线和长昆（长沙至昆明）客运专线组成。沪杭客运专线长 169 公里，杭长客运专线长 883 公里，2006 年以前已经开通，时速 300 ~ 350 公里，亟待修建的是长昆（长沙至昆明）客运专线，全长 1138 公里，其中湖南境内 408 公里，贵州境内 544 公里，云南境内 188 公里，命名为长昆客运专线，开通后均统称沪昆客运专线即沪昆高铁。

2008 年 8 月铁道部分别与湖南省人民政府、贵州省人民政府、云南省人民政府签订《关于加快推进湖南铁路建设的会议纪要》和《关于加快云南铁路建设有关问题的会议纪要》，明确提出抓紧启动沪昆客运专线长沙经贵阳至昆明段前期研究工作，纳入"十一五"开工计划，11 月底中铁第二设计院完成了长沙至昆明段客运专线的预可行性研究，并于 12 月 6—7 日在长沙进行评审。2008 年 12 月底至 2009 年 4 月中铁二院开展玉屏至昆明段初测和可行性研究，4 月 15 日完成可行性研究报告，铁道部鉴定中心组织专家到现场调研，对可行性研究报告送审稿提出修改意见，中铁二院于 6 月 30 日正式提交可行性研究报告，7 月 27 日国家发改委批复《关于新建长沙至昆明铁路客运专线项目建议书》，2009 年 7 月至 10 月，中铁二院全面开展定测和初步设计，2010

年 6 月 29 日铁道部批准了《关于新建长沙至昆明铁路客运专线的初步设计》，设计线路等级为客运专线，正线为双线，正线间距 5 米，设计行车速度 250 公里 / 小时，基础设施预留进一步提速条件，最小曲线半径 4500 米，最大坡度 20‰，部分地段 24‰，到发线有效长度 650 米，列车类型为电动车组，列车运行控制方式为自动控制，运输调度方式为综合调度集中。

长昆线贵州段 544 公里，东起铜仁地区玉屏县，经黔东南州镇远县、三穗县、施秉县、台江县、凯里市、凯里经济开发区、麻江县，再经黔南州福泉市、贵定县、龙里县、贵阳市乌当区、白云区、金阳新区（现观山湖区）、云岩区、清镇市、花溪区、南明区、安顺市平坝县、西秀区、镇宁县、关岭县，然后经黔西南州晴隆县、普定县和六盘水市盘县至云南富源县，设有铜仁南、三穗、凯里南、贵定北、贵阳东、贵阳北、贵安、平坝南、安顺西、关岭、普安、盘州 12 个车站，拆迁面积 536613.6 平方米，征地 42506.12 亩。区间路基土石方 2807.64 万断面方，站场土石方 1919.93 万断面方，路基附属工程既有加固防护，支挡结构坊工 299.452 万方，土木材料防护网 1286.395 万平方米，旋喷桩、水泥搅拌站、CFG 桩 572.628 万米，桥梁 317 座，其中

高铁北盘江特大桥

特大桥 82 座、大桥 165 座、中桥 70 座、小桥 24 座，共 124288.89 延米，涵洞 360 座
10102.86 延米。隧道 24 座，其中 4 公里以上长隧道 19.5 座，34 公里隧道 9 座，23 公
里隧道 18 座，1 ~ 2 公里隧道 32 座，1 公里以下隧道 145 座，共计 328687 延米，正
线铺轨 1120.882 公里，包括有砟轨道、无砟轨道、铺道砟等工程，站线 43.107 公里，
包括有砟轨道、无砟轨道、铺道砟、铺新岔等工程。

　　主体工程是桥梁和隧道，全段桥隧比为 81%，其中关岭站至黔边界胜境关 129.9
公里的桥隧比高达 92.81%。重点工程有北盘江、坝陵河、岔河三座特大桥和栋梁坡、
格冲、茅坪山、大独山、岗乌等 5 座长隧道。北盘江特大桥跨越盘州境内的北盘江，
河道蜿蜒曲折，河谷深切，河床宽约 60 米，水流湍急，水深 4 ~ 7 米，桥上的上方距
光照水电站 500 余米，线路穿过岗坞隧道横跨北盘江，桥尾紧接光照隧道进口，桥长
726.83 米，主桥采用 445 米上承式钢筋混凝土拱桥，引桥及拱上孔跨布置为 1 ~ 32 米
简支箱梁 +2 ~ 65 米预应力混凝土 T 构 +4 ~ 40 米连续梁 +1 ~ 40 米连续梁 +2 ~ 65
米预应力混凝土 T 构 +2 ~ 48 米预应力混凝土 T 构。坝陵河特大桥全长 545.98 米，桥
跨布置为 2 ~ 32 米简支箱梁 +（88+168+88）米连续钢构 +2 ~ 32 米简支箱梁 +1 ~ 24
米简支箱梁 +1 ~ 32 米简支箱梁，最高桥墩高 98 米，工期 31 个月。岔河特大桥全长
487.53 米，孔跨布置为 1×32 米 +88 米 +168 米 +88 米预应力钢构 +（36+56+36）米
连续梁，最高桥墩高 103 米，工期 32 个月。栋梁坡隧道全长 9293 米，三级围岩 4844
米占隧道总长 52.1%，4 级围岩 2822 米占总长 30.4%，5 级围岩 1627 米占总长 17.5%，
为二级风险隧道。格冲隧道全长 6263 米，隧道三级围岩 4815 米占总长 76.9%，4 级
围岩 1199 米占总长 19.1%，五级围岩 240 米占总长 4%，三级风险隧道，工期 30 个
月。茅坪山隧道全长 7728 米，三级围岩 3910 米占总长 50.6%，4 级围岩 2610 米占总
长 33.7%，5 级围岩 240 米占总长 3%，二级风险隧道。大独山隧道全长 11912 米，可
溶岩长度为 9063 米，占全隧道长度的 76%，隧道最大埋深约 380 米，深度断层破碎带
发育，区域断层 7 处，物探解析断层 11 处，下穿暗河 1 处，部分段落处于水平循环带
内，隧道二级围岩长 2930 米占全长 24.6%，三级围岩长 3300 米占全长 27.8%，四级围
岩 4500 米占总长 37.8%，五级围岩 2930 米占全长 24.6%，隧道地质复杂，为一级风险
隧道。岗乌隧道全长 13174 米，隧道纵坡设计为 15‰ 和 25‰ 构成的单面下坡，隧道二
级围岩 510 米占总长 3.87%，三级围岩 6265 米占总长 47.5%，四级围岩 3760 米占总长

沪昆高铁穿梭在贵州崇山峻岭中

28.5%，5 级围岩 2655 米占总长 20.1%，为一级风险隧道。特大桥和长隧道是沪昆高铁贵州段的控制性工程，不但反映了工程的艰巨，而且可以看出建筑技术水平高超。

2010 年 3 月 26 日，沪昆铁路客运专线长沙至昆明段建设动员大会在贵阳召开，11 月 9 日中共贵州省委、贵州省人民政府召开全省铁路建设大会，省委书记栗战书在会上强调，"抢抓机遇，坚定信心，举全省之力，加快铁路建设，努力突破制约贵州省发展的交通瓶颈，为推动跨越发展和实施工业强省战略、城镇化带动战略提供强有力支撑"。沪昆高铁贵州段由铁道部和贵州省共同出资修建，总投资 680.08 亿元，施工分为 12 个标段和 6 个监理标段，公开招标，施工单位有中国水利水电第七工程局有限公司、中铁三局集团有限公司、中国交通建设股份有限公司、中交第一公路工程有限公司、中铁十七局集团有限公司与中铁二十四局集团福建铁路建设有限公司联合体、中铁二十三局集团有限公司、中铁十四局集团有限公司、中铁五局集团有限公司、中铁二十局集团有限公司、中铁大桥局股份有限公司、中铁十三局集团有限公司、中铁二十二局集团有限公司，监理单位有四川铁科建设监理有限公司和意大利 GEO DATA 公司联合体、西安铁一院工程咨询监理有限责任公司和韩国铁道设施公司联合体、甘肃铁科建设工程咨询有限公司和日本社团法人海外铁道技术学历协会联合体、河南长城铁路工程建设咨询有限公司和美国哈莫尼公司联合体、北京铁研建设监理有限公司和柏诚工程技术北京有限公司联合体、北京铁研建设监理有限公司和柏诚工程技术北京有限公司。施工分为东西两段，东段贵阳至长沙计划工期 4 年，西段贵阳至昆明工期 4 年半，2010 年 12 月岗乌隧道、茅坪山隧道、格冲隧道、大独山隧道、栋梁坡隧道陆续开工，累计完成投资 20 亿元，2014 年桥梁隧道陆续竣工，进行铺轨，东段 2015 年建成通车，西段 2016 年竣工，全线贯通后于 2016 年 12 月 28 日全线通车。

沪昆高铁开出的高速列车和动车组众多，先后有贵阳至凯里、贵阳至铜仁、贵阳至南昌、贵阳至杭州开出高速动车。贵阳至长沙开出 3 对高速动车；贵阳至上海开出 4 对高速动车，由贵阳至上海的行车时间由原先的一天一夜缩短至 8 小时。

沪昆高铁开通后进入全国高铁路网，与京沪、京广及其他高铁连通，开出宁波方向、济南方向、北京方向的高速动车。开出贵阳至北京的高速动车及动车组，贵阳至北京的行程由原先的一天一夜缩短至 8 小时，缩短了贵阳至首都的空间距离。

沪昆高铁是北京、上海、广州及成都、重庆、贵阳进入云南最便捷的通道，开出的高速动车和动车组最多，开出贵阳至盘州和贵阳至玉溪的高速动车。贵阳至昆明开出的高速动车有 12 对，由贵阳至昆明的行车由 12 小时缩短至 2 小时。

沪昆高铁贵州段虽然只有 544 公里，但控扼云南出海通道，由于这条高速铁路经过许多城市，由西南直通长江三角洲，并通过京广高铁把贵州与京津冀联系起来，拓展路网，使贵州能四通八达，与全国发达地区紧密联系起来。沪昆高铁在贵阳北站与贵广高铁连通，通车范围更广。

（三）渝贵快铁

渝贵铁路亦称渝黔铁路，在既有川黔铁路技能改造的基础上形成，1991 年 12 月川黔铁路电气化改造完成，客货运输量急剧增加，2007 年已达饱和状态，当年全线完成货物发送量 1281 万吨，货物到达量 658 万吨，重庆至石门坎段上行 2000 万吨，下行 480 万吨，沿线旅客发送量 433 万人次，客流密度除遵义至贵阳段为 567 万人次外，其余各段均在 400 万 ~ 450 万人次，以綦江、赶水、遵义、桐梓、息烽最为集中，遵义路开出遵义至上海、遵义至北京的直达列车，旅客发送量占全线的 55%。重庆西至赶水北，每日通过客车 12 对，货车 22 对，通过能力 40.5 对，能力利用率达到 95.3%，输送能力达到 1594 万吨 / 年。赶水北至南宫山，每日通过客车 12 对、货车 18 对，通过能力 43.5 对，能力利用率达 79.3%，输送能力 1475 万吨 / 年。南宫山至贵阳南，每日通过客车 12 对，货车 20 对，通过能力 48.5 对，能力利用率达到 81.5%，输送能力 1568 万吨 / 年，最快旅客列车 K167 次，旅行时间为 8.5 小时，行车速度为 54.5 公里 / 小时，最慢的旅客列车行车速度仅 39.2 公里，所有客车行车速度平均为 45.5 公里，远远低于贵州其他铁路客车的平均时速；货物列车的速度为 21.7 公里 / 小时，也低于其他线路的时速，这种状况很难适应经济社会的发展，必须再一次进行扩能改造。

1998 年国家规划建设兰（州）渝（重庆）高速铁路、贵广高速铁路，川黔铁路成为连接这两条干线的咽喉路段，新建渝黔铁路提上日程。2007 年 3 月中铁二院编制《川黔线路增建第二线可行性研究报告》，后因急于修建渝怀（重庆至怀化）铁路被搁置。兰渝、贵广两条高铁动工后，2007 年 3 月中铁二院（原铁二院）编制了《川渝黔铁路

一列动车通过渝贵高铁乌江大桥

新通道规划研究》，6月又受重庆市委托编制《重庆至贵阳扩能改造预可行性研究报告》，2008年12月中铁二院根据铁道部要求完成了《改建重庆至贵阳线预可行性研究报告》。2009年3月国家发改委批复《关于重庆至贵阳铁路扩能改造工程项目建议书》，8月中铁二院完成了《改建铁路重庆至贵阳线扩能改造工程可行性研究报告》，11月又完成《改建铁路重庆至贵阳扩能改造工程初步设计》，2010年12月铁道部批复《关于重庆至贵阳铁路扩能改造工程初步设计》。

按国家发改委批复的建设方案，渝黔铁路自重庆西站引出，经綦江、遵义、息烽至贵阳北站，正线全长347公里，其中重庆市境内115公里，贵州省境内232公里，由铁道部、重庆市、贵州省共同修建，总投资531.9亿元，采用既有川黔铁路现状利用，新建双线，形成三线规模的建设方案。经过综合比较，线路基本沿既有川黔铁路走向至重庆枢纽引出，经綦江、赶水进入贵州，穿越凉风垭分水岭至桐梓，顺既有线路经泗渡接入遵义站，出站后跨乌江经息烽至白云站进入贵阳枢纽。沿线设璜南站、綦江车站、赶水东站、桐梓北站、桐梓东站、娄山关南站、遵义站、龙坑站、遵义南站、息烽站、修文站、贵阳东站到贵阳北站。设计主要技术标准铁路等级为国家铁路一级，正线为双线，线间距4.4米，旅客列车设计时速为200公里/小时，限制坡度9‰，加力坡18‰，最小曲线半径3500米，重庆、贵阳枢纽阶梯分布，牵引类型为电力动车，到发线有效长度850米，双机地段为880米，列车控制方式为自动控制，行车指挥方式为调度集中。

新建双线铁路建筑总长度451.392公里，其中正线344.533公里，重庆枢纽77.565公里，贵阳枢纽29.294公里，包括路基铺轨、接触网安装及土石方工程，正线桥梁211座共80717延米，占线路长度的23.43%，建隧道115座共171326延米，占线路长度的49.73%，桥梁隧道总长252043延米，桥隧比73.16%。重点工程重庆段主要是新白沙沱长江大桥采用（81+162+432+162+81）米钢桁梁斜拉桥，上层桥面为四线客运线，下层桥面为双向货车线。贵州境内主要工程有天坪隧道、夜郎镇特大桥和遵义东站。天坪隧道位于桐梓县北，隧道进口在天坪乡柏香湾村，出口在新站镇岗上村，全长13978.252米，是渝黔铁路最长的隧道，总工期45个月，还不包括无砟轨道施工工期。夜郎镇特大桥位于桐梓县夜郎镇凉水村与新站镇交界处，跨越郎河谷，地面高程510～829米，全长1116.78米，是贵州最大的铁路桥梁。主桥采用1～370米上承式又开出重庆西至长沙南、重庆西至南昌，重庆西至郑州东高速动车。渝贵铁路开通后，与贵广高铁形成通往珠江三角洲的快速通道，开出佛山西至重庆西的动车组多达 6 次。

成都是西南的重要城市，渝贵铁路通车后，贵阳至成都的 G8666 次高速动车只需 5 小时 22 分；成都至贵阳的 G8655 次高速动车由成都东开出，只需 3 小时 53 分，旅行时间缩短将近一半。2020 年 7 月 2 日首次开出贵阳至兰州 D808 次直达动车，单程运行里程 1214 公里，历时 11 小时 13 分钟。

渝贵快速铁路往北连接成渝高铁，西安成都高铁及兰渝铁路，往南与贵广高铁连通，不但形成四川省、重庆市、贵州省直达珠江三角洲的快速通道，而且是国家"八横八纵"高铁路网中包兰通道（包头—西安—重庆—贵阳—南宁—海南海口）和兰广通道（兰州—成都—重庆—贵阳—广州）的重要组成部分，将西北、西南、华南紧密联系起来，成为西部大开发的重要命脉。渝贵快铁将成渝高铁、西成高铁、成贵高铁、沪昆高铁、贵广高铁串联起来，形成西南高铁路网，对加强云贵川渝四省市经济合作、文化交流起了重要作用。渝贵高铁与沪昆高铁、贵广高铁、成贵高铁在贵阳北站交会，使贵阳北站成为西南特大枢纽。

（四）成贵高铁

成贵高铁亦称成贵客运专线，起自成都东站，经四川双流、新津、彭山、乐山、屏山、宜宾、长宁、兴文、云南威信、镇雄、贵州毕节、大方、黔西、清镇、白云到贵阳东站，全长 648 公里。成都至乐山段已于 2014 年 12 月 20 日建成通车，此次新建乐山至贵阳客运专线长 515 公里，其中四川段 259 公里、云南段 79 公里、贵州段 177 公里，由四川、云南、贵州三省共同修建，总投资 780 亿元。

2008 年 12 月，铁道部发展计划司对成贵铁路乐山至贵阳段勘察设计进行招标，中铁二院竞标成功。2008 年 12 月至 2009 年 4 月，中铁二院确定线路方案，并开展大范围地质调查，完成了《成贵线煤系地层、采空区专项地质》《成贵线岩溶水文地质、专项地质》和《成贵线浅层天然气专项地质工作》三项地质专题研究报告，接着编制《成贵铁路预可行性研究》文件。2009 年 5 月，中铁二院根据铁道部发展计划司现场调研和审查意见，编修《成贵铁路可行性研究》，接着开展成贵铁路初测及可行性文件编制。其间，铁道部总工程师何华武率铁道部计划司、建设司、科技司、运输司及鉴定

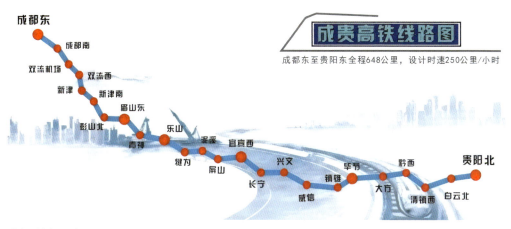

成贵高铁站点示意图

中心、工管中心领导人，对成贵铁路可行性研究进行现场调研，中铁二院根据调研对部分线路方案做了调整，编制《新建成都至贵阳铁路乐山至贵阳段可行性研究报告》，6月四川省、云南省、贵州省联合报送《新建成都至贵阳铁路乐山至贵阳段项目建议书》，国家发展改革委员会委托中国国际咨询公司组织专家在北京进行评估，又经铁道部工程鉴定中心审查，12月国家发展改革委员会批复《关于新建成都至贵阳铁路乐山至贵阳段可行性研究报告》。2010年4月中国国际工程咨询公司组织专家组进行现场调研，并在成都对可行性研究报告进行评估，12月国家发展改革委员会批复《中铁二院关于报送新建成都至贵阳铁路乐山至贵阳段可行性研究报告》。

中铁二院根据可行性研究报告作出设计方案，确定技术标准，铁路等级为客运专线，正线数目为双线，正线间距离4.6米，设计行车速度为250公里/小时，最大坡度一般为20‰，困难地段为25‰，个别地段为30‰，最小曲线半径4000米，个别地段为3500米，贵阳枢纽为2200米，牵引种类为电力，到发线有效长度600米，列车运行控制方式为自动控制，行车指挥方式为调度集中。全线设14个车站，其中双流西、新津南、眉山东等4站已建成使用，新建四川境内长宁、兴文两站，云南境内威信、镇雄2站，贵州境内毕节、大方、黔西、清镇西、白云北、贵阳东6站。毕节至贵阳的线路走向，确定线路自毕节站接出，跨吊南河、落脚河，经大方站后穿越大冲子隧道进入黔西站，出站后穿越铁盔山隧道，跨鸭池河，经清镇至终点，线路长度100.407公里。

南方向轨道，往南铺筑大方、黔西、清镇、白云轨道，正线铺轨512公里（按双线计算），于2018年12月完成。2019年2月开展轨道精调、接触网和信号等静态检测，9月开展动态检测（即联调联试）。12月2日成贵高铁进入全线拉通空载模拟运行阶段，实验列车当日7时50分从贵阳北站开出，经成贵高铁全程，11时41分到达成都东站，运行时间为3小时51分。12月14日中国铁路成都局集团有限公司发布消息，成都至贵阳高速铁路宜宾至贵阳段于12月16日开通运营，标志着成贵高铁全线通车。此前，成都至乐山段2014年底已通车，乐山至宜宾段2019年6月通车，此次开通的是宜宾至贵阳段，全程372公里，时速250公里。运营初期（2019年12月16日至12月29日），开行动车组20对，大部分为"C"字头动车组，其中贵阳北至毕节10对，贵阳北至成都东、成都南2对，贵阳北至宜宾西1对，贵阳北至绵阳1对，共计"C"字头动车组14对。又开出昆明南经贵阳北至宜宾、成都的几对"G"字头高速动车组，贵阳北至成都南的G6008次为一站直达高速动车组，从贵阳北站出发，51分钟到达毕节，2小时58分钟到达成都。2018年12月30日按全国铁路运行图进行调整，将开行动车组列车44对，高峰线增加14对，开出成都经由成贵高铁成都东至杭州东1对，广州南至成都东6对，成都东至昆明南6对，贵阳北至成都东12对，贵阳北至毕节

毕节高铁站

10 对，改由成贵高铁运行的动车组 11 对。珠海至成都东 D1842/1 次、南宁东至成都东 D1786/7 次，桂林北至成都东 D1838/7 次，成都东至广州南 D1801/2 次、D1825/10 次，在成都东至贵阳北区间不再经由成渝高铁和渝贵铁路，改由成贵高铁运行。广州至成都东的 D1853/6、D1855/4 次，改由成贵高铁运行，并延长到绵阳；D1857/60、D1859/8 次改由成贵高铁运行，并延长到德阳；广州南至成都东 D1806/7 次、D1824/1 次，改由成贵高铁至上海、广州、昆明等地动车组列车。12 月 16 日首次开出"和谐号"CRH380D 型动车组联挂列车，定员 1112 人，时速可达 380 公里，但仍按 250 公里 / 小时速度开行。成贵高铁使用的车型有 CRH380D、CRH380A、CRH3A、CRH2A 四种，是目前贵州高铁中运营车辆最多的高铁。

　　经过 12 月 16 日至 29 日的过渡期，从 12 月 30 日起成贵高铁列车运行图作了很大变更，新增了 39 对日常动车组，将原由成渝高铁、渝贵高铁运行的 11 对动车组改由成贵高铁运行，并调整运行区段 4 对，新增高峰线动车组 4 对，高峰线调整区段 1 对，共增开 43 对动车组。新增日常线 39 对。厦门北至成都 1 对，长沙南至成都东 1 对，上海虹桥至成都东 3 对。成都东至长沙南 G2167/6、G2165/8 次，改由成贵高铁运行，并延长至南昌西终到始发。昆明南至成都东 G2888/9 次、G2892/1 次，改由成贵高铁运行。调整运行区段 4 对：温州南至贵阳北 G2301/3 次、G2304/1 次延长到宜宾西，改为 G2302/3/2、G2301/4/1 次；柳州至重庆西 D1796/1 次调整为柳州至成都东；贵阳北至温州南 G2308/3、G2306/7 次延长至毕节，改为 G2305/8/3、G2306/7/6 次；贵阳北至广州南 D2815/30 延长至宜宾西。新增高峰线 4 对：佛山西—成都东（南）2 对，车次为 D4802/01、D4804/3 次；防城港至成都东 1 对，车次为 4812/1 次；成都东至贵阳北 1 对，车次为 C5961/2 次。高峰线佛山西至贵阳北 D4252/1 次延长至成都东，改由成贵高铁运行。

　　成贵高铁建成后，与渝贵快铁、成渝高铁形成全国首条跨省高铁环线，将四川省、贵州省、重庆市高铁连接起来。2020 年 4 月 11 日开出成都东至成都东（C6017）城际高速动车，由成都东站出发，途经眉山东、乐山、宜宾西、镇雄、毕节、黔西、贵阳北、遵义、綦江东、重庆西、永川东、荣昌北、内江北、资阳北返回成都东，全长 1300 公里，历时 8 小时 9 分。同时又开出贵阳北至贵阳北、重庆西至重庆西 2 趟环形动车组列车，标志着首条跨省环线高铁正式开通。

　　成贵高铁是一条高标准、大能力、快速度的双线客运专线，建成后使西南高铁路网更加完善。高铁缩短了云贵川三省中心城市及重庆直辖市之间的空间距离，成都在贵阳人的心目中最为遥远，从贵阳走驿道到成都大约需要走十天半月，走普通公路至少5天时间，走高速公路约8小时，走普通铁路10～12小时，如今高速铁路只需2小时53分，可谓是天涯若比邻，把贵阳、成都两地纳入3小时交通圈。成都到昆明也相当遥远，通过成贵高铁、沪昆高铁也进入了3小时交通圈，贵阳至昆明普通铁路要坐8～10小时，现在通过沪昆高铁只需要2小时，贵阳昆明两地跨入了2小时交通圈。川黔铁路开通后电力机车要走8.5小时，现走渝贵快铁只需2小时，也进入了2小时交通圈。贵阳至毕节走普通公路从早到晚，走毕节公路至少半天，如今成贵高铁

国 内 首 条 跨 省 高 铁 环 线

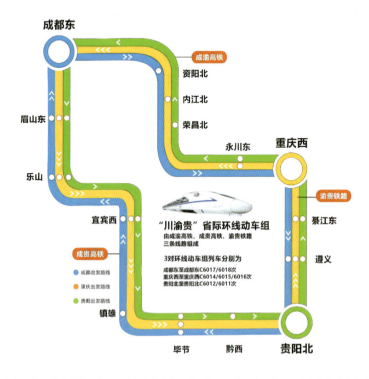

渝贵快铁、成渝高铁形成全国首条跨省高铁环线，将四川省、贵州省、重庆市高铁连接起来

动车只需 51 分钟，11:00 从贵阳出发，12:00 便可在毕节吃午饭。成贵高铁在成都枢纽与西安成都高铁连接，动车可达西安，在重庆枢纽与兰渝铁路连接，可达兰州，将西南、西北连成一线，从 12 月 31 日起开出贵阳北至太原南的 D1360 次动车组，经停遵义、綦江东、重庆西、合川、南充北、阆中、广元、汉中、佛屏、西安北、大荔、永济北、运城北、灵石东、介休东、祁县东、太谷西至太原南，运行里程 1856 公里，贵阳北站 7:50 发车，当天 18:03 抵达太原，历时 11 小时 13 分钟。成贵高铁在贵阳枢纽与贵广高铁连通，可直达珠江三角洲、港澳及厦门，与沪昆高铁连通可直达长江三角洲，构成四川南下东进的两条快速通道。

成贵高铁是《铁路工程绿色通道建设指南》颁布后设计、施工的一条高速铁路，在线路设计上遵循环保创新安全的理念，强调绿化景观，体现四川盆地、云贵高原的地理特点、文化和经济特征，使旅客能感受到多种多样的自然景观和丰富多彩的地域文化。成贵高铁是一条黄金旅游线，沿途有许多名胜古迹、自然景观，成都是蜀国古都，"锦江春色来天地"，附近有三星堆、金沙沟遗址、都江堰、青城山，城中有杜甫草堂、武侯祠、青羊宫、望江楼、宽窄巷子、昭觉寺、文殊院等名胜，成都小吃闻名遐迩，到了新津，观音寺的壁画值得一看，佛像均为工笔重彩，笔法流畅，端庄凝重，色彩鲜艳，叹为观止。往前是眉山，"三苏祠"是北宋文学家苏洵、苏轼、苏辙的祠堂，诗词、散文彪炳千秋，令人景仰。距眉山不远的峨眉山是佛教四大名山之一，山势逶迤，峰峦起伏，雄秀幽绮，素有峨眉天下秀之誉，山上有万年寺、仙峰寺、报国寺等名寺，金顶海拔 3077 米，可以看到佛光。乐山大佛乃天下奇观，这里是岷江、青衣江、大渡河三江汇合处，大佛屹立江边，高 71 米，"山是一座佛，佛是一座山"，堪称世界文化遗产。到了宜宾市有翠屏山、流杯池等胜景，还有赵一曼纪念馆。兴文石林方圆 10 余公里，形状诡异，突兀峥嵘。毕节市有大屯土司庄园，有川滇黔省革命委员会旧址，大方彝族文化丰厚，有奢香墓和奢香博物馆，还有古老的"九层衙门"，黔西县的百里杜鹃绵延数十里，万紫千红，美不胜收，清镇有红枫湖国家级名胜风景区，贵阳市有十里河滩明如镜的花溪，有占地 300 多公顷的都市森林公园黔灵山，有银河倒悬的天河潭，有文化丰厚的青岩古镇，还有甲秀楼、文昌阁、阳明祠等胜景，从成都一路走来，沿线风光迤逦，站站有景。

（五）贵南高铁

贵南（贵阳至南宁）高铁，亦称贵南客运专线。这条高速铁路是《国家中长期铁路网规划（2023 年）》中包头至海口高铁主通道的重要组成路段。起初选择的线路是由贵阳经桂林、南宁至北海，长 805 公里，后选定贵阳经都匀、荔波、马山至南宁的路线，长 533 公里，2016 年 9 月国家发改委批复了《贵阳至南宁铁路可行性研究报告》，2017 年 6 月中国铁路总公司批准了贵南铁路设计方案，2018 年纳入《国家铁路"十三五"发展规划》完成招投标后全面施工。

动车高速行驶在贵南高铁线上

　　贵阳南宁高铁起于贵安新区，经龙里北、贵定、都匀东、独山东、基长、荔波、捞村、环江、河池、永安、都安、马山、武鸣至南宁东，正线长 482 公里，其中贵州段 199 公里，广西段 283 公里，铁路等级为双线客运专线，设计时速 300 公里，高速动车列车运行为自动控制，行车指挥方式为调度集中。贵南高铁由贵州高原斜切入广西，经过喀斯特山区，沿线河谷深切，地质构造复杂，计划新建桥梁 188 座，全长 178 公里，新建隧道 106 座，全长 252 公里，桥隧比 89%，是目前世界上桥隧比最高的高速铁路。现在的选线比原先缩短 313 公里，工期由 6 年缩短至 4 年，于 2023 年 8 月 31

贵南高铁示意图

日建成通车。贵南高铁建成后由贵阳至南宁只需 2 小时，比普客列车缩短 11.5 小时，比绕行贵广、湘桂高铁的动车缩短了 3 小时。贵南高铁与成贵高铁及西成高铁、成南高铁、渝贵铁路相接，构成了一条西北西南地区南下的快速通道，使贵州与北部湾和东盟国家紧密联系起来。贵南高铁建成后，以贵阳为中心的西南高铁枢纽将最终形成，东通华中、华东，西通云南，北通重庆、四川及西北地区，南通珠江三角洲和北部湾，黔桂铁路的运力将进一步释放，客运减少货运能力增强，从而成为南下的物流大通道。

（六）城际铁路

贵州进入高铁时代的又一重要标志是建设以贵阳为中心通往省内 8 个市州中心城市的城际铁路网，逐步形成省会与中心城市间 1 ~ 2 小时快速通道的城际铁路。《中国中长期铁路网规划》中高速铁路是指国家铁路干线，设计时速 250 ~ 350 公里。城际铁路是省市统筹、国家审批、支持建设的铁路支线，设计时速一般为 200 公里。贵阳市域铁路性质与城际铁路相同，主要是连接市属各区市县的铁路交通。毕节市和黔东南州首府凯里市均在高速铁路线上，1 小时内即可到达贵阳，不必再建城际铁路。遵义市在渝贵快铁线上，虽然设计时速为 200 公里，亦可视为重庆与贵阳间的城际铁路，但渝贵铁路是国家铁路干线，故不以城际铁路相称，而称为渝桂快速铁路，2 小时内亦可到达贵阳。黔南自治州首府都匀市在黔桂铁路线上，黔桂铁路经过扩能改造，1 小时内即可到达贵阳，也不必再建贵阳至遵义的城际铁路。铜仁市、六盘水市和黔西南自治州首府兴义市，距离省会城市较远，又无高速铁路，修建玉屏铜仁、安顺六盘水、盘州兴义城际铁路势在必行。根据需要又拟建水城盘州、六盘水威宁、都匀凯里等城际铁路。

贵州开通的铜仁至玉屏城际铁路，从渝怀铁路铜仁站引出，经万山朱砂古镇站，在玉屏县大宗坪线路所与沪昆高铁接轨，全长 47.7 公里。建设标准为国家一级双线客运专线，设计时速 200 公里，使用"和谐号"CRH380A 高速列车，铜仁站与渝怀铁路火车站共站，新建朱砂古镇站。2015 年 5 月 1 日动工修建，2018 年进行铺轨，9 月 12 日起进行动态检测、对轨道、通信、信号、噪声振动、客运服务等 13 个项目开展全面、精确的测试，历时两个月，进入开通前最重要的联调联试阶段。2018 年 12 月底投入运营。铜玉铁路与沪昆高铁衔接，从铜仁市碧江区至贵阳北站里程 314 公里，开出高速动车组 5.5 对，其中贵阳北至铜仁 4.5 对，铜仁至广州南 G 字头动车组 1 对。周末和节假日安排 2 对贵阳至铜仁 G 字头动车组，以应对客流高峰所需。

第三条是安顺六盘水城际铁路，它是《贵州铁路网规划》中安顺至六盘水至威宁城际铁路中的重要路段，起自沪昆高铁安顺西站，往西经安顺经济开发区、普定县、六枝特区、水城特区、六盘水市钟山区，在水城站与沪昆铁路接轨，利用六盘水沾益铁路复线，引入六盘水站，全长 117.8 公里。这条铁路按照高速铁路标准设计，铁路等级为客运专线，正线为双线，设计客车行车速度为 250 公里，高速动车列车运行控制方式为自动控制，行车指挥方式为机调度集中，总投资 151.21 亿元。安六铁路穿行于贵州西部喀斯特山区，全线有桥梁 80 座，隧道 62 座，桥梁隧道总长 89.96 公里，桥隧比为 76.89%，茨竹林隧道全长 4572 米，是全线最长的隧道，岩脚隧道长 2407 米，是一座高瓦斯隧道，2015 年 11 月动工修建，2017 年开始架桥，11 月茨竹林隧道贯通，2018 年 2 月岩脚隧道贯通，标志主体工程基本完成。2018 年 6 月开始铺轨，先是从黄桶北 1 号特大桥处向安顺西站方向铺轨，到达安顺西站后，铺轨机返回黄通北铺轨基地，反向铺轨到六盘水站，2019 年 5 月全线铺轨完毕，2020 年 4 月完成静态和动态测试，2020 年 7 月 8 日通车。沿线设安顺西、黄桶北、六枝南、长箐、冷坝、六盘水东、六盘水等 7 站。安六铁路建成将六盘水市纳入全国高铁客运网，从六盘水市到贵阳的旅行时间从原来的 3.5 小时缩短至 1 小时。通过安六铁路、沪昆高铁及京广高铁、贵广高铁从六盘水到北京 8 小时，到上海 8 小时，到广州 6 小时。

安六铁路与六盘水威宁铁路是《贵州省铁路网规划》中的安顺—六盘水—威宁城际铁路，六威城际铁路实际上是安六城际铁路的延伸，东端与安六铁路连接，西北端接在建的渝昆高铁，全长 70 公里，2016 年列入《国家中长期铁路网规划（2006—2030）》，按高速铁路标准建造，设计时速 250 公里，计划投资 97 亿元，工期 4 年。六威铁路将构成重庆市、六盘水市、昆明市之间的高速铁路通道。

拟建六盘水盘州城际铁路，起于六盘水西站，止于沪昆高铁盘州站，正线长 116.55 公里，2016 年 5 月六盘水铁路可行性报告已通过专家评审，按高速铁路标准设计，铁路等级为客运专线，正线为双向，设计列车运行速度为 250 公里 / 小时，沿线设 5 个车站（新建 3 个、改建 2 个），总投资 164 亿元，建设工期 6 年。建成后六盘水至盘州旅行时间仅 40 分钟，并与盘州兴义铁路构成一条六盘水市直通黔西南州首府兴

一、飞越群山的航空交通

航空是现代交通发展的重要标志之一，是立体交通的重要组成部分，航空不受地形地貌的限制，飞机在高空飞行，具有直线飞行、远距运输和速度快的优点，1903 年莱特兄弟设计制造了第一架双翼飞机，在美国北卡罗来纳州飞上天空，开启了世界的航空运输。

（一）贵州航空的曲折发展

贵州的民用航空始于民国 24 年（1935），至今已有 88 年的历史。机场是航空最重要的设施，机场的规模、等级及助航保障设施，对航空发展有重要影响。民国年间修建的贵阳团坡桥机场、易厂坝机场、清镇平远哨机场及独山、安顺、思南塘头、遵义龙场坪、黄平旧州、天柱、安龙、铜仁、盘县、三穗等战备机场，用于民用航空的只有清镇平远哨机场。

1932 年贵州省主席王家烈拟开辟贵州航线，电请湖南军阀何键派飞机到贵州试航。当时对机场缺乏认识，决定将贵阳东郊团坡桥的练兵场改作机场，面积狭小，没有导航、助航设施，用一根长木杆挂白布带指示方向，飞机降落时在地面用白布铺成 T 字形标志，这就是贵州的第一个机场。是年初，三架飞机从长沙飞往贵阳，因无航线找不到机场，两架被迫降落在独山公路旁，一架由周一平驾驶的飞机冒险在贵阳团坡桥机场降落（此地现为市南路建材市场），认定机场不能使用，必须另建机场。

1934 年 3 月开始选址，初选在北郊沙子哨，因占良田好土多遭到反对，最后选定在清镇县平远哨修建机场，调集清镇、平坝两县民工修建，1934 年 11 月建成，跑道长1000 米、宽 50 米，基础以石块填筑，道面为泥沙三合土，1941 年因抗日战争需要国民政府批准扩建，改建为军民合用机场，主跑道由 1000 米延长至 1350 米、宽 50 米，机坪面积约 0.6 平方公里，为甲级航空站，驻有中国空军和美国空军各一个飞行中队，有侦察机、战斗机、轰炸机 20 多架，民航由中国航空公司、欧亚航空公司、西南航空公司经营。

自 1935 年清镇机场通航以来，先后开辟了 10 多条航线，但在战乱环境中通往桂林、南宁、广州、香港的航线为时短暂，以重庆经贵阳至昆明航线通航时间最长，始

清镇机场旧址

终保持陪都重庆与贵阳、昆明的联系，直到 1949 年，又恢复通往桂林、广州、香港的航线，这一时期飞机数量少，都是小型飞机，且因航油供应紧张，开出的航班不多，每周只有一两次航班。从 1935 年至 1949 年间飞行 70 个航班，运送旅客 1656 人次，运输货邮 4.4 吨，主要服务于政治、军事，乘坐飞机的都是军政要员和富商，公教人员和民众根本无权享受，并未成为一种社会公用的交通方式。

　　1949 年 11 月 15 日贵阳解放，由中央军委民航局接管清镇机场，1950 年成立民航局重庆办事处，下设西南空运代办所贵阳分所，1951 年改为民航贵阳营业处，并在清镇机场建立贵阳航空站，受民航局和空军双重领导，一度由贵州军区代管。1950 年修复清镇机场跑道以后，设置有效半径 150 公里的归航台，有效半径 50 公里的指挥台，有效半径 400 公里的陆空联络电台，机场可供小型客机起降，但因无灯光设备不能夜航。1950 年 8 月恢复重庆至贵阳航线，使用 DC-3 型、C-47 型飞机，每周一班，1951 年改为不定期飞行，后一度停航。1956 年 10 月复航，使用里 -2 型飞机每周两班。1953 年恢复重庆经贵阳至昆明航线，使用 C-47 型飞机，不定期飞行。

山岳地带，有若干山体和沟谷，劈山填谷工程艰巨。对营盘坡山体实施 300 吨级、700 吨级、3000 吨级洞室松动控制性大爆破。第三次大爆破用炸药 3000 吨，分上下两层开挖平洞 16 个，药室 165 个，采用导爆管非电起爆技术，最大爆破高度 82.7 米，宽 214 米，长 336 米，总爆破量为 25.5 万立方米。共炸平 11 座山头，填平大山之间的峡谷。

场区地下都有溶洞，应用地质雷达进行探查，探明溶洞的数量、位置、体积，采取强夯置换的方法进行技术处理，主要工程有挖土石方 1897 万立方米，填土石方 1990 万立方米，飞行区按 4D 级标准修建跑道、滑行道、垂直联络道及停机坪，混凝土路面及停机坪场地共 159265 平方米，围墙、围界长 215960 米；室外给水管道 13347 米；输油管线 14.25 千米；10 千伏电力线路长度 64.986 千米，安装电力电缆总长 330 千米；修建导航、航管、通信、气象等配套设施，航站区工程包括航站楼、货运仓库、停机场及供电供水供气工程和消防设施。1997 年 3 月竣工。

龙洞堡机场飞行区，跑道长 3200 米，宽 45 米，两侧道肩宽各 7.5 米；跑道两侧平行滑行道长 903 米，宽 23 米，两侧道肩各宽 7.5 米；跑道与滑行道间距 185 米，建

龙洞堡机场建设工地

有三条垂直联络道，升降带宽 300 米。道面为水泥混凝土，厚度为 0.34 ～ 0.36 米，设计抗压强度 5MPa。站坪面积 88009 平方米，可停放各类飞机 12 架，有 6 个近机位和 5 个远机位，建有登机桥 6 座。在谷立建 2 万吨油库，通过管道输送到机坪，机坪有大型罐式加油车 2 台、管线加油机 2 台，设有栓式加油系统，将航油通过管道与飞机翼下的加油口连接，自动加油。跑道两端设有一类精密进近仪表着陆系统（IIS）、进近台 / 中指点标台（CMM）、外指点标台及一类精密进近灯光系统和进近坡度指示灯（PAP），飞机可日夜安全起降。指挥塔台建在跑道两侧中段，高 50 米，装有特高频陆空波道 4 个及高亮度雷达显示器、导航和助航灯光遥控监视设备。航管楼及塔台建筑面积 4284 平方米，设有塔台 12 座，安装航空管制雷达（一、二次雷达）及空中管制 ATM 系统，提供飞机实时动态显示、航行情报数据、转报数据、集中监控数据，并建有 VHF 地空通信设备。设有气象雷达、同步卫星云图接收系统（RVR）、气象数据自动观测系统、气象数据库系统及气象卫星传真广播系统。

航站楼为短指廊两层，建筑面积 34923 平方米，宽广、宽敞、明亮，分设国内和

航站楼为短指廊两层，分设国内和国际两个候机厅

二期工程以 T2 航站楼为中心，与市域铁路、轨道交通站厅一体化设计，实现三种交通无缝衔接"零换乘"

在国家相关部委、民航局、贵州省委省政府的支持下，改扩建工程 2 号航站楼项目于 2011 年 3 月 8 日正式开工建设，2013 年 1 月 31 日通过竣工验收，2013 年 3 月 27 日通过国家民航局组织的验收（其中飞行区工程于 2010 年 12 月 29 日开工，2013 年 1 月 24 日通过竣工验收）。整个工程以 T2 航站楼为中心，与市域铁路、轨道交通站厅一体化设计，实现三种交通无缝衔接"零换乘"。2013 年 3 月二期扩建工程全部完成。

贵阳机场第三期扩建工程

2015 年 6 月 16 日，国家发改委批复三期工程预可研；2016 年 7 月 29 日，国家发改委批复三期工程可行性研究报告；2016 年 11 月 18 日，贵州省发改委及民航西南地区管理局批复飞行区初步设计；2017 年 9 月 15 日，贵州省发改委、民航西南地区管理局联合批复三期工程初步设计及概算。

三期扩建工程按 2025 年旅客吞吐量 3000 万人次、货邮吞吐量 25 万吨、飞机起降量 24.3 万架次的目标设计。主要建设内容包括：新建 1 条长 4000 米跑道，将现有跑道由 3200 米向北延长 300 米达到 3500 米；新建 16.7 万平方米的航站楼，62 个机位的站坪，以及货运、机务维修、航空食品、消防救援、塔台、航油等配套项目和设施；新增建设用地 539.39 公顷；飞行区工程填筑土石方量约 8768 万立方米。

2017 年 9 月初步设计及总概算批复后，机场工程投资调整为 202.9591 亿元，三期工程总投资调整为 210.35 亿元。另空管工程 6 亿元；供油工程 1.39 亿元。机场工程按可研批复 188.46 亿元筹措，资本金占总投资 50%，其中，国家安排中央预算内投资 15 亿元、民航发展基金 33.59 亿元；其余资金由贵州省和贵阳市安排财政性资金分别承担 40.5%，机场集团安排企业自有资金承担 19%。资本金以外的投资由机场集团利用银行贷款解决。

三期扩建工程项目红线范围内征地面积共计 8090.762 亩；房屋征收 738 户，建筑总面积 53.68 万平方米。2015 年 2 月 15 日，省政府明确按"总量打包、资金包干"的原则由贵阳市实施包干征地。贵阳市委托贵州双龙航空港经济区管委会实施征地拆迁工作。

T3 大厅内景

2017 年 5 月飞行区工程实质动工，省机场集团想方设法解决征地拆迁、铁路交叉、不停航施工等难点问题，全力推进工程建设。2021 年 12 月 15 日三期扩建工程主体工程全面完工，整体转入工程全面收尾、资产移交和变更结算阶段。

飞行区工程 2021 年 12 月 2 日西跑道改扩建完成投入运行后，飞行区主体工程已全部完成。2023 年以来，飞行区工程主要开展机坪消防管网维修、芹菜河项目的改造以及零星工程的施工。3 月份机坪消防管网维修项目完成招标后，立即组织图纸会审和技术交底，开工前提前勘察现场地下管线、草拟不停航施工方案、对接属地管理部门，精细化管控工程进度关键节点，超前完成 10% 进度。为保持不停航施工的持续安全，指挥部在机坪维修改造不停航施工管理中盯重点、攻难点，统筹兼顾好建设与运营工作，为不停航施工最后阶段画上圆满句号。面对芹菜河改造项目推进困难的问题，我们优化项目管理方案，增加项目管理人手，加大项目推进力度，合理分配工作任务，由两名专业人员分别负责芹菜河主沟项目和支沟项目改造实施推进工作，2 月 9 日完成芹菜河综合踏勘，2 月中旬完成初步治理方案布置并报南明区水务局同意，其间受贵州省河道管理条例有关要求的限制，项目被迫暂停，经指挥部多次协商，5 月 8 日项目设计工作重新启动，目前按南明区水务局同意河道线路走向，正在完善相关报备手续，加快推进后续建设工作。

航站区工程 2018 年 11 月，3 号航站楼实质动工，2021 年上半年全面完成航站楼土建、屋面、幕墙施工，12 月 15 日按期实现 3 号航站楼正式投运目标。投用以后，指挥部一直为航站楼整体顺利运行"保驾护航"。2023 年以来，指挥部为贯彻落实省委省政府提出的"打造航空经济转型升级的重要驱动力、对外开放的重要平台、机场集群发展的引导力量、航空港经济发展的核心引擎、新型城镇化的重要载体、综合交通体系的重要组成"定位要求，积极配合海关、边检等部门完成了 3 号航站楼口岸功能区转场投用工作，其间配合运行单位开展了 10 余项单项演练，2 次全流程演练，针对演练测试及排查发现的 30 余项问题制定整改清单，逐项对照完成整改形成闭环，确保了在数博会重大保障会议前的顺利投用，实现了贵阳机场国际保障区域转场任务的圆满成功。

配套工程 共计 26 个项目，项目点多、面广，指挥部重点围绕"两个中心（能源中心、信息中心）""四个重点（单体建筑、市政项目、总图工程、其他附属工程）"推进建设，施工期间采取多项加快工程推进的措施，项目建设高效有力推进。2022 年新

龙洞堡机场第三期扩建工程完工后的全景

增 7 个项目，目前配套工程主要围绕新增项目加快施工，对已完工项目开展专项验收、竣工验收、资产移交工作。为加快各项目工作进度，项目部细化任务、倒排工期、压茬推进、全力以赴，按照"6•30"全面完工的目标快速推进。2 月底完成国际货运中心暨指定监管场所及设备的施工，5 月 6 日完成消防验收，6 月 2 日完成竣工验收，顺利进入结算阶段；目前新增项目除航空污物处理站受 10 千伏笋木线占位影响，进度滞后外，其他场内道路路面恢复工程、机场红线围界工程、公安及消防训练场项目、六号路延伸段项目、除冰液加注站项目均可按照目标时间节点完成施工。

工程投资 截至 2023 年 5 月 31 日，累计完成工程投资 180.7706 亿元。其中 2017 年完成 45.99 亿元；2018 年完成 30.02 亿元；2019 年完成 30.68 亿元；2020 年克服疫情影响，顺利完成 38.13 亿元；2021 年完成 16.77 亿元；2022 年完成 4 亿元；2023 年计划完成 1 亿元。

1997 年 5 月 28 日龙洞堡机场正式通航，以及三次机场扩建，航站楼增加到 3 个，各项设施配套提升，国内外航线增加，年旅客吞吐量、货邮吞吐量都大幅度持续增长，龙洞堡国际机场已发展成为全省航空运输的枢纽。

龙洞堡机场在磊庄机场原有 23 条航线的基础上，新增成都经贵阳至珠海、昆明经

双跑道满足飞机同时降落和起航

贵阳至上海、贵阳经长沙至天津、湛江经贵阳至成都、贵阳经南宁至珠海、贵阳至大庸、南宁经贵阳至重庆、昆明经贵阳至广州等8条航线，与贵阳通航的城市有北京、天津、沈阳、青岛、西安、武汉、长沙、重庆、成都、泸州、南宁、桂林、北海、广州、珠海、湛江、深圳、海口、三亚、汕头、福州、温州、厦门、香港、大庸、南京、上海、宁波等29个城市，全年起降航班15077架次，平均每周175个航班，通航里程37579公里，旅客吞吐量为1013408人次，完成旅客始发量495885人次，首次突破百万大关。货邮吞吐量13077.5吨，货邮始发量4073吨，全年保障各类飞行57928架次，其中本场15077架次。

1998年4月8日，中国南方航空公司与贵州祥飞实业有限公司联合经营贵州航空公司签字仪式在贵阳举行，南方航空公司出资4800万元，祥飞实业公司出资320万元，明确贵州航空公司的航班统一使用"CZ"航班号。三次引进波音737-300型飞机，并培训第一批驾驶和维修波音飞机人才，成为贵州使用新型飞机的良好开端。贵州航空公司通过中国南方航空公司取得贵阳经南宁至汕头、南宁至贵阳、贵阳经桂林至北

海、桂林至贵阳、成都经杭州至成都、杭州经温州至杭州、昆明经重庆至南京、重庆
至昆明、北京经沈阳至贵阳、贵阳经长沙至晋江、长沙至贵阳、贵阳至南宁、贵阳至
昆明、南宁至武汉、西安至武汉至南宁、成都至长沙至黄岩至长沙至成都、贵阳至黄
岩至上海、黄岩至贵阳、贵阳至成都至杭州至成都至贵阳、贵阳至昆明至丽江至昆明
至贵阳、贵阳至昆明至西双版纳、昆明至贵阳等 15 条航线的经营权，将贵阳至广州、
广州至济南两条航线合并为贵阳经广州至济南航线，开辟贵阳至上海、南宁至上海航
线。与贵阳通航的城市由 29 个增至 34 个，新增杭州、晋江、黄岩、西双版纳、丽江
5 个城市。6 月 26 日中国西南航空公司贵州分公司在贵阳成立，是最先引入贵州航空
市场的大型航空骨干企业。适应市场需要，在贵阳市北京路设立中心售票处，并开设
山林路、中华北路、中华南路、贵开路等 12 个售票处。1998 年是贵州民航保障飞行安
全 25 周年，当年保障各类飞行 61096 架次。龙洞堡机场起降航班 19708 架次，旅客吞
吐量 119297 人次，其中旅客始发量 592042 人次，货邮吞吐量 16101.7 吨，其中货邮始
发量 5565.9 吨。

T2 候机楼商铺

1999 年，相继开通贵阳至北京、贵阳至上海、贵阳至广州、贵阳至深圳四大主干线，构建起以北京、上海、南京、广州、深圳等大城市为主，辐射东西南北主要城市的航空网络，在西南围绕昆明、成都、重庆拓展市场。国家民航总局批准贵阳龙洞堡机场为 A340-311 大型远程宽体客机备降机场，设立贵州航空公司北京营业部。12 月 24 日贵阳至曼谷国际航线开通，这是贵州第一条国际旅游包机航线。6 架运 -7 飞机停止营运，聘任贵州自己培养的波音 737-300 型驾驶人员为机长。1999 年龙洞堡机场起降航班 15077 架次，旅客吞吐量为 1310607 人次，其中旅客发运量 643460 人次，货邮吞吐量为 17748.7 吨，其中货邮始发量 5336.1 吨，全年保障各类飞行 69666 架次，本场起降航班 19223 架次。

2000 年贵州航空公司积极开拓市场，加大客户经营力度，全年完成运输飞行 4357 班次，飞行 9422 小时，航班正常率为 74.8%，飞机利用率为 8.4 小时 / 天，客座率为 60.8%，载运率为 54.6%，全面完成各项经营目标。龙洞堡机场电话数字中心中继（DODI）正式开通，波音 737 机库投入使用，首次突破年度安全维修 1 万架次飞机的纪录，贵州航空公司被评为年度机务维修无差错单位、安全生产先进单位、综合治理先进单位和文明机场。国务院批准兴义机场、黎平机场建设项目，全年起降航班 19223 架次，旅客吞吐量为 138.95 万人次，其中发运量 69.0334 万人次，货邮吞吐量 20197.6 万吨，其中发货量 6665.5 吨，保障各类飞行 73796 架次，其中本场起降 21286 架次。

2001 年龙洞堡机场高频地空数据通信网远端站建成投入试运行，计算机航空货运系统正式启用，主要功能为数据管理、用户管理、客户管理、仓库管理查询、延伸服务等 15 项。中国民航贵阳空中交通管理中心成立，对机场周边的鸟禽饲养、热气球、滑翔机、风筝等作出严格规定。开通澳门航线包机，飞往曼谷的包机航线为广州至曼谷、曼谷经广州至张家界。2002 年由中国民航总局投资 843 万元，安装中国第一台行李自动处理系统在龙洞堡机场正式运行，贵州航空公司投资 36 万元实施 SOC 系统建设，开出贵阳至北京、贵阳至上海、贵阳经广州至济南、贵阳至深圳、贵阳至广州、贵阳经重庆至郑州、贵阳至南宁、贵阳至铜仁、贵阳至成都、贵阳至昆明、贵阳至郑州、贵阳至济南、贵阳至重庆、贵阳至西安、贵阳至海口、贵阳经昆明至丽江、贵阳至三亚等 17 条直达航线，飞行国内航线 28 条。取得广州经香港至吉隆坡、吉隆坡至昆明、南宁至曼谷、广州至曼谷、广州至吉隆坡等国际航线的经营权。2002 年龙洞堡机场起降航班 25040 架次，旅客吞吐量为 174.89 万人次，其中旅客发送量 87.07 万人次，完成货邮吞吐量 3.06 万吨，其中货邮发运量 1.4 万吨，全年共保障各类飞行 25040 架次。

2003 年龙洞堡机场有国内航线 32 条，由东方航空公司开通贵阳经南宁至晋江往返航班，每周四班；贵州航空公司开出贵阳经长沙至南京、贵阳至杭州、贵阳经昆明至芒市的航班，还为贵州参加全国少数民族运动会运动员开出贵阳至银川包机。波音 737-800 新飞机到达贵阳。

2006 年 4 月 17 日贵阳至澳门首航成功，由澳门航空公司 A321 型飞机执飞，每周两个往返航班。9 月飞行区扩建工程竣工，停机位由 10 个增加至 20 个，滑行道延长至 3200 米跑道等长，并进行机场数字化生产系统、质量体系和安全管理体系建设，9 月 30 日贵阳至新加坡航班首航成功，由新加坡捷星惠旅航空公司 A320 飞机执飞，为每周一班旅游包机。波音 737-700 型、波音 737-800 型飞机陆续到达机场。华夏航空公司在贵阳注册经营有国内航线 34 条、国际航线 2 条，起降飞机 45531 架次，旅客吞吐量

T2 货运仓库板货区站

382.86 万人次，货邮量 4 万吨，旅客吞吐量突破 382 万人次大关。

2007 年是龙洞堡机场通航 10 周年，又是成功保障航空运输 34 周年，龙洞堡机场被国家民航局评为全国文明机场、全国绿化模范单位、航空安全管理先进单位、飞行无事故征候单位、机务维修无差错单位、客舱无差错单位。机场建设安全管理体系（SMS）和 ISO9001：2000 质量管理体系。有基地航空公司三家，营运航空公司有中国国际航空公司、中国西南航空公司、中国南方航空公司、中国东方航空公司、华夏航空公司、上海航空公司、深圳航空公司、四川航空公司、厦门航空公司、山东航空公司、海南航空公司、鹰联航空公司、澳门航空公司、惠旅航空公司、新加坡航空公司、祥鹏航空公司等 15 家，开出国内国际航线 63 条，起降航班 49600 架次。与贵阳通航的城市有北京、天津、石家庄、太原、郑州、沈阳、哈尔滨、大连、长春、呼和浩特、吉林、济南、青岛、烟台、威海、上海、南京、合肥、杭州、宁波、温州、福州、厦门、广州、深圳、珠海、汕头、湛江、海口、三亚、南宁、桂林、柳州、武汉、长沙、南昌、张家界、重庆、成都、泸州、昆明、丽江、香格里拉、西双版纳、西安、兰州、

1998 年，南方航空与贵州省联合重组成立贵州航空有限公司

银川、西宁、乌鲁木齐，省内有铜仁、兴义、黎平，境外有香港、澳门、曼谷、新加坡、马来西亚，共计 52 个城市。旅客吞吐量达 425 万人次，货邮吞吐量 4 万吨，运输量在全国 140 个定期通航机场中排名 24 位，成为 500 万～1000 万层级的中型枢纽机场，又是贵州航空网的中心机场。

2008 年贵州龙洞堡机场升级为 4E 级国际机场，并获摩迪国际认证有限公司颁发的 ISO9001：2000 质量管理体系认证证书。在抗击冰雪凝冻灾害中，贵州航空公司全力以赴保证航空春运工作，被省国资委评为抗凝冻保民生先进集体。在抗震救灾中贵州航空公司执行贵阳至绵阳紧急救援飞行任务，运送贵州支援灾区 154 名消防武警官兵及 2846 公斤救灾物资，获贵州省红十字会特级勋章。现场运行综合楼、航材四库工程正式投入使用。开通贵阳至仁川定期国际航线包机。全年旅客吞吐量 430 万人次，12 月国家发改委批复关于贵阳龙洞堡机场第二期扩建可行性研究报告，扩建工程的目标是在"十一五"末满足年旅客吞吐量 1500 万～1600 万人次、货邮吞吐量 22 万吨、起降航班 14.5 万架次的需要，采取一体化设计、枢纽式建设，建成 4E 级国际机场，2009 年龙洞堡机场飞机起降 57354 架次，旅客吞吐量 5687652 人次，突破 500 万大关，货邮量 51619 吨。

2010 年龙洞堡机场有国内航线 58 条，通航城市 55 个，经停贵阳的国际航线 18 条，由贵阳始发的国际航线有贵阳至曼谷、贵阳至仁川、贵阳至普吉 3 条，起降航班 64000 架次，旅客吞吐量 630 万人次，突破 600 万大关。

2011 年起降航班 68000 架次，旅客吞吐量 733.9 万人次，货邮吞吐量 6.9 万吨。2012 年龙洞堡机场有航线 86 条，其中始发 63 条、经停 17 条、新开 26 条、加密 11 条，省会城市除拉萨外均与贵阳通航，并加密贵阳至北京、上海、广州、重庆、昆明航班，开通贵阳至香港、台北、首尔等航线，全年旅客吞吐量 874.6 万人次。

2013 年 3 月 30 日，贵阳龙洞堡国际机场二期扩建工程全面竣工，飞行区扩建后机坪面积达 26.5 万平方米，停机位由 20 个增加至 48 个，可起降 A380 以下各型飞机，年起降飞机 14.6 万架次，跑道长 3500 米，滑行道与跑道等长，配套建成相应服务车道及助航灯光、消防设施。2013 年旅客吞吐量突破千万人次大关，进入全国千万集成机场行列，成为 4E 级国际机场、西南地区中型枢纽机场、国内旅游机场群中心机场、贵州航空网中心机场。

T1、T2 航站楼夜色迷人

2014 年有航线 111 条，其中国内航线 103 条、国际航线 8 条，贵阳始发航线 77 条、经停航线 26 条，10 月 31 日台湾桃园机场与贵州机场集团公司签订战略合作协定，两机场结为姊妹机场，相互通航。当年起降航班 11.3 万架次，旅客吞吐量 1420 万人次，货邮吞吐量 8.3 万吨，机场设计能力已经达到饱和。

2016 年起降航班 15.6 万架次，旅客吞吐量 1563 万人次，货邮吞吐量 8.9 万吨，贵阳与 81 个城市通航，引进越南捷特航空公司执飞贵阳至越南航线，引进泰国新时代航空公司执飞贵阳至曼谷航线，引进新加坡捷星亚洲航空公司执飞贵阳至新加坡航线，引进印尼城市快线航空公司执飞贵阳至岘港、贵阳至巴厘岛航线，引进韩国大韩航空公司执飞贵阳至首尔、贵阳至仁川航线，中国南方航空公司经营贵阳至大阪、贵阳至名古屋航线，共开出国际航线 15 条，出入境旅客 25.5 万人。龙洞堡机场与铜仁、兴义、毕节等机场实现快线化运营，形成"枢纽支线互动，以枢纽带支线"的格局。

2017 年龙洞堡机场有航线 195 条，其中国内航线 173 条，国际及香港澳门台湾航线 22 条，与贵阳通航的国内、国际城市 102 个，引进柬埔寨 JC 航空公司开通贵阳至金边航线，马印航空公司开通贵阳至吉隆坡航线。7 月 25 日贵阳至米兰航线开通，由意大利勒奥斯航空公司波音 767-300BR 飞机执飞，实现贵阳洲际航线零突破。加密航线 11 条，贵阳至北京、贵阳至上海每日 13 班，贵阳至广州、贵阳至深圳、贵阳至海口、贵阳至昆明每日 6 班，黄金时段还增加若干航班。全年起降航班 14.9 万架次，每日起降航班 400 余架次，旅客吞吐量 1810.9 万人次，货邮吞吐量 10.2 万吨。

2018 年 1 月 24 日由香港航空公司执飞贵阳经香港至旧金山、贵阳经香港至洛杉矶两条航线，贵阳至香港至旧金山每周四班，贵阳至香港至洛杉矶每周七班，贵阳至香港使用空中客车 A320，香港至旧金山洛杉矶使用空中客车 A350，飞行时间约 4 小时 30 分左右。3 月 24 日开通贵阳直飞巴黎航线，采用波音 787 梦想客机执飞，每周日一班，飞行时间贵阳至巴黎 5 小时，巴黎至贵阳 6 小时。6 月 12 日贵阳至莫斯科首航仪式在龙洞堡国际机场举行，这条直达航线由俄罗斯皇家航空公司执飞，每周二从龙洞堡机场起飞至莫斯科谢梅捷机场，航行时间约 9 小时。中国南方航空公司增开贵阳至十堰（武当山）、琼海（博鳌）、湛江、烟台、济南、天津、西宁、银川、襄阳等 11 条航线，加密贵阳至宁波、青岛、哈尔滨、汕头等航班，出港航线达到 33 条。新开贵阳至澳大利亚墨尔本、贵阳至尼泊尔加德满都国际航线。全年起降航班 167063 架次，旅客吞吐量 21910911 人次，突破 2000 万大关，货邮吞吐量 120110.2 吨，居中西部第 2

T3 航站楼自助值机方便旅客取票托运行李

位，全国第 12 位，获国际卫生机场称号。

2019 年龙洞堡机场有航线 252 条、通航城市 132 个、航空网络通达一线城市北京、上海、广州、深圳，直辖市天津、重庆，香港、澳门特别行政区及各省区省会城市，还有大连、青岛、烟台、威海、徐州、南通、盐城、义乌、厦门、温州、台州、珠海、汕头、湛江、三亚、琼海、桂林、柳州、张家界、衡阳、南阳、洛阳、泸州、万州、绵阳、揭阳、丽江、迪庆、景洪等二三线城市，国外城市亚洲有首尔、仁川、济州岛、大阪、名古屋、曼谷、新加坡、吉隆坡、金边、巴厘岛、岘港、河内、加德满都、曼德勒，欧洲有巴黎、莫斯科，美洲有旧金山、洛杉矶，大洋洲有墨尔本，新增贵阳至缅甸曼德勒航线，加密贵阳至澳门、曼谷等航线航班，出入境旅客 74.89 万人次。推进机场智慧云平台建设生活，深化"黔程在握"A-CDM 机场协同决策系统，优化人脸识别、无纸化通关等便民智慧设施，使航班正点率稳步提升达到 87.1%，深化"一枢纽十支线"布局，织密航线网络，拓展航空客货市场，贵州机场集团公司（龙洞堡国际机场 +10 支线机场）2019 年旅客吞吐量达 3000 万人次。

整装待发

2020 年 8 月 26 日，贵阳龙洞堡机场三期扩建飞行区工程和空管工程行业验收完毕，新建成东跑道长 4 千米，由北向南编号为 191、南向北编号为 OIR，双向均设置一类精密进近系统、跑道按 4E 级标准建设，可起降波音 747、空客 340 等远程宽体客机，标志着龙洞堡国际机场进入双跑道机场行列，接纳航班的能力更强，开拓航线的范围更广，应对特情处置的能力更高，极大地提高了贵阳龙洞堡机场的综合保障能力，为贵州航空运输快速发展发挥了积极作用。

2021 年，贵阳机场共有通航城市 119 个，其中国内通航城市 111 个，国际地区通航城市 8 个。贵阳机场共有执飞航司 39 家，其中国内航司 36 家，国际地区航司 3 家。

贵阳机场共有航线 218 条，其中国内始发航线 182 条，国内经停航线 30 条，国际地区货运航线 6 条。贵阳机场旅客吞吐量 16964158 人次，起降航班 134639 架次，货邮吞吐量 115242.59 吨。

2022 年，贵阳机场共有航线 217 条，其中国内始发航线 183 条，国内经停航线 30 条，国际地区航线 4 条。贵阳机场共有通航城市 118 个，其中国内通航城市 113 个，国际地区通航城市 5 个。贵阳机场共有执飞航司 37 家，其中国内航司 36 家，国际地区航司 1 家。贵阳机场旅客吞吐量 9797755 人次，起降航班 84451 架次，货邮吞吐量 81105.71 吨。到 2025 年旅客吞吐量将突破 2200 万人次。

2023 年 8 月 29 日，贵州空港艺术中心开馆暨首展仪式在贵阳龙洞堡国际机场 2 号航站楼出港大厅举行。贵州空港艺术中心占地面积约为 2100 平方米，位于贵阳龙洞堡国际机场 T1 航站楼和 T2 航站楼二层出港大厅之间，是西南地区首个拥有专业固定艺术展区的机场艺术中心。为倾力打造该艺术中心，着力发挥机场的"迎客厅"和"桥头堡"作用，承担起文化交流与传播的重要使命，贵州民航集团历时 2 个月，与贵州师范大学美术馆等学术支持单位紧密联系，特策划了以《云山录》为主题的开馆首展，并邀请了贵州籍的多位艺术家参展，参展作品汇集贵州特有的流云与山地自然属性，集合呈现贵州山地生态环境与人文基因的视觉艺术。

首展共邀请 18 名知名艺术家参展，带来油画、纸本、版画等绘画类作品，以及影像装置、互动装置、灯光装置等装置艺术共计 87 件参展作品，为广大旅客献上一场艺术盛宴。

在参展的作品中，有的借山借云之势构建贵州山水意境体悟山水观念；有的在绘

仁、兴义、黎平、荔波、凯里黄平机场 5 家支线划入其中管理和持股，并按程序将铜仁、兴义、黎平进行分公司改子公司。其余 5 个支线属当地政府管辖。

铜仁凤凰机场　铜仁凤凰机场原名铜仁大兴机场，2001 年 7 月 8 日恢复通航，2009 年 10 月经民航局批复更名，是全国唯一跨地区命名的支线机场，是贵州省第一家建成通航的支线机场。机场地跨贵州松桃、湖南凤凰两县，距铜仁市主城区 22 公里，离湘西州府吉首 85 公里、凤凰县城 28 公里。

铜仁凤凰机场隶属于贵州省机场集团有限公司。2022 年 11 月 4 日，根据集团公司深化改革发展需求，公司完成"分改子"，由贵州省机场集团有限公司铜仁机场分公司注册更名为贵州省铜仁凤凰机场有限责任公司。目前，铜仁机场公司下设五个职能部门：综合管理部、经营管理部、质量安全部、财务管理部、党群工作部；五个运行保障部门：航务保障部、运输保障部、安全检查站、飞行区保障部、航站区保障部；一个市场开发部门。现有岗位人员 196 人。

铜仁凤凰机场新建国内国际航站楼面积为 2 万平方米（国内 1.3 万平方米，国际 7000 平方米），增加停机位至 9 个，新建 6 座廊桥，可保障年旅客吞吐量 150 万人次的

铜仁机场凤凰地标

需要。机场飞行区等级指标为 4C 级，跑道长 2600 米、宽 45 米，道面等级为 PCN 64/ F/B/W/T，能满足波音 737-800 及以下飞机的安全起降。

2001—2011 年期间，铜仁凤凰机场旅客吞吐量处于 10 万人次以下徘徊，部分航线时开时停。2012 年集团公司回归省管后，贵州省、铜仁市不断加大对民航的扶持力度，2015 年又完成了机场二期改扩建，旅客量从 2011 年 4.34 万人次增长到 2015 年 34.3 万人次。2016 年全年运输吞吐量达 57 万余人次。2017 年随着机场三期改扩建中航站区改扩建的大部分完工，国内航站楼投用，全年旅客吞吐量突破 134.5 万人次，成为贵州省第 3 个旅客吞吐量超百万的机场，正式跻身全国"百万级"机场行列，且 2017 年 11 月 11 日，国家口岸管理办公室批复同意中外国籍客运包机临时从贵州铜仁凤凰机场出入境。

2018 年铜仁机场完成旅客吞吐量 127.664 万人次，且 2018 年 8 月 21 日，铜仁凤凰机场开通直飞泰国曼谷航班，标志铜仁凤凰机场成为贵州省内第三家开通国际航线航班的机场。

2019—2022 年铜仁凤凰机场受新冠疫情及政府债务风险影响，年旅客吞吐量大幅下滑，分别为 92.45 万人次、60.11 万人次、52.84 万人次和 27.44 万人次。

铜仁凤凰机场开通直飞泰国曼谷航班，成为贵州省内第三家开通国际航线航班的机场

自 2001 年恢复通航以来，铜仁凤凰机场多次完成了一系列重大活动的运输保障任务。

机场一期改扩建工程：1997 年，铜仁地区行署投资 1.63 亿元对机场实施扩建，工程设计主要机型为波音 737-300 型客机、4C 级飞行区等级指标，历经 4 年建设，于 2001 年 7 月 8 日成功复航。

机场二期改扩建工程：于 2013 年 4 月 8 日全面开工，并于 2014 年 8 月 21 日交付使用，跑道延长 600 ～ 2600 米，能满足波音 737-800 及以下飞机的安全起降，有效解决了制约铜仁凤凰机场快速发展的硬件短板。

机场三期改扩建工程：铜仁市委市政府投资的面积 1 万平方米的国内候机楼及 1 万平方米国际候机楼分别于 2015 年 10 月 8 日和 2017 年 8 月 8 日开工建设，已分别于 2017 年 4 月 1 日和 2018 年 8 月 21 日投入使用，可同时满足国内、国际客运功能，机场保障能力和服务品质得到质的飞跃。

努力打造服务品牌。铜仁凤凰机场以"桃源铜仁，美丽空港""四优四美"为服务品牌形象，积极创建 26 度春风、春雨值机志愿服务"易行"子品牌，为首次乘机旅客、老年人、孕妇旅客关爱服务的"悦行"子品牌，为晚到和中转旅客办理乘机手续加急服务的"仁随飞"子品牌，为旅客提供空铁联运和转乘便捷服务的"天地铜行"子品牌，为旅客寄存行李、递送到家便捷服务的"行递无忧"子品牌，以"三到八确认"行李运输无忧的"行好运"子品牌，以隔离区内客票无缝退改签服务的"随时行"子品牌等服务品牌库，动态更新和丰富服务子品牌支撑措施，构建服务品牌文化。铜仁凤凰机场的主要奋斗目标是：打造成为武陵山区域国际旅游中心机场。

兴义机场 兴义机场于 2004 年 7 月 18 日建成通航，2014 年 4 月 2 日，兴义机场更名为"兴义万峰林机场"（以下简称兴义机场）。历经两次改扩建，2014 年 12 月飞行区适航改造开工建设，将跑道从 2300 米延长到 2800 米，2016 年 7 月投入使用；2016 年 11 月 T2 航站楼开工建设，2018 年 8 月 18 日转场投入使用。T1 航站楼 3306 平方米、T2 新航站楼 15298 平方米，4 座登机廊桥，13 个（12C1B）停机位，消防保障等级为 6 级，飞行区等级为 4C，跑道长 2800 米，宽 45 米，可以起降波音 737-800、A320 类型飞机，先后开通北京、上海、广州、深圳、成都、昆明、杭州、宁波、福州、厦门、泉州、南宁等 40 余个城市。2022 年 11 月，经贵州省支线机场管理有限公司批准，注

兴义万峰林机场航站楼

销"贵州省机场集团有限公司兴义机场分公司",成立"贵州省黔西南州兴义万峰林机场有限责任公司"。

　　近年来,兴义机场以"服务地方党委政府和经济社会发展,实现广大人民群众对民航美好航空出行需求"为己任,以高质量发展为目标,不断优化完善安全服务运行保障和经营管理两个体系建设,安全服务、市场开发、深化改革、党建及党风廉政建设等各项重点工作取得明显成效。疫情防控防线坚强牢固,安全服务保障能力稳步增强,经营管理提质增效,工程项目建设有序推进,航空市场开发持续平稳,改革创新发展不断深化,智慧机场建设取得突破,企业文化入脑入心,内外环境宽松和谐,队伍活力得到提升,干事创业氛围浓厚,政治环境风清气正,管理品质系统提升。

　　先后荣获"全国文明单位""全国服务质量优秀机场""全国支线旅游机场示范单位""行业标准单位""全国巾帼建功先进集体""全国交通运输系统抗击新冠肺炎疫情先进""全省脱贫攻坚先进党组织""贵州省三八红旗集体""贵州省五一劳动奖状""贵州省劳动关系和谐企业""2020年度中小机场保障能力提升试点工作示范单位""民航贵州辖区2022年度党建引领示范单位""民航贵州辖区2022年度安全生产

先进单位"等荣誉称号。2020 年连续两个季度中小机场综合保障能力评价排名西南地区第一名；2022 年上半年在民航局运行安全保障能力首次综合评估中，兴义机场在同级机场中排名西南地区第二名，省内支线第一名。

黎平机场 黎平机场位于贵州省黎平县高屯街道境内，地处湘、黔、桂三省（区）交界，机场距县城直线距离 9 公里，坐落在世界之最的天生桥，风景秀丽的八舟河国家级风景名胜区附近，是全国首批红色航空旅游示范机场之一。

2000 年 9 月，国务院、中央军委批准黎平机场立项建设，定位为国内旅游支线机场，2006 年 9 月 26 日投入运营，2007 年 8 月正式归属贵州省机场集团有限公司管理。机场占地面积 2455 亩，飞行区等级为 4C，跑道长 2200 米，宽 45 米，停机坪面积 12000 平方米，停机位 2 个，航站楼面积 3040 平方米，满足波音 737-300、A319 及以下类型客机使用要求。

机场运营以来，先后开通了黎平至贵阳、桂林、广州、上海、长沙、重庆、昆明、福州、温州、成都、杭州等城市航线。2017 年，黎平机场航班航线和生产量实现了运营以来历史最好纪录，全年共起降 2250 个架次，旅客吞吐量 93382 人次，货邮吞吐量

黎平机场开通新航线首航成功

11.652 吨。2018 年严格按照民航局关于鼓励通航快速发展，促进机场"两翼齐飞"的工作要求，转变思想观念、主动作为，在确保安全的前提下，有力助推机场通航事业快速发展，引入四川奥林通航进驻本场设立基地，珠海中航飞校进驻本场设立分基地，三星通航进驻本场设立主运营基地，先后与黄平且兰通航、云南能投通航等签订转场飞行保障协议，并顺利完成相关飞行保障。

黎平机场的建成通航，充分体现了党中央、国务院对贵州少数民族地区人民的亲切关怀，充分体现了黔东南州少数民族地区民族文化、民族风情、自然生态、红色旅游开发的独特优势和作用，并将以贵阳龙洞堡机场为主干，与铜仁、兴义、遵义、遵义茅台、六盘水、安顺、荔波、毕节、凯里黄平等支线机场组成贵州航空网络，为改善贵州交通，加快地方经济社会发展，促进民族地区旅游发挥重要作用。

凯里黄平机场　凯里黄平机场为 4C 级民用机场，2012 年 2 月 8 日动工建设，2013 年 10 月 2 日通航运营，机场占地面积 2400 亩，航站区占地面积 81914 平方米，建筑面积 12132.98 平方米，航站楼建筑面积 3829.97 平方米。机场跑道长 2600 米、宽 45 米，设计机型为波音 737-800 以下系列，机坪面积 17250 平方米，设计有 2C1B 共 3 个机位。

凯里黄平机场全景

布、梵净山风景名胜区、历史文化名城遵义、茅台酒乡、黔东南民族生态文化区、荔波喀斯特森林世界地质公园织金洞、兴义万峰林均被纳入贵州航空网络。随着社会的发展，支线机场除担负航空运输的任务而外还兼顾通用航空业务，贵州双阳通用航空公司就是专业的通用航空企业。

安顺黄果树机场　　安顺黄果树机场位于安顺市郊宋旗镇，距中心城区 6 公里，处在黄果树瀑布和龙宫风景区的黄金旅游线上，原为三线建设时期贵州航空工业基地"011"双阳飞机制造厂试飞机场和双阳通用航空作业基地，2001 年 5 月申请改作民用机场，2002 年 3 月中国民用航空总局批准开通民航业务，更名为安顺黄果树机场，由安顺市国有资产投资运营公司、双阳飞机制造厂、山东航空公司共同出资 7600 万元，对原双阳机场进行改建扩建，飞行区按 4C 级标准改建，停机坪面积 22400 平方米，跑道长 2800 米，宽 50 米，垂直联络道 271.7 米，设有盲降、全向信标、一类精密进近灯光系统、气象自动观测系统，可供波音 737 飞机起降，建成航空综合楼 2836 平方米，车库 920 平方米，配套建设航管、通信、消防、供水、供电等设施。2004 年 7 月安顺黄果树机场竣工，由贵州航空公司与山东航空公司共同首航，2006 年 1 月 16 日正式通航，安顺黄果树机场是中国西线旅游重要的空中交通枢纽，先后开出安顺至三亚、安顺至重

黄果树飞行广场

庆、安顺至昆明、安顺至丽江、安顺至广州、安顺至北京南苑、安顺至上海虹桥等航线，主要服务旅游，2019 年游客吞吐量为 36.8 万人次；2022 年游客吞吐量突破 40 万。

　　遵义新舟机场　　遵义新舟机场位于遵义市播州区新舟镇，距遵义市中心城区 35 公里，是贵州省最大的支线机场，原为军用二级机场，1969 年由工程兵 370、343 部队修建，跑道长 3000 米，机场设施完善，可供各类型飞机起降，2001 年 7 月遵义市人民政府向贵州省政府请示将启用空军遵义新舟机场并改扩建为军民合用机场。2002 年 1 月 14 日贵州省政府致函成都军区空军司令部，空军同意支持将机场改为军民合用，但因各种原因暂停空军遵义新舟机场改扩建工作。2006 年 6 月遵义市政府再次提出将军用机场改建为军民合用机场的请求，2007 年 9 月 4 日，成都军区同意启用遵义新舟机场，9 月 21 日民航西南管理局批准改扩建空军遵义新舟机场，并实施军民合用的前期工作。2007 年 12 月 11 日遵义市政府与深圳航空公司签订合作框架协议，遵循政府主导、市场运作、合作双赢、共同发展的原则，成立遵义机场有限公司，将军用机场改为军民合用支线机场，2009 年国务院、中央军委批准遵义机场改建项目立项，按能供波音 737、空中客车 A319、空中客车 A320 起降的要求设计，主要是扩建机场的民用航空设施。2011 年 12 月 31 日遵义籍机长魏刚驾驶"奖状 560"型公务机从北京飞抵遵义，

遵义新舟机场

校飞成功。2012 年 6 月 2 日中国南方航空公司波音 737-800 型飞机在遵义新舟机场降落，试飞成功，8 月 26 日正式通航。2017 年扩建停机坪新建机位 5 个，次年增至 10 个，机位滑行道增至 2 条。自 2012 年以来先后开通遵义至北京、遵义至上海虹桥、遵义至上海浦东、遵义至广州、遵义至深圳、遵义至珠海、遵义至三亚、遵义至厦门、遵义至温州、遵义至昆明、遵义至重庆、遵义至成都、遵义经长沙至天津、遵义经武汉至杭州、遵义经南昌至南京的航线。2016 年旅客吞吐量突破 100 万人次，2018 年旅客吞吐量突破 200 万人次，成为贵州第一个跨入中型机场行列的支线机场，2019 年旅客吞吐量 225.7 万人次。

毕节飞雄机场　　毕节飞雄机场位于毕节市双山新区响水乡飞雄村，距毕节市城区 18 公里，2007 年毕节机场建设项目纳入《中国民用航空发展第十一个五年规划》，2008 年 10 月《毕节民用机场工程项目预可行性研究报告》上报国务院、中央军委，2009 年 7 月批准立项，9 月 19 日举行毕节飞雄机场奠基仪式，2011 年 5 月正式开工建设。飞行区按 4C 级标准设计，建一条长 2600 米宽 45 米的跑道和一条垂直联络道，跑到配置中线灯，主降方向配置精密灯光引导，背向方向配置简易灯光引导，装有仪表着陆系统、全向信标测距仪、高频通信系统，机坪面积 7100 平方米，有停机位 4 个，登机廊桥两座，可保障波音 737-800 型、A320 型飞机起降，航站楼建筑面积 7100 平方

毕节飞雄机场

米，有 4 个登机口和 5 条安检通道，2013 年 5 月主体工程竣工，6 月 16 日正式通航。2016 年 7 月毕节飞雄机场进行扩建，新建一条长约 4.5 米，宽 18 米的垂直联络滑行道，停机位增至 8 个，配套建设供电、排水、消防、助航等设施。先后开通毕节至北京、毕节至上海、毕节至昆明、毕节至广州、毕节至深圳、毕节至海口、毕节至杭州、毕节至厦门、毕节至成都、毕节至西安、毕节至重庆、毕节至南宁、毕节至丽江等航线，2019 年旅客吞吐量达到 121.7 万人次。

六盘水月照机场 六盘水月照机场位于六盘水市钟山区月照乡与水城董地乡大窑村交界处，距钟山区 15 公里。2009 年 3 月国务院、中央军委批准六盘水月照机场建设立项，2010 年 9 月国家发改委批复《关于贵州六盘水机场工程可行性研究报告》，2012 年动工修建，按满足 2020 年旅客吞吐量 25 万人次，货邮吞吐量 1250 吨的目标设计，飞行区等级为 4C 级，建一条长 2800 米，宽 45 米的跑道，一条长 136.5 米，宽 18 米的垂直联络道，可起降波音 737-800、A320 及以下机型，设有 3 个机位航站楼，建筑面积 8342 平方米，停机场 3500 平方米，货运仓库和业务用房 300 平方米，2014 年 8 月竣工，9 月试飞成功，11 月 28 日正式通航，先后开通六盘水至北京、六盘水至上海、六盘水至广州、六盘水至海口、六盘水至昆明、六盘水至长沙、六盘水至武汉、六盘水至杭州的航线，2019 年旅客吞吐量 32.3 万人次。

六盘水月照机场

仁怀茅台机场停机坪

仁怀茅台机场 2017 年 10 月 31 日正式通航，先后开通茅台至北京、茅台至天津、茅台至上海、茅台至广州等多条航线，与茅台通航的城市 13 个，2018 年旅客吞吐量超过 60 万人次。鉴于既有机场不能满足商务旅游发展的需要，2018 年 4 月仁怀市提出扩建工程可行性报告，拟投资 5500 多万元新建一条垂直联络道，新增三座登机桥及一套行李提取转盘及供电、消防等设施，2019 年旅客吞吐量 165.2 万人次。

（四）不可或缺的通用航空

通用航空是民用航空不可或缺的组成部分，人工降雨、飞播造林、飞机播种、飞播牧草、飞机灭虫、森林防护、自然保护区航巡等作业，直接服务于农业生产与环境保护。航空气象、航空物理探矿、资源调查、航空摄影、航空测绘、电力巡线、空中巡查、警务飞行等，服务于科学研究和工业、交通，在抢险救灾中通用航空的作业尤其重要，如水上救援、应急救援、医疗救援、震区抢救、森林大火扑灭等等。随着时代的演进，航空教学、飞行训练、航空体育运动、航空俱乐部活动、空中游览等作业日渐兴起。

民国 22 年（1933），国民政府军事陆地测绘局派水利、铁道航测分队到贵州对黔桂铁路进行空中测量和测绘工作。1958 年通用航空作业全面展开，由民航总局商务处负责，云贵川三省通用航空业务由民航 17 飞行大队承担。1959 年民航成都管理局组建航空科，后改航空处，负责管理西南通用航空业务。1963 年民航贵州管理局航行科管理通用航空。1987 年民航成都管理局实行机构改革，云贵川三省通用航空业务划归中国西南航空公司，民航 17 飞行大队改名西南航空公司重庆飞行大队，可直接与用户联系和签约，民航贵州管理局只负责贵州省通用航空的航行管制，保障工作由西南航空公司和贵州民航管理局协商办理。这一时期贵州通用航空基地主要在磊庄机场，并启用遵义龙场坪、独山、铜仁等机场及黄平旧州机场。使用运 -5 型、伊尔 -14 等飞机，1988 年以后使用运 -12、里 -2、安 -30、双水獭 -6-300 型飞机。伊尔 -14 型飞机是苏联 50 年代产品，最大起飞重量 17500 公斤，巡航速度每小时 300 公里，最大航程 3100 公里。运 -5 型飞机是国产仿苏制造的飞机，采用双发动机，上单翼、单垂直尾翼，用途多，装有喷洒设备，飞行员可在驾驶舱内进行撒播操作。这一时期通用航空作业有飞机播种造林、人工降雨、航空施肥、航空摄影、航空物理探矿等，以飞机播种造林成效最大。

2017 贵州·安顺爱飞客通用航空飞行大会

1960—1966 年飞播造林处于试验阶段，在龙里、独山、镇宁等县荒山进行试播，飞行 161 架次，飞行时间 149 小时 46 分，飞播面积 34.7 万亩。1967—1971 年以磊庄机场、独山机场、铜仁大兴机场为基地，民航 17 飞行大队在龙里、惠水、贵定、独山、福泉、三都、镇宁、松桃、天柱 9 县进行飞播造林，共飞行 1018 架次、1103 小时 46 分，作业面积 296.61 万亩。1979—1995 年飞播造林纳入国家基本建设投资计划，1983 年对三都、都匀、独山、剑河、三穗、黄平等县进行飞播造林，作业面积 111 万亩，从 1960 年至 1995 年贵州飞播造林共飞行 9024 架次，12734 小时，作业面积共3506.3 万亩，飞行架次占西南地区该项目 50.78%，飞行时间占西南该项目 55%，飞播造林面积占西南地区的 57.5%，在全国居第 4 位，贵州荒山面积大，地形复杂，深山区人烟稀少，使用飞机播种造林节约成本，节省劳力，加快荒山绿化的速度，促进森林覆盖率的提高。至 1984 年全省拥有 20 万亩以上飞播林县 3 个，10 万～20 万亩县 5个，5 万～10 万亩县 13 个，形成了一批新型林业基地。大面积的飞播造林，有利于涵养水源和水土，保持改善了生态环境，促进农业生产。

贵州航空人工降雨在多地实施

1980 年民航第 17 飞行大队使用运 -5 型飞机在威宁进行第一次飞播牧草实验，历时 33 天，共播牧草种 3.32 万斤，面积 1.1 万亩，成活率达 83.7%。1981 年又在威宁飞播牧草 2 万亩，取得经验后扩大草场 9.5 万亩，民航局和林业部、畜牧局在威宁召开全国飞播牧草现场观摩汇报会，并获民航成都管理局科技成果二等奖。从 1981 年至 1985 年贵州飞播牧草共飞行 153 架次 222 小时，飞播面积 16.5 万亩，范围扩大到威宁、织金、龙里、水城、丹寨。1984 年贵阳市连续 3 年进行飞播绿化山林，促进了贵阳的生态文明。总面积达 8667 公顷，促进第一环城林带于 1999 年建成，森林面积增加 1.04 万公顷，总面积达到 1.95 万公顷。

1960 年夏安顺、平坝、惠水、普定、遵义等地水稻螟虫为患，民航 17 飞行大队派机喷洒 DDT 和"六六六"合剂，飞行 142 架次、34 小时 57 分，作业面积 10.225 万亩，螟蛾死亡率达 90% 以上，1961 年 3 月安顺、平坝两县受小麦白粉病、锈病灾害，民航 17 大队用两架安 -2 型飞机喷石硫合剂，飞行 93 架次，作业面积 4.158 万亩，防治率达 94.9%。同年夏季安顺、黄平、独山、天柱、锦屏、黎平、镇远等县稻苞虫暴发成灾，用飞机喷洒可湿性"六六六"粉，共飞行 215 架次、93 小时 45 分，作业面积达 28.2773 万亩，防治效果 80% 以上。以后 1962 年、1968 年、1970 年、1978 年进行航空灭虫共飞行 634 架次、332 小时 53 分。贵州航空人工降雨始于 1960 年，以磊庄机场为基地，在贵阳地区 200 平方公里的范围内采用冰块加盐粉在空中催化的方法进行试验，共飞行 5 小时 16 分，增加降雨量 30 万～ 40 万吨，1961 年扩大到 25 个县市，共飞行 30 架次、67 小时 28 分，撒盐粉 41 吨，降雨成功率达 91%。1962 年至 1979 年进行人工降雨，1980 年夏贵州天晴少雨，旱情严重，组织飞行 19 架次、41 小时 42 分，撒播尿素催化剂 30 吨，成功率 68%，收益面积 3 万平方米。1960 年在遵义湄潭进行航空试飞，1961 年在独山安顺继续进行飞行 89 架次 29 小时 31 分，作业面积 2.562 万亩，以后未见记载。

航空摄影在民国年间已经有了，主要是测绘军事地图，抗日战争期间重点是行测铁道和水利。国民政府迁重庆后，贵州成为全国测绘中心，1957—1968 年由国家测绘总局和解放军总参谋部组织贵州省 1:5 万国家基本比例尺地形图航测，成图 467 幅。1968—1990 年基本完成贵州全省 1:1 万地图航拍任务，由贵州省测绘局编制成图 4884 幅。1978—1979 年以 1:1 万比例进行航摄，编制六盘水、织纳煤田、晴隆、松

贵州省应急管理厅航空综合应急救援演练

桃、万山等矿产分布图。1979—1990 年先后对贵阳市、遵义市、安顺市、凯里市、毕节市等城市进行航摄，为城市规划和市政建设提供依据。1984—1991 年先后对乌江流域、北盘江、赤水河进行空中考察，并航拍遵义、娄山关、赤水河、威宁草海等电影。1959—1986 年进行航空物理探矿，从空中测量地球各类物理磁场、重力场、导电性的变化，了解地质矿产分布情况，共飞行 200 多架次 790 小时，测量里程 47186 公里以上，初步发现大量金属矿产和一些稀有金属，发现铀矿点 12 个。

1990 年贵州双阳通用航空公司成立，通用航空作业由贵州双阳通用航空公司组织实施，飞行业务按《中华人民共和国飞行条例》和《中国通用航空飞行条例》执行。公司成立后从哈尔滨飞机制造厂购进三架运-12 飞机，以后增加至 6 架，1997 年又增加 Y-12 型飞机 4 架，从瑞士引进 RC-8 型、RC-10 型航摄仪。通用航空作业以飞播造林为主，兼做航空测量、航空摄影、航空人工降雨、旅游服务业务范围扩大到贵州、云南、四川、青海、甘肃、广东、广西、江西、浙江、福建等省区及内蒙古自治区，按照市场化经营执行《通用航空收费标准和办法》，通用航空作业项目收取月租金、飞行小时费、按面积收费、往返调机小时费及其他项目月租费。

为进一步完善贵州省突发公共卫生事件应急处置体系，提高早期预防、及时发现、快速反应和有效处置能力，切实保障人民群众生命健康安全。在国家及省市应急救援专家指导下，贵阳市第二人民医院（金阳人民医院）充分发挥"急诊科、重症医学科"等省级重点学科的优势，于2022年4月13日获批成为贵州省卫生健康委批复建设的第一支贵州省水上紧急医学救援队（贵阳）。救援队以急诊、重症医学科为基础，"五大医疗中心"为特色，创新水陆空立体救援一体化，按照"统一指挥、纪律严明，平战结合、布局合理，反应迅速、处置高效"的原则，组成了63人的水上紧急医学救援队伍。

2000年贵州双阳飞机制造厂与中国航空技术进出口公司北京中航技术发展公司在北京签订合作协议，组建贵州双阳通用股份有限公司，实力大为增强。

1990年7月贵州双阳通用航空公司以湖南溆浦机场为基地，执行溆浦县4万亩森林灭虫任务，飞行116架次35小时27分，灭虫效率达到98%。1991年5月以独山机场为基地执行6万亩森林灭虫任务飞行195架次81小时25分钟，灭虫效率99%。1997年飞机项目有航空森林作业、航空测绘、航空摄影、旅游服务共飞行1034小时，其中飞播造林561小时、航空遥感49小时、航空摄影40小时、空中拍摄7小时、航空探矿277小时、航空培训100小时。1998年在本省及四川、云南、青海、甘肃、湖南、广东、广西、重庆的17个机场进行飞播造林，共飞行1452小时，完成总产值775万元，创公司成立以来飞行时间最长、飞行安全及经济效益最好成绩，还与日本合拍巨型环幕电影长江风光片。1999年先后在贵州安顺、湖南张家界、云南丽江、四川西昌、湖南宜昌、江苏嘉兴、甘肃武威等13个作业点进行飞播造林，飞行1236架次、1211小时，飞播造林16万公顷，护林面积650万公顷，还执行航摄、遥感物探等作业，2000年在贵州安顺、威宁、云南丽江、四川阿坝、西昌、湖南长沙等地进行飞播造林，飞行1316架次1513小时，完成飞播任务16万公顷，巡视面积650万公顷。2001年在贵州、云南、广西、重庆等地进行通用作业，飞行1141架次、1784小时，完成飞播造林18万公顷，航空护林91架次，航拍88架次。2002年飞行680架次1077小时，完成飞播造林9.26万公顷，航空护林140家，航摄61架次。2003年以昆明、西双版纳、安顺、兰州、武汉、天河、江西南昌、浙江黄岩、福州、长乐、内蒙古呼和浩特、西宁等机场为基地进行飞播造林、航空护林等作业，共飞行 477 架次、1054 小时 39 分钟，2004 年共飞行 1059 架次、1441.4 小时，2005 年共飞行 376 架次、573.3 小时。2007 年贵州双阳通用航空 16 架 Y-12 飞机往返于安顺、保山、昆明、文山、西昌、温州、攀枝花、赣州、赤峰、海拉尔各机场，承接航空护林、飞机播种、航空摄影、科研试飞、人工降雨等作业，共飞行 1386 架次、1240 小时，还成功地完成从安顺出发经昆明至沙特阿拉伯王国首都利雅得人工降雨任务。

为适应社会对通用航空的需求，贵州机场航空公司提出了全省通用航空网络的构想，拟建 17 个 A1 级通用机场、54 个 A2 级通用机场和若干 A3 级通用机场，形成以 A1 级通用机场为枢纽、A2 级通用机场为骨干、A3 级通用机场为节点的机场网络体系。

2020 年拟建 A1 级通用机场 17 个，计有贵阳市修文扎佐机场、开阳机场，遵义市播州区石板镇机场、赤水市复兴镇机场、正安斑竹镇机场，六盘水市盘州机场、六枝

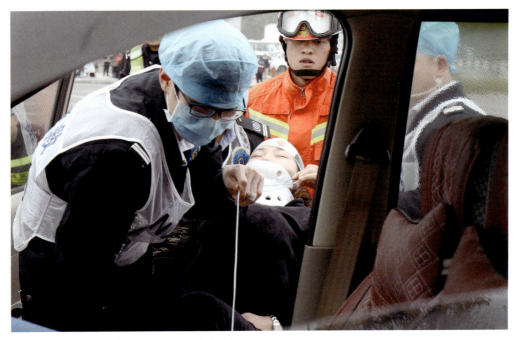

金阳医院救援人员将被困车内的孕晚期女性转移到车外

机场，安顺市平坝区乐平机场，铜仁市万山机场、印江新寨机场，毕节市大方百里杜鹃机场、织金机场、黔东南州凯里三棵树机场、榕江车江坝机场，黔南州独山基长机场，惠水雅水机场，黔西南州兴仁机场，以这些机场作为通用航空基地、运营基地和机务维修基地，开展多种通用航空作业，除传统的飞播、物探、航拍、航测、森林扑火之外，加强空中巡查、警务飞行、水上救援、应急救援、医疗救援、震区抢救等作业，并开展航空教学、飞行训练、航空体育航空俱乐部、空中游览等新业务。

2018 年 7 月 15 日，贵州省首架专业医疗救援直升机落户贵阳市第二人民医院（金阳医院），在该院常态化备勤，提供专业空中医疗救援服务。"执飞"空中医疗救援任务的该直升机可同时装载两副担架，其 244 公里 / 小时的高速巡航能力能为抢救伤员争取到更多时间。机舱内呼吸机、吸引器、除颤监护仪、注射泵等设备齐全，都是急救所需的专业医疗设备，且经过适航认证，搭乘经过航空医疗培训的医护人员可在患者转运途中第一时间进行救治，堪称"空中 ICU"。

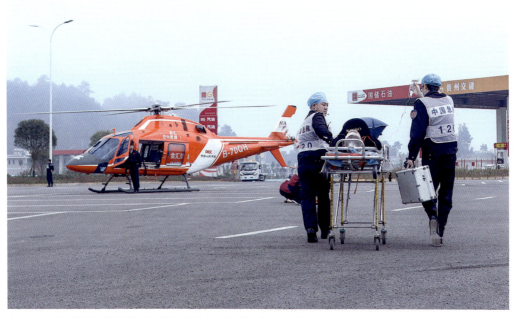

贵阳市金阳医院救援直升机抵达事故现场，急救人员准备将重伤孕妇运送上直升机

二、水路运输的通江达海

贵州河流顺地势向北、东、南三面分流，以乌蒙山和苗岭为分水岭，以北属长江流域，以南属珠江流域。乌江是长江以南最大的支流，源出威宁乌蒙山东麓，北源六冲河长 270 公里，南源三岔河长 361 公里，两源在黔西县化屋乡汇合后称鸭池河，东北流经黔西至修文六广称六广河，经金沙、息烽、遵义至乌江渡始称乌江，东北流经湄潭、余庆、开阳、瓮安、石阡、思南、德江、沿河入川，又经彭水、武隆至涪陵汇入长江，干流全长 1037 公里。赤水河为长江上游南岸较大的支流，发源于云南镇雄大湾鱼洞乡，经过一段伏流至云贵川三省边界，入贵州后经茅台、土城、元厚、赤水至鲢鱼溪入川，在合江城东注入长江，干流长约 444.5 公里。清水江为沅江长游，发源于都匀斗篷山，在岔河口汇入重安江后始称清水江，东经都匀、坝固、下司、凯里、旁海、施洞、革东、剑河、南加、锦屏、远口、白市，至分水溪入湖南境始称沅江，北流至黔阳会舞阳河，在辰溪会锦江，过洞庭湖入长江。苗岭以南的南盘江、北盘江、红水河、都柳江属珠江水系。南北盘江、红水河为珠江水系西江上游，南盘江发源于云南沾益马雄山南麓，北盘江源出马雄山北麓，两江在望谟蔗香双江口汇合后称红水

乌江瓮安江界河码头风光

河，为黔桂界河。在石龙纳柳江后称黔江，至桂平纳郁江后称浔江，至梧州纳桂江后始称西江，至广州接北江、东江，主流在磨刀门入海，称为珠江。

这些河流古代就已通航，但河道大都未经整治，多激流险滩，行驶木帆船。20世纪50年代至80年代，是古代航运向近代航运的转型时期，人民政府对河道进行了较大规模的治理，重点是"治险炸滩"，解决河道"浅、窄、急湾"等碍航问题，增设码头及助航设施。在赤水和思南设造船厂，研制适合贵州水道的机动船舶，主要是小型客、货轮和拖轮，提高运输能力。经过这一变革，贵州航运有了较大发展。

贵州的河流属山区雨季型河流，比降陡，落差大，降水丰富，河流径流量大，水力资源丰富，水力资源理论蕴藏量居全国第六位，单位面积储能居全国第三位。水力资源主要分布在各条大河的干流上，乌江储能424.4万千瓦，南北盘江红水河储能317.2万千瓦。水能是一种清洁能源，利用水能发电，既可提供大量电能，又可产生良好的经济效益，因而受到重视，不但水电部门作为重点工作，而且许多地方都修水电站，从20世纪70年代起大力发展水力发电。1958年至1980年在猫跳河上建设红枫湖、修文、窄巷口、红林、红岩6级电站，总装机容量达23.9万千瓦，开启了贵州梯级电站的先河。在同一条河上，多次重复利用水能，是一种有效、经济的水电开发模式，很快得到推广。"西电东送"把贵州水电开发推向高潮，在乌江干流建设普定、洪家渡、引子渡、东风（已建）、索风营、乌江渡（扩能）、构皮滩、思林、沙沱、彭水（属四川）10级电站，总装机容量900万千瓦，既保证了贵州工业用电，又支援了广东经济建设，既发展了电力工业又增加了贵州的财政收入。在南盘江上建天生桥一级电站和二级电站，在北盘江上建董箐、马马岩、光照电站，在红水河上建龙滩、大化等梯级电站，在都柳江上建白梓桥、柳叠、榕江、从江等11座水电站，在推动电力工业发展的同时，却因大坝阻航，乌江、南北盘江红水河纷纷断航，使贵州航运处于衰落状态。

面对此现象，必须以科学的态度充分考虑水资源的综合利用，实行"航电结合"，既要保证发电顺利进行，又要充分利用水道发展航运。2001年，交通部印发《西部地区内河航运发展规划纲要》，明确提出"联合建设，航电结合，滚动开发，渠化航道，发展航运"的方针，要求航运部门"结合水电开发，渠化河道，提高航道等级，实施航电枢纽工程"。梯级电站虽有阻碍航运的弊端，但电站蓄水后，水域扩大，水位升

赤水河航运

吨，上行用机动货驳拖带 3 ~ 5 艘驳船，下行 100 吨船舶可季节性通航。2002—2006 年，投资 1.777 亿元，重点整治赤水河碍航险滩 143 处，建成岔河至合江航道 158.8 公里，其中岔河至狗狮子六级航道 80.9 公里，狗狮子至合江五级航道 77.9 公里。

　　新建扩建赤水河东门货运码头、鲢鱼溪码头、岔角码头、合江贵州码头，有 300 吨泊位 4 个。建立赤水港区、习水港区、仁怀港区，赤水港区为全省最大的港口，年货物吞吐量 50 多万吨，旅客吞吐量 40 余万人次。建成先市航标站和实录、黄岩、庄斗湾等信号台及土城航道段站房，配置岔河至合江段固定航标 64 座（内有 22 座为发光标志），浮标 65 座。建立航行通信网络，安装远程深水遥测遥控系统和视频图像监控系统 1 套。赤水河航运工程 2006 年竣工，2009 年被评为交通部优质工程，2010 年获“国家工程银质奖”。2012 年被评为西部地区第一条文明样板航道。2020 年完成狗狮子、闷头溪、黄泥滩、五家湾枢纽工程，并整治茅台至二郎滩段航道，结合水电梯级开发逐渐实现航道渠化，使茅台以下达到四级航道标准，建合江、赤水、土城、太平渡、岔角、马桑、茅台 7 座码头，使港口吞吐能力达 125 万吨，远期达 340 万吨。

乌江是贵州最长的河流，也是贵州北上长江的主要航道，经过30多年的整治，1980年乌江渡以下至龚滩航道可通行120吨级船舶。1979年乌江渡水电站蓄水后，电站以下水位骤然降低，急于抢修乌江下游低水流量航道，整治张公子、银童子、峡门口、背磨子、岩子岗、磨盘壕、红楼树、甘子树坎、扁担碛、皂角溪、蛤蟆口等11处险滩，完成龚滩、新滩28吨纹关站房和猫滩、狗脚弯、红眼碛、川洞、麻柳湾、背磨子4处信号台改造工程。随着乌江上游乌江渡、普定、东风3个电站建成发电，乌江下游航道水量调节增加，整治乌江航道，提高航道等级势在必行。1990年交通部提出进行《乌

赤水河中段运输船队

江（马洛渡—龚滩）航道整治工程预可行性研究》，国务院批复《乌江干流沿岸地区国土规划综合报告》。7月，贵州省交通厅向贵州省计委报送乌江航道建设项目建议书。8月，贵州省计委同意乌江（大乌江—龚滩）航道项目列项。后因资金限制，这一项目未列入国家"八五"计划。"八五"计划末期，国家加大对内河航运建设投入，贵州省交通厅决定加快乌江航道建设进程。1995年8月，贵州省交通规划勘察设计院完成《乌江（大乌江—龚滩段）航运建设工程部设计修正概算》、10月省计委批准设计方案，同意纳入国家"九五"计划，概算9991.17万元，工期4年。1996年12月，乌江（大乌江—龚滩）航道建设工程动工，4年总共整治滩路203处，完成水下炸礁316.138立方米，水上炸明礁69047立方米，疏浚工程23575立方米，导治工程量94450立方米，检

2021 年 11 月 16 日，贵阳港开阳港区北上长江首航仪式正式启动

滩 10954 立方米。经过整治，余庆大乌江—龚滩 264 公里航道达到五级航道标准，航道水深 1.60 米，宽 22 ～ 30 米，最小弯曲半径 210 米，可通航 200 ～ 300 吨级船舶。与此同时，新建扩建大乌江、思南、沿河、涪陵泗王庙 4 座码头，形成岸线 432 米，又建 300 吨级泊位 10 个，新建绞滩站 1 处，又建绞关站 3 处、配套建设航标及通讯设备。大乌江—龚滩航道是贵州第一条五级航道。

乌江上游，1979 年乌江渡电站建成蓄水，六广水位上升至 23 ～ 33 米，形成乌江渡库区，建设修文方家坝码头和息烽码头，息烽港区有大塘口作业区泊位 2 个，吞吐能力 50 万吨，又在清镇境内设客货作业区，通行小吨位机动客货轮，开展六广河旅游。1994 年建东风电站，形成东风库区，习称东风湖，下辟大坝至凹河和大坝至红岩两条航线共 70 公里，2000 年实施“西电东送”工程，在乌江上游兴建洪家渡电站、引子渡电站、索风营电站，2005 年全部建成投产。乌江梯级开发的第一级洪家渡电站于 2004 年建成投产，形成 80 平方公里的水面，其中九洞天至大坝航道里程长 85 公里，2002 年开始进行洪家渡库区航运建设，建成九洞天、木空河、云盘和洪家渡 4 座码头和 50 吨泊位 1 个、100 吨泊位 4 个，按照七级航道标准整治九洞天至木空河回水变化航道 19.2 公里，重点整治碍航滩险 10 处，使航道达到深 0.7 ~ 1 米，宽 10 米，弯曲半径 90 米，可通行 50 吨船舶。引子渡在东风电站上游的三岔河上，截流后形成引子渡库区，按六级航道标准渠化航道。索风营电站位于东风电站与乌江渡电站之间，2005 年蓄水形成索风营库区，建有索风营码头和六广河 74 公里六级航道，船可上行至猫跳河六级电站。乌江上游各库区分段航行，按规划将建设六级航道，建设洪家渡、引子渡、东风、索风营、乌江渡等航电枢纽和过船建筑物。

随着乌江梯级电站的构皮滩、思林、沙沱、彭水电站相继开工，乌江航道形成具有多年调节功能的构皮滩枢纽、乌江渡枢纽和季节性调节功能的思林枢纽、沙沱枢纽、彭水枢纽，上述枢纽投产后，流量调节功能相应加强，常年回水段内滩险相继淹没，形成库区水域大水深航道。但因受枢纽上游水位升降和发电排水量的影响，形成构皮滩枢纽 44.8 公里变动回水区、沙沱枢纽 23.1 公里变动回水区和彭水枢纽 16 公里变动回水区，3 个变动回水区 84 公里有 68 个滩险需要整治，河床演变快，通航条件不理想。

西部第一个翻坝运输系统——乌江构皮滩水电站翻坝运输系统

2006年6月，贵州省航务管理局提出《关于乌江（乌江渡—龚滩）航运建设工程项目建议书》。10月1日省发改委批复该建设项目。2009年3月，省发改委批复《乌江（乌江渡—龚滩）航运建设工程可行性研究报告》，并列入"十一五"跨"十二五"期间国家和贵州省重点项目实施。12月18日在余庆县大乌江码头举行开工仪式。工程总投资5.96亿元，是贵州投资最大的航运工程。首先对构皮滩、思林、沙沱、彭水4个枢纽回水变化段84公里航道68个滩险进行整治，形成乌江渡至龚滩407公里及与之相连的清水河开阳港区洛旺河25公里四级航道，可通行500吨级船舶。相应建设遵义港区乌江渡码头、楠木渡码头、湄潭沿江渡码头、凤冈河内渡码头，贵阳港区开阳洛旺河码头，黔南港区瓮安江界河码头，铜仁港区思南太平码头、德江共和码头，建成500吨级船舶停靠泊位17个及大塘口等14座小型码头，又建设助航、通信、航道管理设施。构皮滩枢纽建成后，开始进行航电枢纽工程，确定三级垂直升船机方案，建设航标导航系统、船舶定位跟踪调度系统、过坝视频监控系统和无线调度指挥系统。

2013年，贵州省人民政府决定，从2014年1月1日起，用3年时间开展水运建设大会战。确定"以航为主，航电并举，综合利用，协调发展"的方略。2016年三年大会战收官，乌江构皮滩翻坝运输系统工程基本形成，思林、沙沱、彭水升船机相继投入使用，乌江航道由五级提升到四级，可通500吨船舶。但因构皮滩航道枢纽未建成，从贵阳、遵义下行的500吨级船舶仍需转翻坝运输才能到达沙湾码头，再次装船进入乌江。12月进行试航，500吨船舶空载至重庆，重荷返航圆满成功。2020年6月28日，贵州省交通运输厅与贵州乌江水电开发公司就乌江通航设施运行维护管理达成协议，签订《乌江构皮滩、思林、沙沱电站通航设施运行维护管理委托协议》，内容有三个方面：一是确保乌江航道安全、高效、畅通；二是提高乌江航道通航能力；三是提高水运服务水平，推进数字航道建设和"智慧水运"工程，破除行业壁垒。2021年6月27日，构皮滩航道枢纽通航工程完工，采用三级垂直升降机和两级中间渡槽设施。升降机第一级高47米，第二级至第三级由79米升至127米，相当于42层高楼，渡槽最大墩高100米，9分钟即可过闸，被称为"悬在空中的水运航道"。构皮滩航电枢纽工程创造了六项世界纪录和一项国内首创：一是世界首座采用三级提升机通航建筑物，二是世界通航水头最高的建筑，三是世界单级水位变幅最大的建筑物，四是世界单级提升高度最大的垂直升船机，五是世界规模最大的下水式升船机，六是世界规模最大的通航渡槽。采用"隧洞＋渡槽"的航运建筑，在国内属于首次。

2021 年 11 月 16 日，贵阳港开阳港区北上长江首航仪式正式启动，14 艘货船满载6800 吨磷矿石，从开阳港洛旺河码头出发，前往重庆涪陵，断航了 20 年的乌江航道首次大规模复航。2022 年 1 月 18 日，国发〔2022〕2 号文件要求贵州打通"北上长江，南下珠江"水运通道，9 月贵州省人民政府出台《贵州水运体系建设，加快构建综合立体交通网》，要求按照《贵州水运体系发展行动方案》，保障乌江全线多梯级通航建筑正常运行，实现船舶实时过闸，开展乌江智慧通航管理平台建设，实行全线过闸"统一申报，统一调度，统一发布信息"。

当年 6 月 29 日，思南港邵家桥港区正式开港，12 艘载着 6000 吨水泥的船舶，沿乌江水道到达重庆涪陵入长江，迈入常态化、稳定化发展阶段。2023 年 1 月，在贵州省航电开发投资公司的基础上组建贵州省港航集团有限公司，经营港口航道开发建设，水路客货运输、航道枢纽建设运营等业务，全方位服务贵州水运高质量发展。7 月 14

2023 年 7 月 14 日乌江集装箱航线首航仪式在遵义港沙湾码头举行

日，11 艘装载 5500 吨货物的船舶，从遵义港沙湾港区出发，沿乌江直奔重庆涪陵黄旗港，标志着贵州水运第一条集装箱班轮航线开通。以往用汽车运输一个标箱须用 5500 元，现改用船舶运输只需 3500 元。开通乌江渡至重庆市白马的四级航道，实现了"北上乌江达长江""通江达海"的宏伟计划。又与重庆市合作，在 2020 年开工建设乌江沙沱二线三级航道，通行 1000 吨级船舶，使"千里乌江一线通"成为北通长江入海的"黄金水道"。

清水江、舞阳河、锦江为沅江上游支流，是贵州东出湖南经沅江、过洞庭直接进入长江的水道。清水江航道多滩险、1977—1980 年投资 24.33 万元整治石家寨、火烧寨、蛇尾巴等 11 处滩险、炸礁 18 万立方米、疏浚 5299 立方米、筑坝 8699 立方米，以利拖运木排。以后经过几次整治，但因投资小，航道未能系统治理。1999 年用以工代赈资金 99 万整治清水江航道，三板溪以上 220 公里为七级航道，通行 50 吨级船舶，年通过能力 30 万吨。三板溪以下 114 公里为六级航道，通行 100 吨级船舶，年通过能力 120 万吨。规划剑河至分水溪 220 公里为四级航道，剑河至凯里 91 公里为六级航道。锦屏以下，结合湖南沅水规划，配合梯级开发，2020 年达到四级航道标准。

舞阳河至湖南黔城与清水江汇合，明清时期航运兴盛，木船从镇远直航沅江、洞庭湖入长江，湘黔公路开通后航运日渐衰落。20 世纪 60—70 年代在河上修建多座电站，镇远以下不通航，仅保留镇远—施秉 36 公里航道，通行旅游客轮。锦江东流至文昌阁入湖南，在辰溪注入沅水，在贵州境内长 158 公里，有少量船舶行驶。1996 年交通部、水利电力部批复，同意以锦江取代舞阳河，作为全国限期复航的 7 条河流之一。1989 年由贵州省交通设计院完成《锦江铜仁至文昌阁航运工程复航可行性研究报告》，1990 年 7 月完成复航工程设计，提出兴建漾头电站和芦家洞电站两处高低轮式斜面升船机，按七级航道标准整治漾头电站回水尾端至芦家洞水电站坝下、漾头电站坝下至省界天然河段。规划锦江铜仁市区至文昌阁 31 公里为六级航道，作为航运与旅游结合的航道，2020 年前实施航运与旅游结合开发工程，恢复芦家洞电站的过船建筑物，使铜仁地区可通过锦江进入湖南，并成为航运与旅游结合的航道。

南盘江、北盘江、红水河是南下珠江的三条航运出省通道，称"两江一河"。从 20 世纪 80 年代开始，国家对"两江一河"航运的战略地位予以重视，利用这条黄金水道促进沿江及腹地经济发展，由交通部组织滇、黔、桂三省对"两江一河"建设进行可

清水江梯级航电枢纽兼顾发电、旅游等功能

行性研究，将"两江一河"纳入《珠江流域综合开发规划》，贵州省将"两江一河"复航工程列入"七五"建设项目。复航工程分两期进行，第一期从 1985 年 3 月动工，历时 6 年，主要整治北盘江百层以下 85 公里、南盘江坡脚至两江口 132 公里、红水河两江口至曹渡河 107 公里航道，三条河流共 324 公里，按六级航道标准进行整治。1991年 5 月"两江一河"一期复航工程竣工，共整治滩险 85 处，完成炸礁、筑坝等航道石方工程 61.7 万立方米，建成坡脚、蔗香、岩架等五座码头和岩架修船及航运基地一处，形成码头岸线 289 米、货场 2620 平方米、车间仓库 440 平方米、航道道班房 870 平方米，开通 324 公里六级航道，可通行 100 吨级船舶。1994 年启动二期复航工程，投资 1173 万元，重点整治北盘江百层至坝草 12 公里，把龙雅等 6 处险滩和百层以下闭绕、重凡、纳牙 3 处险滩，整治南盘江八渡险滩，历时 2 年，共整治滩险 11 处，完成炸礁、筑坝、疏滩等石方工程 87117 万立方米，维修坡脚、百层、岩架、蔗香 4 座码头，新建坝草、羊里两座码头，建成 100 吨级泊位 4 个、堆场 6877 平方米、码头管理用房、仓库 1872 平方米，实现"两江一河"复航的目标。

　　1996 年 2 月，交通部要求广西、贵州两省区开展西南水运出海通道中线起步工程，1998 年 10 月贵州省完成《西南水运出海中线通道起步工程（贵州段）可行性研究报告》。南盘江、北盘江、红水河一、二期复航工程完成后，航道通行得到改善，但因山区河流冲刷演变较大和缺乏养护，许多航段和滩险已达不到六级航道标准，重新碍航。2000 年，随着天生桥、龙滩水电枢纽建成和红水河大化、龙滩水电枢纽复航，北盘江打邦河口以下、南盘江平班枢纽以下将成为龙滩枢纽库区，提升"两江一河"航道等级条件成熟，交通部和贵州省共同投资 11340.87 万元，开展西南水运出海中线通道（贵州段）起步工程，历时 3 年 5 个月零 8 天，共整治滩险 118 处，完成水下炸礁 20.16 万立方米、水上炸礁 3 万立方米、疏浚河道 24.48 万立方米，筑坝 24.18 万立方米，建成五级航道 326 公里，其中，南盘江坡脚至两江口 132 公里，北盘江坝草至两江口 97 公里，红水河两江口至曹渡河 107 公里，可通 250 吨级机动船。新建扩建码头 3 个、250 吨级泊位 5 个，新增货运年吞吐能力 11.2 万吨，客运 6 万人次。对坝草、百层、八渡港区实施绿化工程，绿化面积达 18900 平方米，起到护坡、固土、防止水土

百层渡码头是北盘江上历史悠久的航运码头

流失等作用。建成百层、八渡航标站 2 个，北盘江龙渡、岩架和南盘江百浩信号台 3 个，设置固定标志 78 座（其中，过渡导标 2 座、沿岸标 17 座、桥涵标 2 座、里程标 14 座、鸣笛标 50 座），航道浮标 270 个。建成覆盖南北盘江、红水河贵州境内 336 公里全航段超短波单工航行通讯网，设中心站 1 个、中转站 3 个、基地台 9 个、船载台 4 座，形成岸与岸、船与岸、船与船通信网络。又配备养护耙疏船 1 艘、航标船 3 艘。2004 年 5 月 31 日全面竣工，达到优质工程的目标。

在西南水运出海通道中线起步工程建设期间，于红水河上游广西天峨县的龙滩电站正式动工建设，为"两江一河"航道升级带来了新的机遇。2006 年完成《西南水运出海中线通道南盘江、北盘江、红水河（贵州段）航运建设工程可行性研究报告》，被交通部列入国家规划的"两横一纵、两网十八支线"的重要支线航道。2008 年 5 月，交通部、贵州省共同投资 4.3 亿元，启动西南水运出海中线通道扩建工程，按 4 级航道标准建设南盘江、北盘江、红水河、蒙江 364 公里航道。按 500 吨级标准建设码头 8 个、泊位 15 个，配套建设 350 公里航段的航标、通信、航道管理、航运支持保障系统设施。2009 年 10 月 12 日，2 艘广西机动船载 1000 吨煤炭，从贵州北盘江百层码头起航，当天安全抵达广西天峨县龙滩电站码头，航距 225 公里。2010 年建成贵州第一条全长 364 公里的四级航道，通航 500 吨级船舶，2011 年扩建北盘江坝草码头、百层码头和新建南盘江八渡码头及航运支持保障系统工程全部完工，为贵州早日直通广州、港澳创造条件。

天生桥一级电站是红水河 10 级水电开发的龙头电站，1998 年竣工蓄水，形成万峰湖库区，急需建设库区码头。2003 年完成《天生桥一级电站库区永和、巴结、白云港口建设工程可行性研究报告》，2004 年 11 月列入"十五"跨"十一五"，交通部和贵州省水运交通重点建设项目。2005 年 12 月底开工建设，2007 年在永和、巴结、白云 3 个港区建成永和、巴结、白氏、红椿、未罗兰堡 5 个码头，建成 300 吨级泊位 6 个，形成码头岸线 1390 米，新增港口货运吞吐能力 85.2 万吨 / 年，客运吞吐能力 244 万人次 / 年。库区港口建成后，运输船舶迅速增加，滇、黔、桂 1000 多艘船舶往返于库区中，万峰湖成为国家级风景旅游区。

2023 年珠江水运发展高层协调会议在贵阳举行，商议黔桂合力打通龙滩、岩滩、洋溪、梅林枢纽碍航节点，通过两省（区）努力，建设龙滩 1000 吨级通航设施，在 2023

行驶在万峰湖上的物资运输船舶

年 12 月启动主体工程，预计在 1 ～ 2 年内实现南下珠海的规划，红水河、都柳江的船舶可自由穿梭黔桂资源腹地，贵州船舶到广西桂平后，既可沿东南方向横跨广东到珠海出海，又可沿西南方向经平陆运河到钦州出海。"长风破浪会有时，直挂云帆济沧海。"

都柳江为广西柳江上游，是贵州南下珠江达广州的另一条航道。20 世纪 70—80 年代，由于沿江闸坝阻航，航运里程日渐缩短，水位下降，只能通 1 ～ 2 吨木船。1994年将都柳江航道整治列入第七批以工代赈交通建设项目，1995 年结合都柳江梯级电力开发方案，编制《贵州省都柳江三都至榕江段航道、码头考察报告》，提出整治三都至榕江段 104 公里航道，计划分三段进行：三都至排调河口 19 公里，季节性通行 8 吨以下木船；排调河口至新华 33 公里，常年通航 8 吨以下木船；新华至榕江段 52 公里，季节性通航 3 ～ 8 吨机帆船。1998 年 1 月动工整治都柳江航道，经过 3 年时间，共整治航道 52 公里，滩险 37 处，炸除明礁 3084 立方米、暗礁 5530 立方米，险滩 1122 立方米，疏浚河道 349 立方米，筑坝 156 立方米。1999 年投资 40 万元，整治石碑滩、六合滩航道，完成炸礁 1076 立方米，疏浚 3228 立方米，筑坝 2984 立方米。经过两次整治，都柳江贵州境内通航里程达 163 公里，航道等级为七级，常年可通行 50 吨级机动船。进入 21 世纪，都柳江开发进入了新阶段。在都柳江上，自上而下修建白梓桥、柳叠、坝街、寨比、榕江、红岩、永福、温寨、郎洞、大融、从江等 11 座电站，总装机容量 372.3 万千瓦，年发电量 1.6 亿度，每年可创收 3000 万元左右。初期按七级航道

都柳江大融航电枢纽工程

的标准治理榕江至浦市 244 公里航道，通行 50 吨级机动船，年通过能力 40 万吨。建
从江码头客、货泊位各 1 个，年货物吞吐量 15 万吨、客运 30 万人次。2018 年 5 月 6
日，从江航电枢纽下闸蓄水，成为贵州第一航电枢纽。库区总库容 5476×10⁴ 立方米，
正常蓄水位 193 米，死水位 192 米，通航船闸为四级，可通行 500 吨级船舶。都柳江
规划建十一级航电枢纽，榕江航电枢纽建成后，利用流量调增后的条件，将榕江以下
航道提高到六级航道标准，通航 100 吨级船舶，年通过能力 330 万吨。利用榕江库区
水域，改善尾水段航道，建设过船设施，使 100 吨级机动船航线往上延伸至三都附近。
2020 年前，配合电力开发建设十级航电枢纽，使三都至八洛 338 公里航道达五级航道
标准，300 吨级船舶可直通西江。

　　2020 年后，继续实施乌江、清水江、都柳江航电枢纽工程，基本建成贵州省南下
西江、北上长江的水运出省通道，相应建设大中小结合的港口群和航道支持保障系统，
使贵州省水运出省通道的面貌发生根本性变化，满足经济社会发展的需要。

附录一：贵州省高速公路特大桥梁名录

序号	路线名称	桥梁名称	桥长（米）	
			左幅	右幅
1	安福高速	浪坝河特大桥（右）	630	630
2	赤望高速	夜郎湖特大桥	391.4	389.4
3	赤望高速	火花特大桥	4067	4082
4	赤望高速	茅台特大桥	504	504
5	赤望高速	坪子上特大桥	683.2	563.3
6	德习高速	马河特大桥	859.6	1026.1
7	都香高速	六枝特大桥	1286	1286
8	都香高速	夹岩特大桥	1099	1099
9	都香高速	大水井特大桥	1094	1094
10	杭瑞高速	小江河特大桥	872.46	844.82
11	杭瑞高速	竹林坳特大桥	1016.8	1020.4
12	杭瑞高速	乌江特大桥	1585	1585
13	杭瑞高速	桐子园特大桥（右幅）		1153.51
14	杭瑞高速	天池特大桥	1139	1139
15	杭瑞高速	洛安江特大桥	370	370
16	杭瑞高速	抵母河特大桥	882	882
17	杭瑞高速	北盘江特大桥	1341.4	1341.4
18	沪昆高速	坝陵河大桥	1622.72	1622.72
19	沪昆高速	平溪特大桥	416.74	416.74

（续表）

20	沪昆高速	凯里特大桥	650.9	650.9
21	沪昆高速	云泉特大桥	459.14	459.14
22	沪昆高速	北盘江大桥	1020	1020
23	沪昆高速	孟寨大桥	1382	1382
24	沪昆高速	小寨大桥	532.16	532.16
25	沪昆高速	新寨河大桥	1116.4	1116.4
26	沪昆高速	白水冲大桥	1412	1412
27	沪昆高速	普安 1 号大桥	484	484
28	沪昆高速	普安 2 号大桥	898	898
29	沪昆高速	虎跳河大桥	1957.74	1957.74
30	沪昆高速	朱昌河特大桥	672	672
31	沪昆高速	观音阁大桥	1949	1949
32	惠兴高速	弄林大桥	1698	1698
33	惠兴高速	红纳河大桥	1498	1498
34	惠兴高速	北盘江大桥	1127	1121
35	惠兴高速	惠水特大桥（右幅）		2400
36	惠兴高速	长顺特大桥	1050	1000
37	江都高速安江段	白水河特大桥	1206	1206
38	江都高速息黔段	六广河特大桥	1278	1278
39	江黔高速江瓮段	大青山特大桥	1248.04	1165.85
40	江黔高速江瓮段	桐子坡特大桥	1290.93	1007
41	江黔高速江瓮段	凯峡河特大桥	1122.5	1122.5
42	江习古高速	官渡河特大桥	1243	1243
43	江习古高速	草莲坝互通 1# 特大桥	1330	1330
44	江习古高速	石板田右线特大桥	/	1056.5
45	江习古高速	袁家特大桥	1320	1320
46	江习古高速	告金湾特大桥	1351.9	1273.5

47	江习古高速	赤水河红军特大桥	2009	2009
48	兰海高速	韩家店 I 号特大桥	707.2	707.2
49	兰海高速	西山沟 I 号特大桥	413	356.4
50	兰海高速	新桥特大桥	658	658
51	兰海高速	葫芦坝特大桥	1242	1242
52	兰海高速	刘家山特大桥	498.2	498.2
53	兰海高速	干田尾特大桥	686	1140
54	兰海高速	乌江特大桥	1451.8	1451.8
55	仁望高速	纳林村特大桥	1249.5	1254
56	蓉遵高速	土城特大桥	880.7	930.5
57	蓉遵高速	黄金湾特大桥	1250.3	1256.1
58	蓉遵高速	马岩沟特大桥	624.1	664.1
59	蓉遵高速	二郎河特大桥	701.1	701.1
60	蓉遵高速	桐梓河特大桥	1131.6	1041.6
61	蓉遵高速	五岔河特大桥	811.6	939.4
62	榕麻高速	牛长河特大桥	2647.6	2641.1
63	榕麻高速	水尾特大桥	1047	1040
64	榕麻高速	姑会特大桥上行	1674	1647
65	三荔高速	右幅新寨特大桥	1134.5	1129
66	厦蓉高速	乌细沟特大桥	869.1	805.4
67	厦蓉高速	坨苗坳特大桥	1246	1208
68	厦蓉高速	摆牛 I 号特大桥	1046	840
69	厦蓉高速	摆牛 III 号特大桥	1405	1040
70	厦蓉高速	都柳江 II 号特大桥	694.06	694.06
71	厦蓉高速	右线猴子河特大桥	880.8	912.4
72	厦蓉高速	右线巫虾河特大桥	873.3	873.3
73	厦蓉高速	也送坡特大桥	379	379

（续表）

74	厦蓉高速	排调河 1# 特大桥	598.4	598.4
75	厦蓉高速	排调河 2# 特大桥	978.9	970
76	厦蓉高速	交梨河特大桥	1766	1766
77	厦蓉高速	马寨特大桥	1628	1627.5
78	厦蓉高速	剑江特大桥	960	960
79	汕昆高速	平安村特大桥	1418	1418
80	汕昆高速	者告河特大桥	886	866
81	汕昆高速	石头寨特大桥	1808	1814
82	汕昆高速	马岭河大桥	1396	1396
83	汕昆高速	下车湾大桥	1358.5	1298.5
84	水兴高速	半坡特大桥	1696	1696
85	水兴高速	下平川特大桥	697.5	697.5
86	水兴高速	夹马石特大桥	1415.4	1412.7
87	水兴高速	河头 1 号特大桥	1076	1105
88	水兴高速	茅草坪 3 号特大桥	1898	1264.4
89	水兴高速	下保田特大桥	1207.4	1207.4
90	水兴高速	北盘江特大桥	1264	1261
91	水兴高速	望龙包特大桥	886	886
92	水兴高速	老鹰岩特大桥	816.58	816.58
93	水兴高速	王家寨特大桥	1406	1406
94	水兴高速	刘家寨特大桥	1286	1246
95	水兴高速	店子上特大桥	1603.605	1591.57
96	水兴高速	岩子脚特大桥	560	560
97	水兴高速	背武甲特大桥	1197.5	1198
98	水兴高速盘兴段	泥溪特大桥	1331	1331
99	水兴高速盘兴段	三冒山特大桥	1378	1333
100	松从高速	腊溪村特大桥（右幅）		1572

（续表）

101	松从高速	龙井特大桥	1174	1174
102	松从高速	乐寨特大桥	1144	1145
103	松从高速	龙生特大桥	1044.52	1055.54
104	天镇高速	郎溪 V 号特大桥	1147.58	537.01
105	铜怀高速	锦江特大桥	1138	1098
106	务遵高速	芙蓉江特大桥	909.6	943.1
107	务遵高速	旺草特大桥	1100.08	1136.08
108	沿榕高速	高过河特大桥	1218.21	1215.98
109	沿榕高速	舞阳河特大桥	656.92	681.72
110	沿榕高速	报京高架桥	780.16	1026.04
111	沿榕高速	苗板高架桥	1659	1662
112	沿榕高速思剑段	乌江特大桥	1157	1010
113	沿榕高速思剑段	龙川河特大桥	667.32	667.32
114	沿榕高速思剑段	木蓬特大桥	362.25	362.25
115	沿榕高速沿德段	小河特大桥	619.7	619.7
116	沿榕高速沿德段	大漆大桥（右幅）		1025.8
117	沿榕高速沿德段	乌江特大桥	741.04	741.04
118	沿榕高速沿德段	马蹄河特大桥	327.6	327.6
119	沿榕高速沿德段	麻岭特大桥	1383	1383
120	沿榕高速沿德段	官林特大桥	2152.71	2148.14
121	银百高速	涟江特大桥	637.1	638.1
122	银百高速	沟亭河特大桥	2273.52	2282.48
123	银百高速	打然寨 I 号特大桥	1212.48	1241.6
124	银百高速	打然寨 II 号特大桥		1034
125	银百高速	红水河特大桥	964	964
126	银百高速道安段	岩湾河特大桥	616	591
127	银百高速道安段	芙蓉江特大桥	327	327

（续表）

128	银百高速道安段	桅杆堡特大桥	1073	1112.5
129	银百高速道安段	乌江特大桥	617	617
130	余册高速	岩架特大桥	817.5	817.5
131	余册高速	石桥特大桥	1072.64	1148.64
132	余册高速	台辰特大桥	1073.6	1073.6
133	余册高速	余庆特大桥	1098.5	1096
134	余册高速	布苏互通 A 匝桥	1272.63	1272.63
135	余册高速	沙河特大桥（上行）	537.6	531
136	余册高速	坝脚特大桥	1080	1210.5
137	余册高速	平塘特大桥	2135	2135
138	余册高速	邓家坨特大桥	1080	1191
139	余册高速	大小井特大桥	1450	1486
140	渝筑高速	楠木渡乌江大桥	958	958
141	遵义绕城高速	三合北互通主线桥	1258	950.44
142	沪昆高速	红枫湖大桥	654.18	654.18
143	贵阳绕城高速	野牛坝特大桥（右幅）		1035
144	贵阳绕城高速	花溪特大桥	487	487
145	贵阳绕城高速	大河边特大桥	632	632
146	贵阳绕城高速	沙河特大桥	1098.2	1098.2
147	银百高速	岩根河特大桥	585	585
148	银百高速	清水河特大桥	2171	2171
149	渝筑高速	银厂河特大桥	1111.6	1149.3
150	渝筑高速	看牛坡特大桥	1664	1664
151	渝筑高速	香火岩特大桥	839	839
152	渝筑高速	长滩河特大桥	1063.8	1063.8
153	渝筑高速	新田坡特大桥	1149.8	1189.8
154	渝筑高速	柿花寨特大桥	1104	1104

155	厦蓉高速	芭茅冲特大桥（右幅）		1032.9
156	厦蓉高速	石门坎特大桥	456	456
157	厦蓉高速	莲花高架桥	1044.8	1044.8
158	贵阳南环高速	花溪 1 号大桥	282.75	282.75
159	贵阳绕城高速支线 7	南明河大桥	380	380
160	江黔高速	洋水河特大桥	890.8	890.8
161	江黔高速	温泉特大桥	945	945
162	筑大高速	羊叉河特大桥	1300	1300
163	筑大高速	鸭池河特大桥	1466.5	1466.5
164	都香高速	新平河特大桥下行	1451.5	1451.5
165	都香高速	桐水河特大桥下行	1427	1327
166	都香高速	下寨特大桥下行	1064	1092
167	都香高速	摆金特大桥下行	1851.5	1851.5
168	都香高速	惠水特大桥下行	2411.5	
169	都香高速	小干塘特大桥下行	1247	1247
170	都匀环线	野猫井特大桥下行	1347	1377
171	都匀环线	摆拢特大桥下行	1254	1256
172	都匀环线	翁勇特大桥下行	1137.1	1134.9
173	都匀环线	乌养特大桥（支线）下行	1438	1438
174	沿榕高速	巫作溪特大桥	1288.5	1307
175	沿榕高速	清水江特大桥	607	607
176	沿榕高速	南哨河特大桥	574.6	582.6
177	沿榕高速	平比特大桥	997	1127
178	沿榕高速	平永河特大桥	370	342.8
179	沿榕高速	高文坡特大桥	1607	1087
180	玉盘高速	江凯河特大桥	261	261
181	玉盘高速	舞阳河特大桥	1027.6	985.6

（续表）

182	凯福高速	羊老河特大桥	1355.6	1355.6
183	凯福高速	干田边特大桥	1258.1	1258.1
184	凯里绕城高速	长新寨特大桥	1174	1176
185	杭瑞高速	金沙特大桥	1781.08	1781.08
186	杭瑞高速	垄井特大桥	661.08	709.08
187	杭瑞高速	总溪河特大桥	925	925
188	厦蓉高速	三岔河特大桥	1545.16	1576.17
189	厦蓉高速	武佐河特大桥	1471.14	1470.94
190	厦蓉高速	纳雍特大桥	1023.62	1087.6
191	厦蓉高速	龙井河特大桥	676	672
192	厦蓉高速	法朗沟特大桥	683	683
193	厦蓉高速	碾子坪特大桥	723.04	723.04
194	都香高速	观风海特大桥	1462	1422
195	都香高速	中水特大桥	1327	1327
196	都香高速	上寨特大桥	1327	1327
197	毕威高速	田坝特大桥	1134.25	1131.97
198	毕威高速	七星河特大桥	865.64	865.64
199	毕威高速	乌木铺Ⅰ大桥	677.09	866
200	毕威高速	赫章特大桥	1073.53	1069.22
201	毕威高速	天桥大桥	881.64	901.64
202	江黔高速息黔段	六广河特大桥	1278	1278
203	仁望高速	耳海河特大桥	1420	1420
204	仁望高速	六冲河特大桥	1508	1508
205	仁望高速	笋子岩特大桥	993.64	993.64
206	仁望高速	龙滩坝特大桥	1257	1255
207	仁望高速	岗上特大桥	1769	1769
208	仁望高速	黑土特大桥	1070	1070

（续表）

209	毕镇高速	大湾子特大桥	1258	1620
210	毕镇高速	青场特大桥	2333.5	2333.5
211	毕镇高速	二龙关特大桥		1096
212	筑大高速	西溪特大桥	1279	1319.5
213	筑大高速	松河特大桥	802.14	802.14
214	兴义绕城高速	滴水岩特大桥（上行）	1031	1031
215	兴义绕城高速	峰林特大桥	1147.42	1147.42
216	兴义绕城高速	龙布沟特大桥（上行）	1050	1050
217	兴义绕城高速	罗家坪子特大桥（上行）	1216	1216
218	松道高速沿印松段	大莫子夹特大桥	1017	
219	松道高速沿印松段	高家特大桥	1205	1256
220	松道高速沿印松段	联丰特大桥	1320	1330
221	玉新高速新石段	河闪渡乌江特大桥	2000	1960
222	玉新高速玉石段	凯峡河特大桥	417	417
223	玉新高速玉石段	石阡河特大桥	1058	1018
224	江玉高速	闵孝特大桥	1200	1190
225	秀印高速	木黄互通 B 匝道桥	1172.17	

附录二：贵州省高速公路特长隧道名录

序号	路线编码	路线名称	隧道名称	隧道长（米）	
				左洞	右洞
1	G56	杭瑞高速	凉风坳隧道	4300	4280
2	G56	杭瑞高速	茶园隧道	4000	3980
3	G56	杭瑞高速	思塘隧道（左洞）	3020	
4	G56	杭瑞高速	岳家湾隧道	4122	4092
5	G56	杭瑞高速	青山隧道	3520	3470
6	G56	杭瑞高速	白龙山隧道	4035	4015
7	G56	杭瑞高速	深沟隧道	3040	2920
8	S77	板威高速盘兴段	民主隧道	3880	3901
9	S77	板威高速盘兴段	城关隧道	3572	3569
10	S77	板威高速水盘段	松河隧道	4760	4722
11	S20	毕威高速	平山隧道	3092	3120
12	S79	毕镇高速	大寨隧道	4002	3970
13	S10	德习高速	平地园隧道	3707	3713
14	G60	沪昆高速	乌龙山隧道	3210	3210
15	G60	沪昆高速	槽箐头隧道	3818	3790
16	S50	惠兴高速	强里隧道	3658	3610
17	S30	江都高速安江段	高岩隧道	3033	3033
18	S30	江黔高速江瓮段	石阡隧道	3667.5	3699
19	S63	凯雷高速	脚勇隧道	3000	3017

（续表）

20	G75	兰海高速	青杠哨隧道	3623	3547
21	G75	兰海高速	凉风垭隧道	4100	4075
22	S04	六盘水绕城高速	玉舍隧道	4020	4038
23	S55	仁望高速	四方洞隧道	4060	4048
24	G76	厦蓉高速	肇兴隧道	4755	4755
25	G76	厦蓉高速	求引隧道	3349	2986
26	G76	厦蓉高速	高坎隧道	3261	3261
27	G76	厦蓉高速	乔果山隧道	3234	3243
28	G76	厦蓉高速	排降隧道	4240	4240
29	G76	厦蓉高速	排洞隧道	4348	4348
30	G76	厦蓉高速	老黑山隧道	3290	3250
31	G76	厦蓉高速	普翁隧道（左幅）	3019	3092
32	S77	水兴高速	民主隧道	3880	3901
33	S77	水兴高速	松河隧道	4760	4722
34	S77	水兴高速	城关隧道	3572	3569
35	S15	松从高速	盘岭隧道	3515	3419
36	G69	银百高速道安段	兴隆湾隧道	3024	3024
37	G69	银百高速贵瓮段	建中隧道	3287	3302
38	S62	余安高速	虎头山隧道	3845	3850
39	S62	余安高速	尾燕山隧道	3110	3190
40	S62	余册高速	紫林山隧道	5177	5160
41	S62	余册高速	董当隧道	4476	4461
42	S62	余册高速	纳庆隧道	3280	3292
43	S62	余册高速	夜郎隧道	4179	4134
44	S62	余册高速	河边隧道	3005	3008
45	G7611	都香高速	大横山隧道	3330	3353
46	G7611	都香高速	光明隧道	3772	3800

（续表）

47	G7611	都香高速	朱噶隧道	5055	5083
48	G7611	都香高速	凉水井隧道	3585	3611
49	S10	印习高速德务段	德江隧道	5505	5425
50	S19	江玉高速	荒竹山隧道	4165	4185
51	S32	玉新高速玉石段	花桥隧道	3820	3780
52	S32	玉新高速玉石段	毛栗坪隧道	4691	4680
53	S32	玉新高速玉石段	周家湾隧道	4230	4259.42
54	S32	玉新高速新石段	川岩坝隧道	3998	4007
55	S17	秀印高速	张家寨隧道	3887	3900
56	S12	沿印松高速	李家寨隧道	4486	4552
57	S20	毕威高速	金斗隧道	3455	3438
58	S32	玉新高速	小白岩隧道	3450	3425

编　后

　　根据全省政协文史工作座谈会的要求和贵阳市政协党组的安排部署，2023年市政协文化文史与学习委员会组织编撰的《贵阳：贵州交通的枢纽》一书出版了。历史上的贵州崇山峻岭，山高路远，黔道更比蜀道难。而今的贵州，创造了交通史上的奇迹，有力见证了贵州大地实现的"千年之变"。本书着力梳理了以贵阳为枢纽的贵州交通实现跨越发展的历程，充分发挥政协文史资料"存史、资政、团结、育人"的作用，展现高质量发展的信心。

　　贵阳市政协党组高度重视本书的编辑出版工作，专门召开党组会听取有关工作情况汇报，安排有关事宜，为本书顺利出版提供支持与保障。本书得到了史继忠、濮振远、郑荣晴等老专家、老领导的大力支持和帮助。史继忠师不顾自己90岁的高龄，回顾起自己当年考入四川大学时从贵州入川路上的艰难经历，表示写一本这样的书是他多年的夙愿，亲自主笔，倾注了大量心血。濮振远老师在本书的编辑过程中生病住院，在病中他不顾身体需要恢复的状况，一直为本书的编辑出版尽心尽力，不计得失做了大量的工作，体现了大度与担当的责任意识。郑荣晴老师充分利用她写史多年的实践和积累，为本书的编辑撰写煞费苦心，并且帮助做了大量的联系和协调工作。陈季贵老师负责图片的后期处理及编辑，他工作认真，业务扎实，为本书的精美图片做了大量的工作。陈季贵、濮振远、徐海燕、张家裕、石宗林、吕勤、刘德东等同志负责本书的图片拍摄。曹琼德老师多年来一直支持市政协文化文史与学习委员会工作，有求必应，为本书设计了精美的封面及内文。他们兢兢业业的工作态度让我们感动，正因为有了上述团队的共同努力，今天我们这本既有史料价值，又有可读性、观赏性的书籍得以付梓出版。在此，特向各位老师表示深深的敬意！贵州民航产业集团有限公司办公室、贵州省交通宣传教育中心、贵阳市交通委员会、贵阳市城建档案馆、贵阳市金阳医院宣传科等单位和部门，为我们提供部分图片和资料的支持。提供资料和图片的个人还有苏信斌、姚姗、燕子、李世宁、刘叶琳、肖劲、陈志军、刘云贵、唐成权、唐可、陈婧、吴德昌等同志。在此，向对本书编辑工作给予支持和帮助的单位和个人表示衷心的感谢！

限于篇幅，对高速路上的特大桥无法一一详细介绍，只能选取其中具有代表性、典型性的大桥予以介绍。为了方便读者查阅资料，将高速上的特大桥名录及特长隧道名录列表作为附录列于书后。由于编写时间仓促和编辑水平有限，本书在资料搜集、整理梳理、编辑编写上难免存在疏漏之处，衷心希望广大读者给予指正，帮助我们更高质量做好文史资料的出版工作。

编　者

2023 年 10 月

图书在版编目（CIP）数据

贵阳：贵州交通的枢纽/中国人民政治协商会议贵
阳市委员会编 . -- 北京：中国文史出版社，2023.11
　　ISBN 978-7-5205-4441-2

　　Ⅰ . ①贵… Ⅱ . ①中… Ⅲ . ①城市交通运输－交通运
输史－研究－贵阳 Ⅳ . ① F572.89

　　中国国家版本馆 CIP 数据核字（2023）第 214738 号

责任编辑：梁　　洁
装帧设计：贵州视知觉文化传播有限公司　曹琼德

出版发行：中国文史出版社
社　　　址：北京市海淀区西八里庄路 69 号　邮编：100142
电　　　话：010-81136601　81136698　81136648（联络部）
　　　　　　010-81136606　81136602　81136603（发行部）
传　　　真：010-81136677　81136655
印　　　装：北京新华印刷有限公司
经　　　销：全国新华书店
开　　　本：787mm×1092mm　1/16
印　　　张：23
字　　　数：400 千字
版　　　次：2024 年 1 月北京第 1 版
印　　　次：2024 年 1 月第 1 次印刷
定　　　价：98.00 元